서울대학교 통일평화연구원 통일학연구 022

전쟁 기억과 기념의 문화정치

남북한과 미국·중국의 전쟁기념관 연구

정근식 편

진인진

일러두기

이 책에 실려 있는 김다니엘, 김수지, 정근식의 글은 *Cross-Currents: East Asian History and Culture Review* 4-1(2015)에 있는 논문을 번역 수정한 것이고, 하고피안의 글은 *Public Art Dialogue*, 2-2(2012)에 있는 논문을 번역한 것이다. 김다니엘의 글은 박치현(상지대학교 외래교수), 김수지의 글은 임수진(서울대학교 사회학과 박사과정), 패트릭 하고피안의 글은 곽귀병(서울대학교 사회학과 박사과정)이 각각 번역했다.

고려대학교 민족문화연구원은 *Cross-Currents*에 실린 세 편의 글을 번역하여 싣도록 허락해주었고, 〈Taylor & Francis〉사는 *Public Art Dialogue*에 실린 하고피안의 글을 번역하여 게재하는데 동의를 해주었다. 이들에게 진심으로 감사를 드린다.

전쟁 기억과 기념의 문화정치: 남북한과 미국·중국의 전쟁기념관 연구

초판 1쇄 발행 | 2016년 10월 4일

지 은 이 | 정호기·김다니엘·김수지·패트릭 하고피안·정근식
편   자 | 정근식
편   집 | 배원일
발 행 인 | 김영진
발 행 처 | 진인진
등   록 | 제25100-2005-000003호
주   소 | 경기도 과천시 별양상가 1로 18, 614호(별양동, 과천오피스텔)
전   화 | 02-507-3077~8
팩   스 | 02-504-3079
홈페이지 | http://www.zininzin.co.kr
이 메 일 | pub@zininzin.co.kr

ⓒ 진인진 2016
ISBN 978-89-6347-303-1 93300

목 차

책머리에

정근식

전쟁을 기억하고 기념하는 것은 단지 과거를 회고하는 것이 아니라 미래를 어떤 방향으로 설계하는가와 밀접한 관련이 있다. 과거의 냉전시대뿐 아니라 현재의 탈냉전과 세계화의 시대에도 전쟁기억과 기념의 중요성이 약화되기는커녕, 더 중요한 의미를 지니거나 세계적인 주목거리가 되고 있다. 제2차 세계대전이 끝난 것으로 간주되고 있는 5월 8일이나 9일에 동유럽의 여러 도시들에서 이루어지는 기념식, 또는 9월 3일에 동아시아에서 이루어지는 기념식은 전쟁의 그림자가 얼마나

길고 강렬한 것인지를 단적으로 보여준다.

한국전쟁에 대한 기억과 기념도 마찬가지이다. 그것은 단지 국내적인 의례에 그치는 것이 아니고 국제적으로 새로운 사건을 만들어내는 계기이기도 하다. 그 행사는 서울뿐만 아니라 평양에서도 열리고, 중국의 단둥이나 미국의 워싱턴에서도 열린다. 그러나 행사를 개최하는 날짜는 다르다. 서울에서는 전쟁 발발일인 6월 25일에 그런 행사가 개최되지만, 북한이나 중국은 전쟁이 끝난 7월 27일을 기념하며, 미국조차도 이날을 기념한다. 그런 만큼 과거의 전쟁에 대한 기억의 내용도 다르고 부여하는 의미도 다르다.

2010년, 한국전쟁 발발 60주년을 지나면서 나는 전쟁기억이 고스란히 보관되어 있고, 그것을 유지하거나 새롭게 만들어내는 전쟁기념관에 주목하기 시작했다. 1990년대에 진행되었던, 우리에게 필요한 것이 전쟁기념관인가 평화기념관인가라는 논쟁의 진원지였던 용산의 전쟁기념관뿐 아니라 평양이나 중국 단둥에 있는 한국전쟁박물관들은 도대체 어떤 내용으로 전쟁기억을 말하고 있을까, 혹시 한국전쟁의 기억들이 이를 통해 새로운 기억전쟁으로 진행되고 있는 것은 아닌지 궁금했다.

나는 럿거스대학의 김수지 교수와 이런 이야기를 나누다가, 한국전쟁 종전 60주년이 되는 2013년에 미국 샌디에이고에서 열리는 미국아시아학회AAS: Association for Asian Studies에서 패널을 만들어 이를 토론해보자는 합의를 했다. 나는 단둥의 '항미원조기념관'을 맡고, 김교수는 평양의 '조국해방전쟁승리기념관'을 맡기로 했다. 용산 전쟁기념관은 좀 더 객관적으로 말할 수 있는 사람을 물색하다가 김다니엘 교수를 찾았다. 워싱턴의 한국전쟁참전기념공원은 절친한 친구인 조지 카치야피카스 교수가 맡아주었다. 학회에서는 브루스 커밍스 교수가 전반적인 코멘트를 담당해주었는데, 다행히 학회에 많은 사람들이 관심을 보여주어 이 학회의 성과를 영문으로는 학회지에, 한글로는 단행본으로 낼 것을 합의했다.

김수지 교수의 노력으로 좀 더 많은 학자들의 글을 모아서 서울대학교 아시아연구소 동북아센터에서 원고를 검토하는 모임을 가진 후, 고려대학교와 버클리대학이 협력하여 출판하는 *Cross-Currents: East Asian History and Culture Review*, 4:1(2015.5, University of Hawaii Press)의 특집논문을 구성하게 되었다. 여기에는 한성훈 박사의 북한 신천박물관 연구, 홍승혜 교수의 노근리추모공원 연구, 그리고 브렌든 라이트^{Brenden Wright} 박사과정생의 4·3평화공원 및 거창사건희생자추모공원 연구, 브루스 커밍스 교수의 에필로그가 포함되었다.

그러나 한국어로 출판하는 단행본에서는 민간인 학살과 관련된 글들은 제외하고, 좀 더 명료하게 서울과 평양, 단둥의 전쟁기념관과 워싱턴의 한국전쟁참전기념공원만을 다루기로 했다. 그래서 이 학술지에 실린 3편의 논문과 함께 한국전쟁을 기념하는 공간의 역사를 다룬 정호기 박사의 글과 워싱턴의 한국전참전기념공원을 다룬 하고피안 교수의 글을 함께 묶었다.

정호기 박사는 한국전쟁을 기념하는 공간들이 3군 사관학교에서 교육용으로 만들어진 전시실에서 출발했고, 초기에는 전적지 중심으로 만들어지다가 점차 이를 벗어나며, 시기별로는 군사정부뿐 아니라 민간정부에서도 꾸준히 만들어졌고, 특히 40주년 이후 10년 주기로 활성화되는 경향이 있다고 보았다. 이들은 대부분 국가주의적·반공주의적 지향을 갖지만, 2000년 이후 민간인 학살문제가 쟁점으로 부각된 이후 패러다임이 다른 기념관들이 생겨나고 있다는 점을 지적했다. 이 글은 「전쟁기억의 공간화와 구조의 분화: 전쟁박물관을 중심으로」

라는 제목으로 『시민사회와 NGO』 제9권 2호(2011)에 수록되었던 것을 수정·보완한 것이다.

　김다니엘 교수는 워싱턴 국립 미국사 박물관의 상설전시 '자유의 대가: 전쟁과 미국'과 서울의 전쟁기념관에서 한국전쟁을 묘사하는 방식을 통해 민족주의 테크놀로지를 고찰하고 있다. 우리는 '자유의 대가'에서 어떤 식으로 전통적인 역사유적이 활용되는지, 그리고 전쟁기념관의 영화적·디지털적 테크놀로지가 어떻게 민족주의적·군사주의와 신자유주의 에토스를 찬미하는 문화적 기억구조를 생산하는지를 볼 수 있다. 이 글은 *Cross-Currents: East Asian History and Culture Review*, 4:1(2015년 5월)에 실린 "Nationalist Technologies of Cultural Memory and the Korean War: Militarism and Neo-Liberalism in The Price of Freedom and the War Memorial of Korea"를 번역한 것이다.

　김수지 교수는 평양의 전쟁기념관을 다루고 있다. 북한은 한국전쟁이 끝난 직후 '조국해방전쟁기념관'을 만들었는데, 베트남전쟁이 종결되어가는 1974년 이를 '조국해방전쟁승리기념관'으로 바꾸었다. 이 전쟁기념관의 역사는 1970년대 베트남전쟁의 종결과 1990년대 냉전의 종결을 반영하고 있다는 점에서 주목된다. 이 글은 전쟁에 관한 다양한 담론 간의 단순 비교를 넘어, 북한의 역사적 이해와 전쟁에 대한 해석 논의가 견고한 현대성을 보유하고 있음을 그 비극적 결과들과 함께 보여주고 있다. 이 글 또한 *Cross-Currents: East Asian History and Culture Review*, 4:1(2015년 5월)에 실린 "Specters of War in Pyongyang: The Victorious Fatherland Liberation War Museum in North Korea"를 번역한 것이다.

　하고피안 교수는 워싱턴의 한국전쟁참전용사기념공원의 설립과정을 다루면서 이것이 한국전쟁보다 늦게 발생했던 베트남전쟁의 기념물 조성과정에서 발생했던 논쟁들에 많은 영향을 받았음을 자세히 밝히고 있다. 특히 한국전쟁참전용사기념공원의 최초의 디자인이 이해당사자들인 참전용사들이나 기타 전문가들이 차례로 개입하면서 어떻게 변형되었는지를 보여준다. 이에 따르면, 최초의 디자인이 가지고 있던 전쟁에 대한 성찰성이 점차 사실주의적이고 애국주의적인 내용의 재현으로 바뀌어갔다는 것이다. 이 글은 원래 *Public Art Dialogue*, 2:2(Oct 2012)에 "The Korean War Veterans Memorial and Problems of Representation"이라는 제목으로 실린 것을 번역한 것이다.

마지막으로 정근식의 글은 1993년에 중국의 국경도시 단둥에 설립된 '항미원조기념관'을 다룬다. 항미원조기념관은 중국 인민지원군이 북한으로부터 철수한 1958년에 세워진 후 종전 40주년에 재건립되었는데, 그 시기가 한국과 중국의 수교 바로 이듬해였다는 점에서 역설을 보여준다. 항미원조기념관은 북한과는 다른 중국 나름대로의 전쟁관을 재현한 것으로, 이후 중국과 미국의 관계에 약간의 영향을 받기도 했지만, 중국의 젊은 층이나 한국의 관광객들의 시선을 의식하지 않을 수 없는 상황에 노출되고 있다는 점을 지적하고 있다. 이 글은 *Cross-Currents: East Asian History and Culture Review*, 4:1(2015년 5월)에 실려 있는 "China's Memory and Commemoration of the Korean War in the Memorial Hall of the 'War to Resist U.S. Aggression and Aid Korea'"를 수정·보완한 것이다.

우리는 이 책에 실린 5편의 글을 통하여 한국전쟁을 바라보는 주요 당사국들의 시각의 차이뿐 아니라 전쟁 기념관이 필요로 하는 재현의 논리, 시공간적 재구성의 복잡한 구조적 동학을 이해하게 될 것이다.

그러나 최종적으로 우리가 직면하는 질문은 과연 전쟁기념물이나 전쟁기념관을 통하여 평화를 증진하는 메세지를 창출할 수 있는가이다. 한국전쟁기념관들은 아직도 평화체제로 이행하지 못한 우리의 상황을 보여주는 편린들이다.

4개국의 전쟁기념관을 분석하고 설명하는데 있어서 부딪치는 하나의 어려움은 동일한 사건을 바라보는 시각의 차이 뿐 아니라 이를 지칭하는 용어가 서로 다르다는 점이다. 이책에서는 가급적 주요당사국이 사용하는 용어들을 존중하였지만, 너무 어색한 용어는 우리 학계에서 사용하는 용어를 채택하였다.

이 책이 나오기까지 많은 분들의 도움을 받았다. 2013년 AAS의 패널을 조직하여 기본적인 틀을 갖추게 한 김수지 교수는 실질적인 이 책의 공동편집자라고 할 수 있다. 그는 하고피안 교수와 접촉하여 그의 글을 이 책에 싣도록 주선을 해주었다. 브루스 커밍스 교수는 2013년 학회에서 전반적인 기조발표와 코멘트를 해주었다.

필자가 서울대 아시아연구소 동북아센터에서 일을 하는 동안 항상 동북아센터의 연구와 활동에 물심양면 도움을 준 강명구 소장께도 감사를 드린다. 마지막으로 영어 논문을 번역해준 박치현, 임수진, 곽귀병에게 감사를 표하지 않을 수 없다.

2016년 9월, 통일과 평화의 어려움을 절감하면서
정근식 씀

한국의 전쟁기억과
전쟁박물관들의 형성

정호기

개인의 기억과 공식화된 사회적 기억 social memory 이 동일성과 연속성
을 견지할 수 있다면, 기억과 기념은 그다지 중요한 의미를 부여받지
않을 것이다. 체험 세대의 감소와 사회적 기억의 쇠퇴는 순리이며, 임
계점에 도달한 과거에 관한 정형화된 기억과 의식에는 균열이 생겨나
기 마련이다. 이런 경향이 강화되면 될수록 오랜 세월 동안 공고했던
공식 담론의 위상은 하락하고 그 권위를 상실된다. 다른 무엇보다도

시간의 흐름과 인구 구성의 변화는 과거에 대한 기억과 전승의 필요와 실천을 압박하는 주요 요인들이다. 이는 다른 변인들과의 관계 속에서 그 의미가 달라지게 되는데, 사회적 기억의 형성·유지·확산 등에 관한 문제의식의 형성, 전승을 사회의 의제로 설정할 수 있는가의 여부, 그리고 이것을 구체화할 정치·사회적 환경 조성 등이 중요하다(Assmann 2003, 58-59).

한국 현대사에서 정치·사회적 영향력이 가장 큰 역사적 사건은 한국전쟁Korean War이다. 전쟁 체험자들의 인구 구성비는 계속 감소하고 있으나, 전쟁 효과는 지속되고 있는 것이다. 한국전쟁을 돌아보고 기억하는 행위들은 해를 거르지 않고 관례처럼 이루어졌다. 그렇지만 전쟁 이후 수십 년 동안은 그렇게 절박하지 않았던 것 같다. '기념'의 관점에서 전쟁을 인식하고 전승하는 사업을 추진하려는 단체가 출범했던 것이 한국전쟁 40주년이 임박했던 무렵이었고,[1] 한국전쟁의 기념을 위한 대규모 사업과 행사들을 주관할 단체가 50주년을 대비하여 결성되었다는 점이 이를 잘 말해준다.

한국전쟁은 물리적 시간관념과 정신적·심리적 시간관념의 차이가 현저한 사건이다. 정신적·심리적 시간관념이 현재와 근거리를 유지할 수 있는 것은 한국전쟁의 현재화와 미래화를 위한 다양한 매체와 방법 등이 계속해서 개발·적용·작동하고 있기 때문이다(강인철 2000). 역사적 사건의 전승과 계승이 훨씬 효율적이며 능동적으로 이루어지는 것은 세대 간의 면대면 또는 집단적 접촉과 서사라는 방법보다 다양한

---

1   1989년 2월 3일에 '전쟁기념사업회'가 창립되었다. 이 단체가 밝힌 가장 중요한 창립 이유는 '6·25참전세대가 차차 사라져가는' 것을 예비하기 위함이었다(「6·25교훈 통한 통일 기여 기대」, 『동아일보』, 1989. 2. 4).

전달 및 교육 매체들이 결합된 장소와 공간에서이다.[2]

과거에 대한 기억의 형성과 전개 과정에 대한 연구에서 재현 수단과 공간은 무엇보다 중요하다(전진성 2005, 95). 매체의 개발이 수단과 방법에 관한 것이라면, 전달할 내용의 선택과 구조화는 담론의 성격에 관한 것이다. 이러한 맥락으로 볼 때, 그동안 조성된 대부분의 전쟁 재현 공간과 담론은 양과 질 모두에서 국가의 기억state-memory이 압도한다. 여기에는 의례와 행사 등과 같은 집합적 행위들이 다양한 형태와 수준으로 결합되어 있다. 이를테면 한국전쟁과 직·간접적으로 관련된 (준)국가의례만 4개에 이른다.[3] 전쟁 의례와 행사는 국가의 기억으로 유지해온 서사와 지배 담론 안으로 비공식적 서사와 기억을 수렴 또는 흡수하고, 일관성을 유지하는 데 크게 일조한다(Booth 2006, 44-51).

한국전쟁의 기원과 배경 그리고 전개 등에 관한 군사학적 연구들은 전쟁기억과 기념이 공간화되는 자원들로 활용되었다. 이 연구들은 주로 전투사를 기초로 하면서, 전쟁 유적 및 기념물의 실태와 관리 그리고 용산의 전쟁기념관 건립 등을 다루었다.[4] 이 연구들은 한국전쟁 발발 40주년과 50주년을 전후하여 활성화되었는데,[5] 동시에 이와는 다

2　노라(P. Nora)는 제1차 세계대전의 전사자 기념비와 휴전일 기념행사들을 연구하면서 "교육하지 않고 기념하지 않는 공화국은 죽은 공화국, 즉 사람들이 공화국을 위해 더 이상 죽으려고 하지 않는다"고 분석한다(Nora et al. 2010, 227).

3　현충일(6월 6일), 6·25전쟁 기념일(6월 25일), 서울수복 기념일(9월 28일), 국군의 날(10월 1일) 등이 있다.

4　김행복(1989), 이승환(1990), 국방군사연구소 편(1992), 이원혁(1994), 이은봉(1994; 1995) 등이다.

5　박영현(2001), 민현구(2002), 김용남(2003; 2005) 등이다.

른 시각과 문제의식에 바탕을 둔 연구들도 활발하게 이루어졌다. 비군사학 분야의 연구자들은 전쟁기념물이 건립된 정치·사회적 배경과 맥락, 담론, 문화, 예술 등을 중시했다. 당연시되었거나 문제시되지 않던 지점들에 관심을 갖기 시작한 것이다.[6] 전쟁기억과 기념에 관한 연구 주제들은 더욱 확장되어 2000년대 말에는 전쟁 당사국들을 비롯하여 이를 둘러싼 국가들과 집단들이 다양한 이해와 인식의 차이를 갖고 서로 대립하는 양상이 다루어지기 시작했다(김정현 2009; 박경석 2009; 여문환 2009; 정근식 2010). 전쟁 당사국들은 자신의 관점을 설파하고 정당화하며 대내외적 수용력을 높이기 위해 전쟁시설을 건립하거나 재구성하는 데 관심을 기울였다. 특히 다량의 정보를 일시에 제공하기 위해 역사박물관의 성격을 갖는 시설의 건립이 선호되었다. 이 시설들은 전쟁에 관한 현재적 담론과 관련 국가들의 관점, 그리고 이를 둘러싼 복잡한 관계들이 내포된 산물이었다. 이를테면, 한국의 전쟁기념관을 필두로 한 수많은 전쟁 시설들과 미국 워싱턴 D.C.의 한국전참전기념공원과 국립미공군박물관 내 한국전쟁관, 북한의 조국해방전쟁전승기념관, 중국 항미원조기념관 등은 서로 다른 관점을 가지고 있는 대표적인 전쟁기념관들이다.

그간의 연구들이 비, 탑, 조형물 등과 같은 전쟁기념물과 널리 알려진 일부 대규모 기념공간들을 집중적으로 고찰했다면,[7] 이 글의 시·공간적 연구 범위와 대상은 장기적이고 거시적이다. 여기에서는 전쟁박

---

6 박찬경(1998), 김미정(2002), 김형곤(2005; 2007), 정호기(2008) 등이 있다.

7 김숙향(2001), 김형곤(2007), 정호기(2007; 2009), 한홍구(2008; 2010), 김미정(2010), 안경화(2010), 이상석(2010a; 2010b), 조은정(2010), 윤충로(2010) 등이 대표적이다. 이외에 소개, 답사, 관람 등에 관한 글이 다수 있다.

물관^{war museum}을 연구 대상으로 하여 전쟁에 관한 사회적 기억의 공간화 주제들과 분화 그리고 건립 구조의 특성들을 고찰하는 데 역점을 둔다. 전쟁박물관은 전쟁을 주제로 건립된 공간들 가운데 가시성과 서사성이 탁월하며, 교육 및 학습 효과가 가장 크다. 이 글은 전쟁박물관의 형성과 변천을 통해 전쟁기억의 공간화가 어떻게 이루어졌고 변화했으며, 이 과정의 구조와 특성을 고찰하고자 한다. 먼저 전쟁박물관에 대한 정의와 의미를 살펴보고, 다음으로 전쟁박물관 건립 주제들의 형성과 변화를 살펴볼 것이다. 이는 정치체제의 변동과 10년을 주기로 이루어진 기념행위들의 관계 속에서 파악될 것이다. 전쟁박물관 건립 구조의 변화와 지속은 주체, 장소성, 재현과 담론에 주목하여 분석한다.

전쟁박물관의 정의

한국의 근대적인 박물관은 1908년에 설치된 제실박물관帝室博物館을 기원으로 삼는다. 정부 수립 이듬해인 1949년에 국립박물관과 국립민족박물관이 개관했다. 그렇지만 박물관에 관한 법률인 「박물관법」(법률 제3775호)은 이보다 훨씬 늦은 1984년 12월 31일에 제정되었다(한국박물관100년사편찬위원회 2009a, 11-17). 이 법은 1991년 11월 30일 「박물관 및 미술관 진흥법」(제4410호)이 제정되면서 폐지되었다.

「박물관법」은 박물관의 설립 목적을 '일반 공중의 사회교육'으로, 기능을 '자료의 수집, 보존, 전시, 조사, 연구'로 정의했다. 이는 약간의 수정과 보완을 걸쳐 「박물관 및 미술관 진흥법」에 수용되었는데, '자료'의 대상이 확대되었고 목적이 '문화·예술 및 학문의 발전과 일반 공중의 문화 교육'으로 일부 바뀌었다. 1999년 2월 8일의 법률 개정으로 박물관의 '관리' 기능이 추가되었으며, 목적은 '일반 공중의 문화 교육'에서 '일반 공중의 문화 향수 증진'으로 대체되었다. 2009년 3월 5일의 개정을 통해 '교육'의 기능이 추가되었고, '일반 공중의 문화 향유 증진'으로 문구가 약간 바뀌었다. 이처럼 박물관의 개념과 정의는 점점 확장·확대되었으며, 목적도 조금씩 달라져왔다.[8]

전쟁의 기억과 재현 공간은 기념관, 박물관, 역사관, 유물관, 전시관 등으로 불린다.[9] 이들에 의해 문서, 무기, 장비, 의복, 노획물, 실태에 관한 기록 등이 수집 및 관리되고 있으며, 이를 활용해 전시와 교육 등이 이루어지고 있다. 박물관이 유물과 유품의 보존, 관리 및 전시 그리고 조사와 연구에 역점을 두었다면, 기념관은 전시와 교육에 보다 많은 강조점을 둔다.[10] 전시는 박물관과 기념관 등이 수행하는 가장 기본적 기능인데, 독립된 공간과 기능을 갖춘 시설들도 있으나 다른 목적이나 복합 공간의 부속 시설로 운영되기도 한다. 각 시설들은 목적과 배경에 따라 이름이 달라지고, 기능과 역할도 달라지지만, 그 차이

---

8 박물관의 역사적 기원과 발전 그리고 변화는 서원주의 연구(2007)를 참조하기 바람. 「박물관 및 미술관 진흥법」이 정의하는 박물관은 "문화·예술·학문의 발전과 일반 공중의 문화 향유 증진에 이바지하기 위하여 역사·고고(考古)·인류·민속·예술·동물·식물·광물·과학·기술·산업 등에 관한 자료를 수집·관리·보존·조사·연구·전시·교육하는 시설을 말한다."

9 한국박물관협회는 용산의 전쟁기념관을 "전쟁 및 군사를 단일 주제로 우리나라 전쟁의 역사와 해외파병사, 국군 발전의 역사를 한눈에 조망할 수 있는 국내 유일의 종합박물관"으로 소개했다(한국박물관협회 엮음 2008, 12).

10 "박물관이 역사적 유물을 모아놓고 이를 끊임없이 연구하고 분석하고 토론하고 재해석하는 열린 공간이라면, 기념관은 종교적 의례의 경건함이 요구되는 닫힌 공간"이라고 구분되기도 한다(한홍구 2008, 439).

는 모호하고 굳이 구분해야 할 필요도 없다(Buruma 2002, 287-288).

전쟁박물관과 유사한 용어로 '군사박물관 military museum'이 있다. 군사박물관은 전쟁박물관과 전쟁기념관을 포괄하며, '전쟁과 군사와 관련된 모든 사물 중에서 역사적 가치가 있다고 인정되는 군사재軍事財를 수집, 보존, 전시, 연구 및 교육을 수행하는 기관'으로 정의된다(민현구 2002, 6). 군사박물관은 국내는 물론 해외에서도 사용례가 많지 않은데,[11] 그것이 포괄하는 범위와 대상이 넓을지라도 무기와 전쟁 물자 그리고 흔적과 기념물이 주요 구성물이다.

박물관은 비정치적이며 객관적인 공간인가? 박물관은 설립, 운영, 수집, 전시, 교육 등 모든 측면에서 정치적 행위의 연속이다. 박물관은 특정 집단과 사회 그리고 국가의 정체성, 역사성 그리고 통치 기반의 확립에 중요한 역할을 담당한다. 그래서 1980년대부터 '정치성'과 '권력성'의 관점에서 박물관을 성찰해야 한다는 주장이 확산되었다(金子淳 2001, 16). 이는 박물관은 과거에 대한 조작성과 지배 헤게모니의 관철 그리고 선택적 강조 등에 따라 재구성되고 재맥락화 되는 것임을 의미한다(전경수 2005). 전쟁박물관은 어떤 주제의 박물관보다 정치성이 깊숙이 배태되어 있음을 유의해야 한다. 이것이 전쟁박물관을 정치체제의 특성 및 지향과 관련지어 분석해야 하는 중요한 이유이다.

박물관을 엄격히 정의하면 기준에 미달한 사례들이 많고, 집단묘지들은 다른 법률의 적용을 받아 박물관으로 분류하기 어려운 측면도 있다. 그렇지만 전쟁에 관한 '전시'와 '광의의 교육'이 이루어지는 공간이라는 관점에서 보면, 연구 대상은 크게 증가한다. 이 글에서는 전쟁

---

11   해외 사례로는 미국 캘리포니아의 군사박물관, 프랑스 파리의 군사박물관, 독일 드레스덴의 군사박물관 등이 있고, 국내에는 백제군사박물관이 있다. 전쟁박물관과 군사박물관의 차이는 Sherman(1995, 53) 참조.

에 관한 자료 보존, 수집, 전시, 관리, 연구, 교육 등의 기능과 역할을 하는 공간과 시설 모두를 전쟁박물관에 포괄하여 고려할 것이다.[12]

이 글은 한국전쟁과 베트남전쟁을 주제로 하여, 전쟁 유적과 유물을 활용하여 또는 재구성하여 전시와 교육을 수행하는 시설들의 역사를 파악하기 위한 것이다. 연구 대상은 '6·25전쟁 60주년사업위원회' 홈페이지의 '국내현충시설물'에서 기념관으로 분류한 사례들,[13] 전시관 등을 갖춘 국립묘지, 전적기념관, 전쟁 현장들에 세워진 주요 전시관과 기념관들을 포함했다. 그러나 교육관 기능이 주되거나, 무기와 전쟁 유물의 단순 전시 공간들은 제외했다.[14] 그 결과 한국의 전쟁박물관은 35개로 집계되었는데, 건립·개관·개원한 시점을 기준하여 이명박 정부까지를 분류하면, 〈표 1〉과 같다.[15] 전쟁박물관은 신축하여 재개관하기도 했는데, 처음 건립된 시점을 기준으로 했다.

---

12 기미즈카 요시히코(君塚仁彦)는 '전쟁박물관'을 "전쟁 그것 자체를 전시 대상으로 하는 박물관"으로 정의한다(2006, 215).

13 '6·25전쟁 60주년 사업위원회'가 국가보훈처의 정보에 의거해 밝힌 한국전쟁 관련 기념관은 13개이다.

14 전쟁박물관은 한국전쟁에 관한 것이 대부분이고, 한 사례만 베트남전쟁에 관한 것이다. 다양한 주제를 포괄한 전쟁박물관도 핵심은 한국전쟁이었다. 반공회관도 실내 및 실외 전시실을 갖추었고, 유물 전시와 교육 등의 기능을 수행하여 사실상 소규모 전쟁박물관으로 볼 수 있지만, 이 글에서는 포함시키지 않았다.

15 국군묘지의 전쟁기념관은 해체되었으나, 최초 시설이라는 점을 중시하여 사례에 포함시켰다. 국군묘지는 여러 차례의 성격 변화와 개칭을 하여 오늘날에는 국립서울현충원으로 명명되고 있다. 오늘날 전쟁박물관의 기능은 3개의 시설들로 분화되어 있지만, 하나의 사례로 간주했다.

표 1   전쟁박물관의 건립 시기와 사례들

설립 시기	전쟁박물관의 사례들	계
박정희 정부	국군묘지 내 전쟁기념관(서울 동작동), 군사박물관(육군사관학교), 해사박물관(해군사관학교), 종합안보전시장, 왜관지구전적기념관, 춘천지구전적기념관, 공군사관학교 기념관, 낙동강승전기념관, 지리산지구전적기념관	9
전두환 정부	다부동전적기념관, 통일전망대(통일관), 인천상륙작전기념관, 대전국군묘지	4
노태우 정부	철의3각전적기념관, 백마고지전적기념관, 김재옥여교사기념관, 국군묘지 내 기념관과 호국관, 파라호안보전시관, 태백중학도병기념관	6
김영삼 정부	전쟁기념관, 화진포역사안보전시관	2
김대중 정부	거제포로수용소유적공원, 양구전쟁기념관, 자유수호평화박물관, 국립영천호국원, 지리산빨치산토벌전시관, 통일안보전시관, 국립임실호국원, 학도병의용군전승기념관	8
노무현 정부	감우재전승기념관, 박진전쟁기념관, 유치곤장군호국기념관, 에티오피아한국전참전기념관	4
이명박 정부	베트남참전용사만남의장(베트남참전기념관), 국립이천호국원	2
	UN평화기념관(2009년 승인, 2010년 착공, 2014년 완공), 칠곡호국평화기념관(2010년 착공, 2015년 완공), 영천호국기념관(2010년 승인, 2013년 착공), 국립산청호국원(2011년 승인, 2012년 착공, 2015년 완공)	4

주제의 변화와 맥락

한국에서 전쟁박물관들의 역사를 다룰 때, 얼핏 생각하면 이 박물관들이 군사정부하에서 많이 건립되고, 민주화 이후의 민간정부에서는 소극적일 것이라고 추측하기 쉽다. 과연 그럴까?

군사정부 시대: 전사자, 군의 역사, 전적지

전쟁박물관이 가장 먼저 건립되었던 장소는 서울 동작동 국립현충원의 전신이었던 국군묘지였다. 국군묘지 내 '전쟁기념관'은 '국가가 외적의 침범을 받았을 때 적과 싸우다가 전사하면서 전사자가 가지고 있던 유품(유언장, 사진 또는 기타 유품)을 보관'하기 위해 건립되었는데, 한국전쟁에 관한 것이 대부분이었다. 1962년 제43회 3·1절에 개관한 전쟁기념관은 100평 규모의 단층 벽돌 건물이었다. 오늘날의 시선으로 보면 협소하고 전시 위주의 공간이었으나, 국방부장관을 비롯해 전군의 참모총장 등 군부의 최고 지휘부들이 모두 개관식에 참석했을 정도로 의미가 컸다.[16] 국군묘지는 유족과 정치인 그리고 학생과 시민의 왕래가 빈번한 곳인데, 전쟁기념관이 건립될 때까지 별다른 시설들이 건립되지 않은 상태여서 주시를 받기에 충분했다.

　박물관으로 명명된 전쟁 기념 공간들이 건립된 것은 몇 년 후였다. 군軍의 대표적 교육기관이었던 사관학교들이 그 장소였다. 사관학교의

16　「전쟁기념관 개관」, 『경향신문』 1962. 3. 1(석간 3면). 개관식은 8시 15분에 있었다. 개관식이 마무리될 시점에 '국가재건최고회의' 박정희 의장은 국군묘지를 참배하고 있었다. 참배를 마친 정부 각료들과 군 장성들은 10시에 서울운동장에서 개최된 3·1절 기념식에 참석했다.

전쟁박물관은 예비장교 교육을 목적으로 만들어졌는데, 이들이 건립된 시점에 대해서는 검토가 필요하다. 이들은 건립 당시에 자료실, 기념관, 박물관 등 여러 가지 명칭과 성격을 지녔고, 명칭의 변화 및 공간의 분화 등이 이루어졌기 때문이다. 박물관을 집대성한 책에서는 해군사관학교, 공군사관학교, 육군사관학교의 순서로 박물관이 개관된 것으로 기록했다(한국박물관100년사편찬위원회 2009b, 809-811). 사관학교 박물관들의 기원이 되는 시설의 건립 시점을 기준으로 한다면 이 순서가 타당하지만, 박물관의 외형과 기능을 어느 정도 충족한 시설이 등장한 것을 중심으로 고려하면 육군사관학교, 해군사관학교, 공군사관학교의 순서라고 할 수 있다.

육군박물관은 1957년 6월 12일에 개관한 육군사관학교 '기념관'에 기원을 둔다(육군사관학교30년사편찬위원회 1978, 227). 기념관은 1966년 10월 4일에 '군사박물관'으로 개칭되었고, 이후에도 명칭과 성격이 몇 차례 더 바뀌었다. 육군박물관이라는 명칭은 1983년부터 사용되었는데,[17] 개관 시기나 구성 면에서 전쟁박물관의 원형으로 볼 수 있다.[18] 육군박물관은 어느 정도 체계를 갖춘 상태로 출발했음에도 변화가 많았다. 현 기구 편재에서는 '육군박물관' 부설로 '기념관'이 있다. 육군박물관은 "우리나라의 각종 군사유적과 유물을 조사·정리하고, 수집·보관·전시함으로써 전통 국방 문화유산에 대한 연구 이해

17　군사박물관은 이전과 시설의 추가 및 신축 등으로 통해 1983년 3월 28일에 육군박물관으로 개칭했다. 현 시설은 1985년 5월 1일에 개관했고, 1996년 5월 1일 육사교훈탑 1층에 육사기념관이 추가로 개관했다.

18　『육군사관학교 30년사』는 이 박물관을 "우리나라 유일의 군사박물관"으로 기록하고, "한국전쟁과 월남전에 관한 자료가 소장품과 전시품에서 중요한 비중을 차지한다"고 했다(육군사관학교30년사편찬위원회 1978, 227).

사진 1   육군사관학교 육군박물관

및 교육에 일익을 담당하"는 것을 건립 목적으로 한다(육군사관학교60
년사편찬위원회 2006, 144).

전쟁 자료를 가장 먼저 수집하고 전시했던 곳은 해군사관학교였다.
1946년 1월 17일에 이순신에 관한 문헌자료를 바탕으로 개관한 전시
공간을 해군사관학교 박물관의 기원으로 본다(한국박물관100년사편
찬위원회 2009b, 850-851). 해군사관학교는 이순신의 삶과 유물 그리
고 유산의 발굴·정리에 사명감을 가졌고, 이를 바탕으로 정체성을 확
립해왔다. '박물도서관장'이라는 직제가 설치된 것은 1957년 3월이었
고(해군사관학교 1981, 244), 4월 11일에는 11기 졸업식을 기해 '해군
사관학교 박물관' 정초식을 거행했다. 박물관은 전시실 수준으로 유지
되다가 1976년 1월 17일 개교 30주년을 기념하여 임시건물에 정식 개
관했다(해군사관학교 1996, 290).[19] 이 박물관이 일정한 수준의 외형
과 내용을 갖춘 것은 1981년 3월 23일이었고, 현 박물관은 1990년 4

---

19   김용남(2003, 306)도 해군박물관의 설립을 1976년으로 적시하고 있다.

사진 2   해군사관학교 해군박물관   사진 3   공군사관학교 공군박물관

월 28일 이순신 탄신일을 맞이해 재건립한 것이다. 따라서 이 박물관의 소장품과 전시품은 이순신에 관한 것이 큰 비중을 차지하고 있다. 해방 이후 해군과 해병 및 전쟁 영웅들의 기념물과 역사 자료들도 많지만, 한국전쟁에 관한 소장품과 전시품은 상대적으로 적다.

공군사관학교는 1979년 3월에 '기념관'을 개관했으나, 1985년에 충청북도 청원군으로 이전하면서 '공군박물관'으로 개칭했다(공군사관학교50년사편찬위원회 1999, 33). 이 박물관은 지하 1층, 지상 2층의 석조 건물과 야외전시장으로 구성되었다. 1층에는 공군태동기관, 6·25전쟁관, 대간첩 및 해외 참전관을 두었고, 2층은 공군사관학교 전시관이 중심을 이루며, 세계 항공기 발달사와 조선시대 비차 등이 전시되어 있다.

이와 같이 전쟁의 기억과 기념은 비·탑·조형물 등에서 유물과 자료의 수집 및 보관과 전시 그리고 교육에 역점을 둔 공간의 건립으로 확장되어왔다. 군 교육기관들이 이를 선도했다. 이 전쟁박물관들은 군용 시설의 일부라는 이유로 시민의 관람을 제한해왔고, 군인의 정신교육 공간으로 활용되었다. 시민의 관람이 다소 자유로워진 것은 1990년대 말부터인데, 보안 장벽이 완전히 제거되지는 않았다.[20]

20   「여의도 안보전시장 이전」, 『연합뉴스』 1994. 9. 17.

시민들이 쉽게 접근할 수 있는 전쟁박물관이 처음 등장한 것은 유신체제 말이었다. 1975년에 열린 반공종합전시회에서 전시되었던 김일성 승용차 등이 1977년부터 문공부에 의해 관리·운영되다가 1978년부터 '유엔한국참전국협회'에게 운영이 위탁되었다.[21] 이 협회는 한국전쟁에 사용된 다양한 무기와 장비 등도 수집하여 1978년 4월 여의도 5,500여 평에 '종합안보전시장'을 개장했다. 종합안보전시장은 국방부와 한국전쟁 참전국들이 기증한 전쟁 장비들과 기념물들을 전시한 실외 공간으로, 오늘날에도 이를 기억하는 사람들이 많다. 이 전시장은 용산의 전쟁기념관 건립이 추진되면서 진로를 잃고 방황하다 1995년에 해체되었고(김승기 1995), 전시품의 일부는 경상남도 사천

사진 4　여의도 종합안보전시장
출처: 『동아일보』 1978. 4. 12.

21　김용남(2003, 306)도 해군박물관의 설립을 1976년으로 적시하고 있다.

시 소재 항공우주박물관으로 이관되었다.

종합안보전시장 개관 이후 박정희 정부가 추진했던 '전적지 개발 사업'이 결실을 맺기 시작했다. 전적기념관들은 1976년 12월 14일에 제정된 「전적지개발추진위원회규정」(대통령령 제8308호)에 의거해 건립되었다. 전적지는 '6·25전쟁 당시의 국군 및 유엔군의 전적지'를 지칭했다.[22] 이 사업은 전적비와 전적기념관 건립이 주된 것이었다. 전적비는 1978년부터 1981년까지 15개 장소에 세워졌다. 이 장소들 가운데 보다 의미가 깊은 5곳에 전적기념관이 함께 들어섰다. 전적기념관은 1978년에 2개, 1979년에 2개, 그리고 1981년에 1개가 각각 건립되었다.[23] 전적기념관들은 관련 전투가 전개되었던 시일에 또는 6월 25일을 전후해 개관했다. 전적기념관들은 다음 정부들에서의 전쟁박물관 건립에 중요한 기준이 되었고, 유사한 형태로 건립되었던 전쟁박물관들의 모델이 되었다.

전적기념관들은 국가가 전쟁기억과 기념을 다른 시각으로 파악했음

---

22 이 법률은 설치 목적이 달성되었음을 이유로 1983년 12월 30일 대통령령 제 11304호에 의거해 폐지되었다. 그렇지만 이후에도 유사 사업들이 계속되자, 국무총리실은 1990년 2월 20일에 관리 지침을 다시 마련했다(김용남 2005, 86-87). 2000년경의 조사에 의하면, 참전국 기념비를 제외한 '한국전쟁 관련 전적기념물'은 총 41개였다(육군본부 2000, 215).

23 이때 건립된 전적기념관들 가운데 '지리산지구전적기념관'(1979. 11)은 2001년에 해체되었다. 이 기념관은 교통부의 지시를 받아 국제관광공사가 2억 3,100만 원으로 건립되었는데, 전체 면적은 6,989평이었고, 전시공간은 140평의 2개 전시실을 갖춘 2층 건물이었다(『매일경제』 1979. 11. 23). 2007년 5월 31일에 '뱀사골 탐방안내소'를 신축 개관하면서 조성된 2개의 전시관 가운데 '아! 지리산이여'라는 제목의 제2전시관이 이 전적기념관을 대체했다.

을 보여주는 것이다. 관련 법률의 규정에는 "국가안보와 반공에 관한 국민의식을 제고하고, 관광자원으로 활용할 수 있는 전적지의 효율적인 개발에 관한 사항을 심의하기 위하여 교통부에 전적지개발추진위원회를 둔다"고 명시했다. 국가안보와 반공주의적 관점은 '낙동강승전기념관'의 별칭이 '승공관'이라는 점에서 잘 확인된

사진 5　　대구 낙동강승전기념관

사진 6　　전북 지리산지구전적기념관
출처: 국립공원관리공단 국립공원방송 홈페이지

다. 주목할 점은 전적지 개발을 '관광자원'으로 파악했으며, 전투 현장을 문화상품으로 인식했다는 것이다. 관광자원화를 위해서는 더 많은 볼거리가 필요했다. 비, 탑, 조형물 등은 관광상품으로서 매력이 크지 않았고, 국민의식을 제고하는 데 제약이 많았다. 더욱이 전적지들은 교통이 불편한 곳에 위치해서 관람객의 유인 요소가 충분하지 않았다. 전적기념관은 이러한 과제들을 충족시킬 최적의 방법으로 채택되었던 것이다.

12·12쿠데타로 군부가 재집권하면서 이른바 '신군부 시대'가 시작되었다. 이로 인해 전쟁박물관 건립 주제와 성격은 계승되었다. 전두환 정부는 박정희 정부에서 시작되었던 전쟁박물관 건립을 마무리하거나 유사한 전쟁박물관을 착공했다. 그렇지만 수적으로는 감소했는데, 두 가지 측면에서 설명할 수 있다. 첫째, 전두환 정부는 독립기념관 건립에 역점을 두고 있어서 전쟁박물관 건립에는 관심이 낮았다. 둘째, 한국전쟁에 관한 기념사업이 10년을 주기로 고양되고 있는데, 전두환 정부는 이 주기적 시기에서 벗어나 있었다.

전쟁박물관은 6·25전쟁 40주년이던 1990년과 1991년 초에 대거 건립되었다. 노태우 정부에서의 전쟁박물관은 전적지가 중요 주제였으나, 영웅과 학도병 등에 관한 것도 등장했다. 노태우 정부는 전쟁박물관 건립에 관심이 컸다. 첫째, 국립묘지 내의 전쟁기념관을 확장 및 개편했다. 박정희 정부에서 결정되어 전두환 정부 초에 현충관이 완공(1980년 12월)된 이후 별다른 변화가 없던 국립묘지에 '기념관'과 '호국관'을 건립했다. 이로써 국립묘지의 전쟁기념관이 3개의 공간들로 분화된 구조를 갖추게 되었다.[24] 둘째, '군사박물관'으로 명명되었던

---

24   오늘날 국립서울현충원은 안장의례가 개최되는 현충관, 소개와 사진 및 사진 그리고 영상 등으로 구성된 사진전시관, 유품을 전시한 유품전시관이 각각 독립된 건물로 건립·운영되고 있다.

사진 7   국립서울현충원 현충관, 사진전시관, 유품전시관

전쟁 기억과 기념의 문화정치: 남북한과 미국·중국의 전쟁기념관 연구

사진 8   용산 전쟁기념관

전쟁기념관 건립을 착수했다.[25] 전쟁기념관은 '서울수복 기념일'(9월 28일)에 기공했고, 우여곡절을 거쳐 1994년 6월에 개관했다. 전쟁기념관의 발상과 근간은 한국전쟁에 있었지만, 그 전시 내용은 한반도에서 전개되었던 전쟁과 해방 이후 한국인이 참전한 전쟁 모두를 포괄했다.

민간정부 시대: 착시와 주제의 다양화

김영삼 정부는 신군부의 일원과 협력하여 집권했으나, 문민정부라고 자칭했다. 문민정부는 군사정부들과 차별화를 꾀하는 사업들을 많이

---

25   전쟁기념관 건립 계획이 추진되었던 기원은 1964년으로 거슬러 올라간다. 이는 수차례 시도되었다가 좌절되었는데, 사업을 구체화하던 초기에는 '군사박물관'으로 명명했다. 전쟁기념관은 1953년 8월 17일 북한에서 개관한 '조국해방전쟁승리기념관'과 대척점을 형성하고자 했다(전쟁기념사업회 1997).

벌였다. 거창사건을 통해 전쟁 관련 과거청산에 새로운 발판을 놓았던 것도 그 하나였다. 그렇지만 전쟁기억과 기념은 단절하기가 어려웠다. 군사정부와 거리두기를 했던 김영삼 정부에게 전쟁박물관 건립은 상충된 이미지였다. 김영삼 정부는 노태우 정부에서 시작되었던 전쟁기념관의 건립 중단과 중앙박물관으로 용도 전환을 모색했으나 성사시키지 못했다. 여러 가지 이유들이 있을 터이지만, 군부와 군 관련 단체들을 통제할 힘을 갖지 못했다는 점이 중요했다. 그리하여 무성한 논쟁에도 불구하고, 1994년 6월 10일 전쟁기념관이 개관되었다.

〈그림 1〉은 김영삼 정부가 전쟁박물관 건립사에서 중요한 시기였음을 보여준다. 전쟁박물관은 박정희 정부에서 가장 많이, 그리고 노태우 정부에서 다음으로 많이 건립되었으나, 김영삼 정부에서는 급감했다. 이에 반해 김대중 정부에서는 전쟁박물관 건립이 급증했다. 완공을 기준으로 하면, 박정희 정부에서 김대중 정부까지 전쟁박물관 건

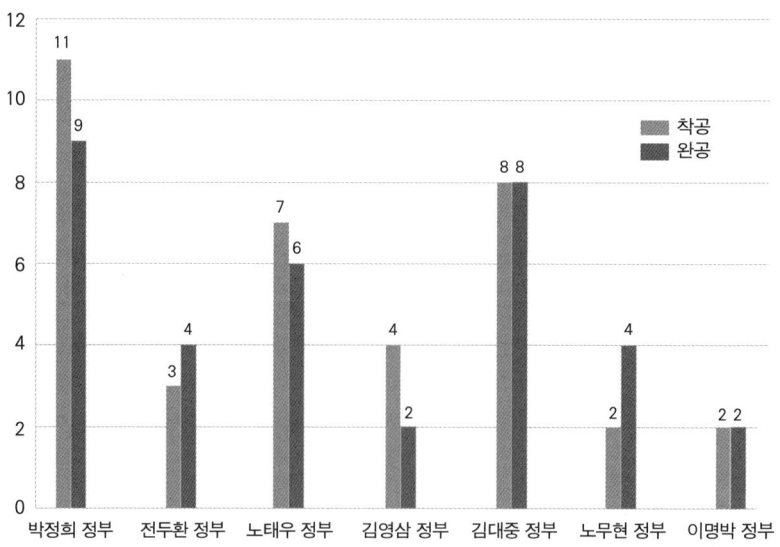

그림 1   정부별 전쟁박물관 건립 동향
* 주 : 이명박 정부에서는 전쟁박물관 2개가 착공되었고, 2개가 승인되었다.

립 추이는 'W' 모양을 이룬다. 동북아의 평화 증진과 고착 그리고 남북 관계 개선에 많은 관심과 노력을 기울였다는 김대중 정부에서 전쟁박물관이 왜 이렇게 많이 건립되었는가는 의문을 갖게 한다. 이는 다음 몇 가지를 통해 이해할 수 있다.

첫째, 김영삼 정부에서 전쟁박물관이 완공되었던 사례는 확연하게 적다. 그렇지만 전쟁박물관이 착공된 시점을 기준으로 하면, 김영삼 정부가 무심했다고 할 수 없다. 김영삼 정부에서 착공된 전쟁박물관은 화진포역사안보전시관, 국립영천호국원, 통일안보전시관, 국립임실호국원으로 확인된다. 김영삼 정부에서는 새로운 성격의 국립묘지, 이른바 '호국원' 조성을 위한 기본계획이 확정되고 추진되었다.[26] 군대가 존재한다면, 집단묘지에 대한 수요는 계속해서 발생할 수밖에 없다. 이 계획은 '재향군인회'가 추동했으나, 사실상 국가보훈처 사업이었다. 국가보훈처는 오랫동안 호국원 조성을 추진했는데, 1994년 5월 30일에 '향군 참전 군인묘지' 조성 계획을 수립할 수 있었다. 호국원 조성은 여러 지역에서 분할 추진되었고, 대규모 국비 투입이 계속되고 있다. 그리고 전쟁박물관 건립이 '안보'라는 주제로 이루어졌다는 점도 눈여겨봐야 한다. 통일안보전시관은 간첩 침투 사건에서 획득한 잠수함을 활용한 것이어서 남달랐다. 김영삼 정부에서 계획 수립 및 착공했던 전쟁박물관은 다음 정부들에서 마무리되었다. 이것이 김영삼 정

---

26 1997년 4월 14일에 첫 번째 호국원이 착공되었다. 호국원은 규모와 안장 대상자에서만 차이가 있을 뿐, 현충원과 거의 동일한 요소·시설·외형으로 구성되었다. 호국원은 집단묘지이지만, 각종 전쟁 물자의 전시와 교육 등을 수행하는 전쟁박물관의 기능을 갖추었다. 호국원은 전쟁에 대한 국가적 기억이 '전사'에서 '참전'까지 포괄하여 다원화되었음을 의미한다. 호국원은 경북 영천, 전북 순창, 경기 이천, 경남 산청에 건립되었다.

사진 9　강원 화진포역사안보전시관　　사진 10　경북 국립영천호국원 현충관

사진 11　전북 국립임실호국원 현충관　　사진 12　경남 거제포로수용소유적공원

사진 13　강원 양구전쟁기념관　　사진 14　경북 학도병의용군전승기념관

사진 15　강원 이디오피아 한국전　　사진 16　강원 베트남 참전용사 만남
　　　　　참전기념관　　　　　　　　　　　　의장(베트남참전기념관)

사진 17 　경북 다부동전적기념관　　사진 18 　강원 백마고지전적기념관

사진 19 　강원 춘천지구전적기념관　　사진 20 　인천상륙작전기념관

사진 21 　경기도 자유수호평화박물관 사진 22 　국립대전현충원 보훈미래관

부에서 전쟁박물관 건립이 적었던 것처럼 착시를 일으킨 주요 이유였다. 정부 예산이 편성되려면 최소한 1~2년 전에 계획이 확정되고 사업이 승인되는 등 모든 절차가 완료되어야 하기 때문이다. 그러므로 김대중 정부 초반에 착공되었던 사업들은 사실상 김영삼 정부에서 결정된 것이었다.

둘째, 이런 점들을 감안한다고 해도 김대중 정부에서 착공된 전쟁박물관의 사례가 많은데, 이는 한국전쟁 50주년이 되는 2000년이 김대중 정부 중반에 해당되었던 것과 연관성이 깊다. 한국전쟁 50주년 기념사업은 IMF 시대임에도 불구하고, 역대 최대 규모로 추진되었다. 기념사업의 일환으로 다수의 전쟁박물관 건립이 포함되었다. 거제포로수용소유적공원, 양구전쟁기념관, 학도병의용군전승기념관, 감우재전승기념관 등이 바로 이에 해당한다. 감우재전승기념관은 김대중 정부에서 완공되지 못했으나, 나머지는 모두 완공·개관되었다.

노무현 정부에 이르면 전쟁박물관 건립이 절반으로 감소된다. 국가가 목적의식을 갖고 전쟁박물관을 건립했다고 볼 수 있는 사례들을 발견하기 어렵다. 이 정부에서 완공되었던 전쟁박물관들은 한국전쟁 50주년 기념사업의 일환이거나 연속선상에 있었다. 에티오피아 한국전 참전기념관은 노무현 정부에서 착공 및 준공되었는데, 한국전쟁 당시 해외 참전국을 주제로 했던 유일한 전쟁박물관이다.

전쟁박물관 건립의 감소세는 이명박 정부에서도 계속되었으나, 박근혜 정부에 들어서는 다시 증가세를 보인다. 이명박 정부에서 개관한 전쟁박물관들은 지난 정부에서 착수되었던 사업들의 마무리였다. 그렇지만 한편에서는 새로운 전쟁박물관 건립 계획이 구상 및 실행되었고, 박근혜 정부에서 결실을 맺고 있다. 국립이천호국원을 조성한 기원은 김영삼 정부에 있었고, 베트남참전용사만남의장은 1998년에 계획이 수립된 것이었다. 이와 같이 한국전쟁 중심의 전쟁박물관 건립은 베트남전쟁 등으로까지 확장되었다. 이 시설은 완공되기까지 10여 년이 소요되었다. IMF 시대의 영향을 받은 것이기도 하지만, 시대 담론의 변화에 따른 영향도 컸다. 아울러 전쟁박물관을 건립할 주제와 대상이 감소했으며, 이를 추진할 주체 형성이 취약함을 의미한다. 이명박 정부에서 착공한 사례는 부산의 유엔평화기념관, 영천호국기념관, 칠곡호국평화기념관이다.[27] 기념관의 명칭에서 알 수 있듯이, 건립 주제는 유엔의 한국전쟁참전과 전적지이다.

전쟁박물관 건립의 구조와 변화

건립 주체

전쟁박물관은 50여 년 동안 지속적으로 건립되어왔다. 전쟁박물관은 국가의 정체성과 이념을 반영하는 공간이어서 비공식적인 전쟁기억의 수용을 허용하지 않는다. 전쟁박물관 건립을 주관하거나 중요 방향과 내용을 결정하는 주체는 국가였다. 그렇지만 건립을 주관한 정부 기구들이 항상 동일하거나 일관되지는 않았다.

전적지 개발 사업 이전에 건립된 전쟁박물관들은 국방부가 주관했고, 국군묘지나 사관학교 또한 국방부가 관할하고 있었다. 이 시기에는 전쟁박물관에 관한 구상이 명확하게 형성되어 있지 않았고, 전쟁을 박물관으로 재현하는 것이 사회구성원들에게 어떤 영향을 미칠 것인가에 관한 인식 수준도 낮았다. 전적지 개발 사업이 구체화될 무렵 공보처의 후원을 받았으나 민간단체가 주관한 첫 전쟁박물관이 개장했

---

27 이명박 정부에서는 한국전쟁 60주년과 관련해 전쟁박물관 건립이 추진되었다. 유엔평화기념관은 전쟁기념사업회가, 영천호국기념관은 영천시가 건립을 주관했다. 전자는 2014년 11월에 개관했으나, 후자는 2015년에 착공했다. 칠곡호국평화기념관은 경상북도 주도로 2010년에 착공하여 2015년에 개관했다. 그리고 국립산청호국원은 2012년에 착공하여 2015년에 개원했다.

다. 종합안보전시장은 군사정부 시기에 민간단체들에 위탁했던 몇 되지 않은 전쟁박물관들 가운데 규모가 가장 큰 사례였다.

그런데 전적지 개발을 주관했던 정부 기구가 흥미롭다. 업무의 유관성에서 본다면 국방부나 건설부가 전쟁박물관 건립을 주관하는 것이 적절할 터인데, 교통부가 주관 부서였고 국방부가 후원부서였으며 국제관광공사가 집행부서였다. 전두환 정부에서는 국방부가 건립을 주관하기도 했으나, 이때는 사업이 일단락될 무렵이었다. 그리하여 5개의 전쟁박물관 가운데 4개는 교통부가, 1개는 국방부가 주관했다. 국방부는 다부동전적기념관을 건립했는데, '탱크'로 표현되어 다른 기념관들보다 군사적 이미지가 뚜렷했다.

이와 같이 전적기념관 건립을 교통부가 주관했으나, 국방부 주관한 것과 별반 다를 바가 없었다. 이는 전적기념관 건립을 가장 적극적으로 추진했던 교통부 장관들의 면면에서 잘 드러난다. 전적지 개발 사업 계획을 수립하고 착수했던 교통부 장관은 육군 중장으로 예편했던 최경록이었고,[28] 전쟁박물관 건립을 실질적으로 추진했던 교통부 장관들인 민병권, 황인성, 윤자중 등도 모두 군 장성으로 전역한 사람들이었다.[29] 그러므로 교통부가 전쟁박물관 건립을 주관해도 그다지 문제가

---

28 최경록(崔慶祿)은 1920년 9월 21일에 출생했다. 일제하 지원병으로 입대해 일본 도요하시예비사관학교를 졸업했고, 미군정에서는 군사영어학교를 졸업했다. 한국전쟁 시기에는 헌병사령관과 육군사관학교 교장을 역임했으며, 1960년 8월 장면 정부하에서 제13대 육군참모총장에 임명되었다. 5·16쿠데타 직후에 강제 예편된 뒤에는 반박정희 입장을 취했다. 그러다가 1967년 멕시코 대사에, 1973년 교통부장관에 임명되었는데, 1977년 11월에 발생한 이리역 폭발사고의 책임을 지고 사임했다.

29 민병권(閔丙權)은 1918년 1월 2일에 태어나 1992년 2월 17일에 사망했다.

될 게 없었다. 전적기념관들의 건립 비용에서 국비가 가장 많은 부분을 차지하지만, 도비와 지역민의 성금 그리고 찬조금 등을 통해서도 조달되었다.[30]

중앙정부가 전쟁박물관 건립을 주관한 방식은 노태우 정부까지 이어졌지만, 이미 전두환 정부에서부터 지방정부가 전쟁박물관 건립을 주관하는 방식이 선보였다. 1984년 9월 15일에 개관했던 인천상륙작전기념관이 대표적인데, 박정희 시대 말기에 집중적으로 건립되었던 전쟁박물관과 주제·담론·형태 등에서 동일했다. 노태우 정부에서는 사건 관련 지역이나 단체가 전쟁박물관 건립을 주관하는 양상이 더욱 뚜렷해졌다. 이와 같은 전쟁박물관들은 인적·경제적·문화적 자원을 충분하게 확보하는 것이 용이하지 않음으로 인해 대체로 소규모로 건립되었다. 즉, 군사정부 시대 후반으로 갈수록 중앙정부가 전쟁박물관 건립을 직접 주관하지 않은 사례들이 늘어났다.

김영삼 정부 이후에는 중앙정부가 전쟁박물관 건립을 직접 주관하는 사례가 거의 자취를 감추었다. 이를 대신하여 각종 전쟁기념사업회

1944년 일본 주오대학(中央大学)에 재학 중 학병으로 징집되었다. 한국전쟁 시기에는 육군 제21사단장이었고, 요직을 거쳐 1963년에 중장으로 예편했다. 곧바로 민주공화당 당무위원에 임명되었고, 제6~9대 국회의원을 역임했으며, 박정희의 신임이 두터웠다. 1977년 11월부터 1978년 12월까지 제23대 교통부 장관을 역임했다. 제24대 교통부 장관인 황인성(黃寅性)은 육군사관학교를 졸업했고 소장으로 예편했으며, 제28대 교통부 장관 윤자중(尹子重)은 공군사관학교를 졸업했고 공군참모총장으로 예편했다.

30 이를테면, 춘천지구전적기념관 건립에는 1년이 소요되었고, 성금·국비·도비 6억 8천만 원이 투입되었다(「춘천전적비 개막 한보회관도 준공」, 『매일경제』 1978. 11. 15).

들이 전쟁박물관 건립을 주관했다. 전쟁기념사업회는 군 출신의 전역 장성들을 주축으로 구성되었으나, 대통령이 회장을 임명하기도 했다는 것에서 알 수 있듯이 국가 기구와 차별성이 없었다. 전쟁기념사업회는 10년을 주기로 한국전쟁 기념사업들이 대규모로 추진된다는 점을 활용해 전쟁박물관을 건립했다. 이 단체가 건립한 전쟁박물관의 주제와 내용은 박정희 시대에 건립되었던 사례들과 연속된 측면이 많았다.

민간정부 시대에는 지방정부가 전쟁박물관 건립을 주관한 사례들이 크게 늘어나, 지방정부가 주관한 사례들이 과반수에 이르렀다. 지방정부는 전쟁박물관 건립을 중앙정부에게 국비를 요구하고 지원받는 명목과 경로로 활용했다. 단체장들은 전쟁박물관 착공과 건립을 재임기의 중요한 업적으로 홍보했다. 이들은 전쟁박물관 건립의 일차적인 목적으로 기억의 계승과 아픔의 공유 그리고 애국심 함양 등에 의한 국가관 형성을 주장하지만, 현실적으로는 관광 블록 조성과 수입 증대 등과 같은 문화산업의 관점에서 지역 개발을 추구하고 있다.

이상과 같이 전쟁박물관 건립 주체의 변화는 군사정부와 문민정부 사이에 가장 뚜렷하며, 정부에 따라서도 차이와 변화가 있었다. 그러나 건립 주체의 변화는 전쟁박물관을 구성하는 내용과 담론을 차별화할 만큼 중요하지 않았다. 국가의 전쟁기억과 기념에 관한 담론을 지속하고 균열을 봉합할 수 있다면, 주관 주체가 누구든 문제가 되지 않았던 것이다.

장소성

렐프E. Relph가 말한 것처럼, 전투지 혹은 전쟁과 직접 관련된 장소들에 전쟁박물관을 건립한 것은 장소의 심상성imageability을 높여준다

(Relph 2005, 88-90). 공공장소에 기념비적 방식으로 전쟁박물관을 세울 때 박물관 설립 주체는 자신들의 목표에 맞게 장소를 선정하고 이를 정당화하려는 경향이 있다.

그러나 시민교육보다 군사적 기억을 중시했던 박정희 정부 전반기는 집단묘지와 군사학교가, 후반기는 주요 격전지가 장소로 선정되었다. 전쟁박물관들은 군사적인 이유로 접근이 제한되거나 교통 여건상 방문이 용이하지 않은 장소에 위치한 사례들이 많았다. 따라서 전적지의 전쟁박물관은 본연의 목적이었던 한국전쟁의 기억과 기념을 충실히 전달하는 데 효과적이지 않았다. 교통 여건들은 점차 개선되었으나, 박정희 정부 이후에도 전적지의 전쟁박물관 건립이 주류를 이루어 제약이 많을 수밖에 없었다. 이런 측면에서 보면, 국립묘지들과 여의도의 안보전시관들이 국가가 추구했던 목적을 가장 충실하게 수행했다고 할 수 있다.

장소 연고성으로 보면, 군사정부와 민간정부의 차이는 미비했다. 민간정부에서도 다수의 전쟁박물관들이 전적지 혹은 전쟁 관련 지역에 건립되었다. 그렇지만 교통망의 점진적 확충과 자동차 보급, 그리고 여가문화의 확산 등으로 관람 환경이 크게 개선되었다. 또한 용산의 전쟁기념관, 거제포로수용소유적공원, 자유수호평화박물관 등과 같이 도시 내에 대규모 전쟁박물관이 건립되면서 국가 중심적 전쟁 담론이 확산될 수 있는 기반이 보다 공고화되었다.

〈그림 2〉는 전쟁박물관이 언제 어느 지역에 주로 건립되었는가를 보여준다. 박정희 정부에서는 수도권과 경상도에 전쟁박물관 건립이 집중되었다. 수도권에 건립된 사례가 많은 것은 국군묘지와 군사학교들이 서울에 위치했기 때문이고, 경상도의 사례가 많은 것은 전적기념관 4개 가운데 3개가 대구·경북에 위치했기 때문이다. 전두환·노태

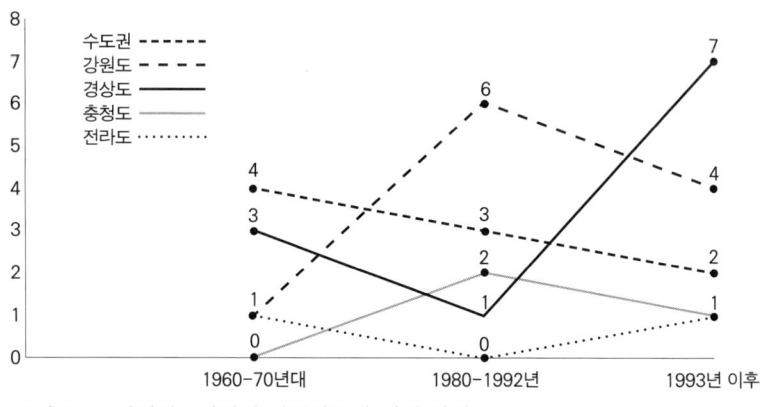

그림 2   시대별·지역별 전쟁박물관 건립 양상

우 정부에서는 강원도에 압도적으로 많은 전쟁박물관이 건립되었음을 보여준다. 이것은 전적지 중심으로 기념관들이 건립되면서 나타난 현상이다. 전적기념관 건립은 박정희 정부에서는 대구·경북에, 전두환·노태우 정부에서는 강원도에 집중되었다. 한편 충청도에서도 처음으로 전쟁박물관들이 건립되었는데, 국립대전현충원과 김재옥여교사기념관이 그 사례들이다.

민간정부 시대에는 경상도와 강원도에 전쟁박물관 건립이 집중되었는데, 특히 경상도가 두드러진다. 이는 민간정부 시대에도 전적지, 전승, 참전 등이 전쟁박물관을 건립하는 주요 주제였던 것에 기인한다. 그렇지만 전쟁박물관 건립이 지역별로 큰 편차를 띠는 것과 지역별 정치적 성향의 상관성이 높다는 점도 간과할 수 없다. 전쟁박물관을 매개로 하는 전쟁기억 및 기념 담론과 지방적 정체성의 결합이 긴밀함을 연상시킨다.

재현과 담론

대부분의 전쟁박물관들은 유물 수집과 보관 업무보다 '전시를 중심으로 한 교육'의 수행을 중시하고 있다. 전시공간은 변화보다는 지속 또는 고착화 경향을 띤다. 건립 주제와 시기에 따라 약간의 차이는 있으나, 목적과 지향 그리고 담론에서 동질성을 유지하고 있다. 전시공간은 실내와 실외로 구성되는 것이 일반적이다. 실내 전시공간은 전쟁사와 전쟁의 특성을 중소형 무기류, 유품, 유물, 그리고 설명과 이미지 및 영상 등을 활용한 담론들로 채우고 있다. 실외 전시공간은 중·대형 무기류의 전시장이거나, 전투 재현과 다종의 상징물들을 보여주고 있다. 이와 같은 전쟁박물관의 재현과 담론의 구현 방식은 한국만이 아니라 다른 나라들에서도 마찬가지이다(Nora 2010, 314-315; 여문환 2009; 동북아역사재단 2008). 여기에서는 전쟁박물관 전시의 특성을 재현과 담론의 관점에서 포괄적이며 종합적으로 고찰하고자 한다.

첫째, 사람이 배제된 재현 공간이다. 무기 사용자와 전쟁이 양산한 막대한 인적·물적 피해의 구체성 등은 선택적으로 편재 또는 배제되었다. 대비적으로 각종 무기류와 전쟁 물자, 지도, 사진, 사진 등이 전시와 교육의 주요한 구성물들이다. 전쟁에서 사람의 관계와 죽음 그리고 생존자의 삶을 배제하는 것은 실체적 접근이라고 하기 어렵다. 무기류와 전투 용품들은 관람객에게 감성을 분리시키고, 전쟁과 사회구성원의 관계를 단절적으로 인식시킨다. 이를테면 전시된 무기들이 얼마나 많은 사망자를 발생시켰는가는 기록되지 않는다. 사람의 흔적은 전투 또는 참전 사망자의 이름으로만 존재할 뿐이다. 전쟁 영웅이나 신의 반열에 놓인 전사자들의 이름은 후손에게 숭배의 책무를 무겁게 부과하는 상징적 유산이다.

둘째, 성인의 시선은 무기 전문가나 구매업자 또는 과학자의 시선과 일체화되곤 한다. 무기류의 전시물들은 남성의 군 복무 시절을 회고하게 하고, 지배이데올로기에 대한 비판의식을 순화시킨다. 전쟁박물관은 어린이와 청소년에게 '장난감'이 진열된 놀이 공간으로 소비된다. 이들은 전쟁을 소재로 하는 각종 영상물과 이미지를 자신에게 투사시켜 사유하곤 한다. 사람이 생략되고 관계들이 배제된 전쟁박물관은 관람객의 전쟁에 대한 실체적 접근과 안목의 형성을 교란시킨다. 전쟁박물관은 호전성, 호기심, 오락, 추억 등으로 표현되는 욕구를 충족시키는 기능으로 쉽게 변용된다. 민간인 학살을 주제로 하는 공간들도 과거 관행적 권위에 포획되어 있는 것으로 파악된다.[31]

셋째, 작전과 전투의 연속적 배열이 재현 구조의 주류와 담론의 대강을 형성하고 있다. 전쟁 전반이 아니라, 전투와 전투 참여자의 기록과 경험을 나열하고 현시하는 것이 전쟁박물관의 주된 구성이다. 따라서 서사와 담론은 군인, 경찰, 민간인 전투부대 등의 활동과 주장이 중심을 이룬다. 영웅은 전쟁의 재현에서 매우 중요시되는 주제 또는 소재이다. 영웅을 소재로 한 재현은 전형적인 담론과 전투 행위의 정당성에 근거한 애국주의와 국가주의를 극대화하는 요소로 활용되고 있다. 영웅은 전쟁의 부정적·파괴적 측면들을 은폐시키고 폭력을 정당화하며, 피해의 감수와 고통의 인내를 강제한다. 대비적으로 비전투의 영역과 전투에 참여하지 않은 시민의 경험과 기억 그리고 일상은 재현 대상에서 빗겨난다. 그리하여 전쟁 재현과 담론에서 민간인의 전쟁 체험과 기억은 생략·최소화·특정화되며, 다양하고 복합적 맥락과 동학

---

31 노근리평화공원 조성사업을 담당한 주요 책임자는 "노근리평화공원 야외전시관에 6·25전쟁 당시 사용했던 동종의 항공기 등의 군용장비를 전시해 전쟁의 교훈과 호국정신을 배우는 산 교육장이 될 것으로 기대된다"고 했다(「영동 노근리평화공원 야외 전시관 개관」,『동양일보』 2010. 7. 5). '전쟁의 교훈과 호국정신을 배우는 산 교육장'이라는 항목은 용산의 전쟁기념관을 건립하는 목적으로 밝힌 3개 항목들 가운데 두 번째와 일치한다.

이 아닌 명료하고 단순한 구조로 재구성되어진다.

넷째, 전쟁박물관은 선과 악, 아와 타라는 이분법적 시선이 전일화한 공간이다. 전투와 죽음을 매개로 구성된 전쟁박물관은 중간지대와 다양한 시선을 허용하지 않는다. 전쟁박물관 건립의 필요성을 주장하고 확산시키는 주체들과 사업을 집행하는 주체들이 전쟁의 참가자이거나 직접적 관련자로 구성되어 있는 것에 따른 영향이 무엇보다 크다. 전쟁에 대한 중립적 관점과 다양한 시선의 필요성을 주장하는 것은 전쟁박물관 건립 주체들의 인식과 상충할 개연성이 많다. 전쟁 참여자, 준비자, 동원자의 관점으로 박물관의 구성과 서사를 구획하고 있기 때문이다. 전쟁박물관은 방어자, 피해자, 전투의 합법성과 정당성, 인권과 평화 등의 담론과 이미지를 통해 건립 주체들의 관점을 미화하고 있다. 반면, 전쟁 당사국에 대해서는 이와 대척적 관점으로 응시한다. 그러므로 전쟁박물관은 철저히 자국과 우방국 중심의 시선으로 재구성된 전시공간이라고 할 수 있다.

다섯째, 전쟁박물관의 전시는 이념을 선명하게 드러내고 있다. 전쟁박물관은 '안보 이념의 확산과 고착화'를 지향하며, '반공주의'가 이를 뒷받침하는 구조로 짜여 있다. 이것은 앞서 살펴본 재현의 구조와 관점 그리고 내용의 근간을 형성하고, 박물관의 존재 이유를 표방하며, 박물관을 통해 사회가 나아갈 궁극적 목표를 일러준다. 주제들은 다르지만, 전쟁박물관들이 동형성 혹은 동질성을 유지하는 이유가 여기에 있다. 이와 같은 문제의식과 관점은 뿌리가 깊고 탄탄한 기반을 구축하고 있어서 외부의 변화와 문제제기에 반발한다. 또한 시대의 흐름에 둔감하며, 오랫동안 독점되어왔던 국가의 전쟁기억과 시선을 고수한다. 이러한 현상들은 전쟁박물관의 관리와 운영 주체, 전시공간과 높은 지속성·친밀성을 갖는 집단의 기대 및 역할, 정치적 이해관계와 관행화된 오랜 통치 이념의 영향 등 다양한 측면들을 고려해야 실체적 접근이 가능하다.

맺음말

한국에서 전쟁박물관은 장기적인 맥락에서 보면, 새롭게 건립되는 사례가 감소하고 있다. 한국전쟁 제60주년이 된 2010년을 전후하여 다시 증가하기는 했으나 이는 예외적이다. 국가의 관심과 시민사회의 시선은 예전과 같아 보이지 않는다. 그렇다고 전쟁기억을 재생산하려는 욕구가 없어졌다는 것은 아니다. 다양한 명칭과 주제의 전쟁박물관과 기념물들이 꾸준하게 건립되는 것이 보여주듯이, 그 욕구는 여전히 왕성하다. 전쟁기억과 기념의 대상이 베트남전쟁으로 확장하면서 전국에서 다양한 전쟁기념물들이 건립되고 있으며, 근래에 발생한 북한과의 전투를 기념하는 것에도 깊은 관심을 보이고 있다.

　한국에서 전쟁박물관은 한국전쟁 종료 9년여 만에 국군묘지 내 전쟁기념관으로 처음 등장했다. 이때는 5·16군사정변이 발발한 지 1년도 채 되지 않은 시기로 '혁명의 기치'가 드높았다. 군사정부들에서의 전쟁박물관 건립은 신군부가 집권하기까지 일관된 기조로 유지되었다. 전쟁박물관의 주제는 전사자 숭배, 군사학교를 중심으로 한 각 군의 역사, 한국전쟁의 주요 전투지들로 확대되었다. 이러한 기본적인 흐름 속에서 시민의 접근을 적극적으로 유도했던 종합안보전시장과 국립묘지의 각종 전시관 건립 등이 이루어지기도 했다.

　민간정부 시대의 첫걸음을 내딛은 김영삼 정부에서는 군부와 민간의 정치세력이 타협하여 출범했던 특성이 잘 나타난다. 노태우 정부에서 가장 큰 사업으로 추진했던 전쟁기념관 건립이 계속되었던 것, 국가적 숭배 대상을 확장한 새로운 형태의 국립묘지 조성 계획의 입안과 착공, 안보전시관과 전적지 전시관들의 착공 또는 추진 등은 이러한 주장이 그르지 않음을 잘 보여준다. 전쟁박물관 개관을 기준으로 보면, 군사정부와 김영삼 정부 사이에는 명백한 차이가 보인다. 그러나 이는 김영삼 정부에서의 전쟁박물관을 건립과 착공으로 구분하여 고찰하면 착시임을 알 수 있다.

김대중 정부에서는 전쟁박물관의 착공과 완공이 모두 활발했던 것으로 나타나는데, 자세히 들여다보면 김영삼 정부의 유산이다. 그리고 김대중 정부 집권기에 한국전쟁 50주년이 포함되어 있었다는 점도 이런 현상을 발생시킨 중요한 요인이었다. 노무현 정부와 이명박 정부에서는 전쟁박물관 건립이 눈에 띄게 감소했다. 그러므로 전쟁박물관 건립으로 보면, 김대중 정부가 과도기였고, 이후 정부들부터는 새로운 국면에 접어들었다고 할 수 있다.

민간정부 시대에도 전쟁박물관 건립의 주요 주제는 한국전쟁의 주요 전투들이었다. 하지만 베트남전쟁이나 유엔군 참전, 간첩선 사건 등을 주제로 하는 전쟁박물관들이 건립되면서 주제가 다양화되는 양상이 확인된다.

전쟁박물관의 대다수는 중앙정부로부터 직간접적으로 예산을 지원받았고, 여러 경로로 관련 기관들의 검열을 받았던 만큼 국가의 통제하에 건립되었다고 할 수 있다. 이러한 기조는 계속되고 있지만, 전반적으로 중앙정부가 전쟁박물관 건립을 직접 주관하는 방식에서 간접 지원 혹은 후원하는 방식으로 전환되는 양상이다. 군사정부 시대에는 일부 사례를 예외로 하면, 중앙정부가 직접 전쟁박물관 건립을 주관했다. 전쟁박물관 건립을 주관한 중앙정부는 국방부와 교통부로 이

원화되어 있었다. 박정희 정부 말기에는 교통부의 주관이 돋보이는데, 교통부 수장들이 하나같이 군 고위 장성으로 전역한 사람들이라는 점에서 국방부와 인식의 차이가 거의 없었다고 할 것이다. 민간단체와 지방정부가 주관한 전쟁박물관 건립도 이루어졌으나 몇 사례에 불과하며, 중앙정부가 다양한 방식으로 결합되어 있었다.

민간정부 시대의 전쟁박물관 건립 주체는 다양해졌다. 중앙정부가 아닌 군 출신으로 구성된 민간단체, 지방정부 등이 건립을 주관했다. 군 관련 단체들이 주관한 대규모 전쟁박물관들은 법률의 제정을 통해 조성되었다. 전쟁기념사업회는 10년을 주기로 하는 한국전쟁 기념사업을 주관했고, 참전군인회는 호국원 조성을 주도했다. 민간정부 시기에는 지방정부가 건립을 주관한 전쟁박물관이 절반가량을 차지했는데, 이는 중앙정부의 재정 지원과 자치단체장의 실적 그리고 관광산업 등과 관련되어 있었다.

전쟁박물관의 장소는 주제 및 정체성과 상관적인 것으로, 집단묘지, 군사학교, 격전지, 전쟁 관련 주요 현장들이었다. 전쟁박물관을 건립했던 주요 주제들 가운데 격전지가 다수를 이룬다. 이 장소들은 접근이 용이하지 않은 등 제약이 많았으나, 교통 여건의 개선과 여가 문화의 확산 등으로 대부분 해소된 상태이다. 전쟁박물관이 가장 많이 건립된 지역들은 경상도, 강원도, 수도권 순서였다. 대조적으로 충청도와 전라도에 건립된 전쟁박물관은 매우 적었는데, 이는 한국전쟁의 전개 양상과 관련이 있다. 전쟁박물관이 건립된 시기를 보면, 지역별 변화가 컸다. 박정희 정부에서는 수도권과 경상도에, 전두환·노태우 정부 시대에는 강원도와 수도권에, 민간정부들에서는 경상도와 강원도에 전쟁박물관들이 많이 건립되었다. 이러한 차이 역시 전쟁박물관을 건립한 주제들과 밀접하게 관련되어 있는데, 전쟁기억에 대한 각 지역의

사진 23　　충북 노근리역사공원

사진 24　　경남 거창사건추모공원

사진 25　　제주4·3평화공원 제주4·3평
화기념관

사진 26　　경남 산청·함양사건추모공원

정서를 반영한 것으로 이해할 수도 있다.

　　전쟁박물관들은 전시를 통한 교육에 역점을 두고 있다. 전시공간
들은 사람이 배제된 그러나 적과 우리를 구분하고, 군사적 경험의 회
고를 중심으로 재현되고 있다. 군사적 인식의 강화와 작전 그리고 전
투의 배열로 구성된 공간의 무미건조함 때문에 종종 어린이들을 위한
체험 및 놀이 공간이 배치되기도 한다.

　　그러나 전쟁기억은 다양하다. 특히 전쟁에서의 피해자들을 위한
공간이 탈냉전을 통해 조성되고 있다는 점이 지적되어야 한다. 2004
년에 개장한 거창사건추모공원, 2008년에 개장한 제주4·3평화공원과
산청·함양사건추모공원, 그리고 노근리역사공원 등이 그 사례들이다.
이 공간들은 과거청산 작업의 공간적 결과물로, 민간인의 집단적 죽음

을 추모하는 집단묘지의 공간이다. 이 공간들은 억압되고 은폐되었던 전쟁의 이면을 표상하고 있다. 이러한 공간들의 조성은 민간정부의 등장 및 과거청산 작업의 진행과 궤적을 같이한다. 민간인 학살을 주제로 한 공간들은 전쟁에 관한 국가의 오랜 공식적 입장에 균열과 반전을 가져왔으나, 재현과 담론에서는 그 자장 내에 머물러 있는 것으로 보인다. 이들의 관점과 서사는 건립 시기와 주관 주체들에 따라 다르지만, 전쟁에 관한 이분법적 관점은 공유한다. 그것은 과거청산이 토대한 정치·사회적 담론과 관계들에 연동되어 작동하고 있다. 이러한 공간들은 전쟁박물관들과 상반되거나 다른 관점과 담론을 표출하고 있다. 그렇지만 전쟁에 근본적인 문제의식을 담은 새로운 전쟁 담론이 구성되지 못하고 기존의 전쟁 담론의 수정과 편입에 집착하고 있다는 점에서 반세기 이상 구축되어온 국가의 기억을 담은 전쟁박물관의 효과와 영향력을 재확인시켜준다.

대다수의 전쟁박물관들은 군사주의와 안보주의에 바탕하고 있다. 이와 대비되는 공간은 '반전박물관'일 것이다. 그렇지만 현실적으로는 평화박물관이 반전박물관으로 역할하며, 전쟁뿐 아니라 일상에서의 폭력을 극복하기 위한 대안 공간으로 간주된다. 민간인 학살을 주제로 건립된 공간들이 전쟁에 대한 본원적 사유의 공간으로 거듭나기 위해서는 평화박물관의 문제의식과 지향을 공유해야 한다. 국가의 뿌리 깊은 전쟁기억으로 충만한 전쟁박물관들은 평화박물관으로 변모되고 재구성되어야 한다. 그 첫걸음은 전쟁박물관이 현재 및 미래의 전쟁과 갈등 그리고 폭력에서 자유로운 지위를 확보하면서, 전쟁의 어두운 그림자까지를 포함하는 객관적이고 종합적인 전시를 지향하는 것이다.

:::참고문헌

강인철. 2000. 「전쟁의 기억, 기억의 전쟁」. 『창작과 비평』 108.

공군사관학교 50년사편찬위원회. 1999. 『공군사관학교 50년사: 1949-1999』. 공군사관학교.

공군사관학교 편. 1974. 『공군사관학교 20년사: 1949~1968』. 공군사관학교.

국방군사연구소 편. 1992. 「전쟁기념관 전시계획」. 『군사』. 24. 국방군사연구소.

김미정. 2002. 「1950-1960년대 한국전쟁기념물」. 『한국근대미술사학』 10.

김미정. 2010. 「1960-70년대 한국의 공공미술: 박정희 시대 공공기념물을 중심으로」. 홍익대학교 박사학위논문.

김백영·김민환. 2009. 「학살과 내전, 공간적 재현과 담론적 재현의 간극: 거창사건추모공원의 공간 분석」. 『기억과 전쟁』. 휴머니스트.

김숙향. 2001. 「박물관의 조직과 기능에 관한 연구: 전쟁기념관을 중심으로」. 숙명여대 정책대학원 석사학위논문.

김승기. 1995. 「무기전시장 된 전쟁기념관 속사정」. 『신동아』 431(8월호). 동아일보사.

김용남. 2002. 「군사박물관 교육프로그램에 관한 모색」. 고려대 교육대학원 석사학위논문.

김용남. 2003. 「국내·외 군사박물관과 사회교육: 군사적 교육프로그램 개발을 중심으로」. 『군사』 49. 국방부 군사편찬연구소.

김용남. 2005. 「호국전적지 관리체계 개선방향」. 『군사논단』 42.

김정현. 2009. 「중국의 항일전쟁기념관의 애국주의와 평화문제」. 『역사학연구』 35. 호남사학회.

김행복. 1989. 「전적기념물의 실태 및 그 발전방향에 관한 연구」.『3사
　　교 논문집』 28.

김형곤. 2005. 「한국전쟁 사진과 집합기억」.『한국언론학보』 49(2).

김형곤. 2007. 「한국전쟁의 공식 기억과 전쟁기념관」.『한국언론정보
　　학보』 40.

동북아역사재단 편. 2008.『일본의 전쟁기억과 평화기념관 Ⅰ』. 동북
　　아역사재단.

민현구. 2002. 「군사박물관 교육프로그램에 관한 모색」. 고려대학교
　　석사학위논문.

박경석. 2009. 「동아시아의 전쟁기념관과 역사 갈등: '중국인민항쟁전
　　쟁기념관'을 중심으로」.『중국근현대사연구』 41. 한국중국
　　근현대사학회.

박영현. 2001. 「한국전쟁 전적기념물의 실태분석 및 발전방향」.『군
　　사』 42. 국방군사연구소.

서원주. 2007. 「동서양 '박물관' 명칭의 어원과 그 교육적 함의」.『박물
　　관교육연구』 1. 한국박물관교육학회.

안경화. 2010. 「전쟁의 재구성: 기념관 속의 한국전쟁」.『한국근현대
　　미술사학』 21.

여문환. 2009.『동아시아 전쟁기억의 국제정치』. 한국학술정보.

육군본부. 2000.『육군 50년 역사사진집』.

육군사관학교. 1992.『육군박물관』. 육군사관학교 육군박물관.

육군사관학교. 1996.『육군박물관 도록』. 육군사관학교 육군박물관.

육군사관학교 30년사편찬위원회. 1978.『육군사관학교 30년사』. 육군
　　사관학교.

육군사관학교 50년사편찬위원회. 1996. 『(대한민국)육군사관학교 50
    년사: 1946-1996』. 육군사관학교.

육군사관학교 60년사편찬위원회. 2006. 『(대한민국)육군사관학교 60
    년사: 1996-2006』. 육군사관학교.

윤충로. 2010. 「한국의 베트남전쟁 기념과 기억의 정치」. 『사회와 역
    사』 86.

이상석. 2010a. 「한국전쟁 메모리얼의 설계요소에 나타난 기념성」.
    『한국조경학회지』 38-1.

이상석. 2010b. 「6·25전쟁 기념공간에 나타난 기념적 표현」. 『한국전
    통조경학회지』 28-2.

이승환. 1990. 「전쟁은 기념되어야 하는가?"『군사』 20. 국방부 전사편
    찬위원회.

이원혁. 1994. 「전쟁기념관은 왜 필요한가」. 『북한』 7월호.

이완범. 2005. 「한국 국내의 6·25전쟁 연구 동향」. 『군사』 55. 국방부
    군사편찬연구소.

이상석. 1994. 「전쟁기념관 개관의 역사적 의의」. 『군사』 28. 한국군사
    연구소.

이은봉. 1995. 「전적기념물의 보존관리 방안」. 『군사』 31. 한국군사연
    구소.

이인범. 2002. 「한국 박물관제도의 기원과 성격: 국민국가주의에서 그
    너머에로」. 『미술사논단』 14. 한국미술연구소.

전경수. 2005. 『한국 박물관의 어제와 내일』. 일지사.

전쟁기념사업회. 1997. 『전쟁기념관 건립사』.

전진성. 2004. 『박물관의 탄생』. 살림

전진성. 2005. 『역사가 기억을 말한다』. 휴머니스트.

정근식. 2010.「한국전쟁의 기억과 탈냉전」.『창작과 비평』 38(1). 창작과 비평사.

정호기. 2007.『한국의 역사기념시설』. 민주화운동기념사업회.

정호기. 2008.「지리산권 전쟁기념물의 지역성과 전쟁담론의 변화」.『전쟁과 재현』. 한울.

정호기. 2009.「전쟁 상흔의 사회적 치유를 위한 시선의 전환과 공간의 변화: 한국에서의 전쟁기념물을 중심으로」.『기억과 전쟁』. 휴머니스트.

조은정. 2010.「기록의 재생과 기억의 구조물, 한국전쟁기념물」.『내일을 여는 역사』 41. 서해문집.

조항래. 1993.「전쟁기념관은 독립중앙박물관으로 활용해야".

하세봉. 2010.「대만 박물관과 전시의 정치학: 3대 박물관을 중심으로」.『중국근현대사연구』 45. 한국중국근현대사학회.

한국박물관협회 엮음. 2008.『한국의 박물관, 미술관 지도』. 민속원.

한국박물관100년사편찬위원회. 2009a.『한국박물관100년사』(본문편). 국립중앙박물관, (사)한국박물관협회.

한국박물관100년사편찬위원회. 2009b.『한국박물관100년사』(자료편). 국립중앙박물관, (사)한국박물관협회.

한범수 외. 2008.「UN평화기념관 건립타당성조사 및 기본구상」. 국가보훈처.

한홍구. 2008.「한국의 전쟁 및 평화 기념시설과 동북아평화」.『동북아평화벨트 국제학술대회 자료집: 한·중·일의 전쟁유적을 평화의 초석으로』. 동북아역사재단 외.

한홍구. 2010.『평화의 눈길로 돌아본 한국 현대사』. 검둥소.

해군사관학교. 1981.『(대한민국)해군사관학교사』.

해군사관학교 박물관. 1997.『박물관도록』. 해군사관학교 박물관.

해군사관학교 50년사편찬위원회. 1996.『(대한민국)해군사관학교 50년사』. 해군사관학교.

金子淳. 2001.『博物館の政治學』. 青弓社.

君塚仁彦. 2006.「일본에 있어서 전쟁기억의 표상과 과제: 전쟁박물관의 전시를 중심으로」.『현대의 기억 속에서 민족을 상상하다』. 세종출판사.

Assmann, Aleida. 1999. *Erinnerungsräume*. München: Verlg C. H. Beck. 변학수·백설자·채연숙 역. 2003.『기억의 공간』. 경북대학교 출판부.

Booth, W. James. 2006. *Communities of Memory on Witness, Identity, and Justice*. Cornell University Press.

Buruma, Ian. 1994. *The Wages of Guilt*: *Memories of War in Germany and Japan*. The Wylie Agency LTD. 정용환 역. 2002.『아우슈비츠와 히로시마』. 한겨레신문사.

Nora, Pierre et al. 1992a. *Les Lieux mémoire*: *La Nation*. *Le Monde*. 김인중 외 역. 2010a.『기억의 장소: 공화국』. 나남.

Nora, Pierre et al. 1992b. *Les Lieux mémoire*: *La Nation*. *Le Monde*. 김인중 외 역. 2010b.『기억의 장소: 민족』. 나남.

Relph, Edward. 1976. *Place and Placelessness*. Pion Ltd. 김덕현·김현주·심승희 역. 2005.『장소와 장소상실』. 논형.

Sherman, Daniel J. 1995. "Objects of Memory: History and Narrative in French War Museums". *French Historical Studies*. Vol. 19, No. 1.

•

02

문화적 기억의 민족주의적 테크놀로지와 한국전쟁

미국 '자유의 대가' 전시실과
한국 전쟁기념관의 군사주의와 신자유주의

김다니엘

워싱턴 D.C.에 있는 국립미국사박물관^{NMAH}의 상설전시실 '자유의 대 가^{The Price of Freedom}'는 2004년 11월 11일 용사의 날^{Veterans Day}에 개 관했다. 스미소니언박물관이 수집한 수백 개의 유물로 꾸며놓은 1만

8,200평방피트의 '자유의 대가'는 군사^{軍史} 관련 전시관인 케네스 베어링 홀Kenneth E. Behring Hall에 자리 잡고 있다. 이 전시실과 홀은 모두 부동산개발업자들과 자선사업가들이 기부한 8천만 달러의 기금으로 조성되었는데, 기부자의 이름을 따서 홀의 이름도 지었다. 이 전시실은 특히 재향군인들에게 인기가 있지만 이에 대한 비판도 만만치 않다.

노태우 정부에서 구상되고 계획이 수립된 한국의 전쟁기념관은 워싱턴의 '자유의 대가'보다 10년 빠른 1994년에 개관했는데, 이에 대해서도 역시 논란이 있다. 약 6만 5천 평방피트에 이르는 거대한 중심 건물에는 박물관과 몇 개의 기념공간이 배치되어 있으며, 기념관 마당에는 의례화된 전시물인 여러 조각상들과 탱크와 항공기 같은 군사장비가 설치되어 있다.

미국과 한국이 지닌 한국전쟁에 대한 역사기억 간의 뚜렷한 차이가 이들 공간에 반영되어 있다. 물론 두 곳 모두 그들 역사에서 전쟁이 수행한 역할과 군인들의 절대적인 희생에 대한 시민 교육을 목적으로 하고 있다. 박물관, 기념비, 기념물 등은 이러한 목적에 의해 조성된 것이다. 그러나 6·25전쟁(한국인은 한국전쟁을 이렇게 부른다)은 한국 전쟁기념관의 핵심 대상으로 기념관이 전개하는 5천 년 역사 서사의 심장이자 영혼을 구성하는 반면 '자유의 대가'에서 한국전쟁은 냉전 시기에 포함된 작은 부분에 지나지 않는다. 그렇지만 두 기념관은 갈등의 의미를 설명하는 방식에서 매우 유사한 방식을 보인다. 즉, 한국전쟁을 개별적이거나 독립적인 역사 사실로 파악하기보다는 오히려 전쟁이 국가정체성의 구성과 재구성에서 필수적이라는 더 큰 서사에 포함시키고 있다.

두 기념관이 민족주의 교육 공간으로 기능한다는 것은 별로 놀랍지 않은 일이다. 이 박물관들이 역사적 진정성을 담보하는 부적인 양

역사 유물을 강조하는 것은, 19세기 후반과 20세기 초반의 사조로 여겨지는 민족주의가 21세기에도 여전히 생명력을 유지하고 있음을 보여주기 위함이다. 물론 두 장소는 신자유주의 시대에 민족주의가 채택하는 새로운 형식인 멀티미디어 전시 기술— 텔레비전, 영화, 그리고 디지털 기술을 활용하는—에 강하게 의지하고 있다. 이 같은 도구들은 문화이론가 마리타 스투르켄이 '기억의 테크놀로지'라고 부른 것이다 (Marita Sturken 1991). 이를 통해 전쟁을 직접 경험하지 못한 대다수 시민에게 전쟁의 문화적 기억을 각인시켜 민족주의적 주체를 생산하고 민족사의 군사주의화를 내면화시키고자 한다. 한국의 전쟁기념관은 특히 현 시기 박물관이 전달할 수 있는 하이테크 민족주의 양식의 향연장이다.

두 기념관의 가장 심각한 문제점은 단지 호전성과 민족주의의 연결에 있는 것이 아니라 신자유주의 시대의 자본주의가 전제하는 형식과 민족주의적 옹호가 잘 결합되어 있다는 점이다. 실제로 두 기념관에서 주목해야 하는 것은 경제적인 것과 애국주의의 연계를 중시하면서 그것을 공공연하게 표명한다는 점이다. 즉, 전쟁으로부터 지킨 국가의 온전함과 활력을 노골적으로 자본주의적 가치들의 촉진과 등치시키는 모습을 극단적으로 보여주고 있다. 우리가 보게 되는 전시 유물과 테크놀로지는 대중문화의 외적 형식인 매체들과 잘 결합되어 있을 뿐만 아니라 신자유주의적 경제 논리에도 잘 들어맞는다.

이 같은 장소들이 생산하고 퍼뜨리는 문화적 기억의 판본은, 관람객을 사로잡는 전시 기술과 본능적인 감정적 반응을 발생시키려 하는 유물들에 의해 형성된다. 이를 문화 이론가 앨리슨 랜스버그^{Alison} ^{Landsberg}는 '보완 기억$^{prosthetic\ memory}$'이라 부른다. 랜스버그에 따르면, 보완 기억이란 특별히 현대적인 기억 형식의 생산이며 "개인을 과거에 관한 역사 서사에 연결하는 지점, 즉 극장이나 박물관 같은 장소에서 출현하는"(2004, 2) 주체 형성의 양식이다. "이 같은 접촉의 순간에 개인은 자신이 더 큰 역사에 묶이는 경험을 한다"(2004, 2). 랜스버그는 이러한 문화적 기억의 형식이 대중문화와의 밀접한 관계에서 다른 형식들과 구별된다고 주장한다. 그 표현 형식은 시작부터 과거에 대한 강렬하고 본능적인 반응을 불러오는 재현 기술을 통해 이루어지며, 그러한 과거는 마치 개인이 자신의 개인사를 보충하는 것처럼 역사적 사건을 경험하도록 한다.

랜스버그는 대중매체의 보완 문화에 대한 의존이 가치중립적이라고 주장하면서도, 바로 이 같은 속성이 "새로운 양식의 주체성, 새로운 감정구조", "이동 가능하고 유동적이며 비본질주의적인 기억 형식"의 발달을 촉구한다고 강조한다(2004, 10, 18). 하지만 보완 기억이 더욱 열린 공동체적 정체성을 생산할 수 있다는 이 같은 주장은, 오히려 (보완 기억 논리가) 얼마나 열렬히 보수주의적 정치 프로젝트에 의해서 채택될 수 있는지를 간과할 위험이 있다. '자유의 대가'와 한국 전쟁기념관의 전시물은 미디어의 힘을—오래된 것이든 새로운 것이든—매우 잘 활용하고 있다. 두 곳은 대중문화가 현재 물질화하고 있는, 그래서 관람객이 강력한 애국주의뿐만 아니라 신자유주의 논리에 자신을 동일시하고 그것에 포섭되도록 만드는 다양한 형식을 보여주고 있다. 이 글에서 나는 두 기념관이 보완 기억의 배치를 통해 어떻게 관람객을 좋은 국민이자 경제적 주체로 호명하는 이데올로기적 국가 장치로 기능하는지 보여줄 것이다. 기념관들을 면밀히 독해하면, 그것들이 관람객에게 부여하려고 하는 의미들, 다시 말해 규범적 반응들을 밝혀낼 수 있을 것이다.

'자유의 대가'에서 전쟁을 설명하는 서사

나는 2011년 여름 처음으로 '자유의 대가' 전시를 관람했다. '자유의 대가는 무엇인가?: 미국사 국립박물관의 군사주의 서사에 대한 비판적 고찰'이라는 주제로 열린 미국연구협회 연례 학회에 참석하게 된 것이 계기였다.[1] 나는 아시안-아메리칸 학자의 시각에서 '자유의 대가'에 나타난 한국전쟁의 위치에 관해 토론하였다. 그러나 박물관이 한국전쟁의 갈등에 대해 거의 주목하지 않았기 때문에 이 과제의 진행은 어려웠다. 국립미국사박물관의 디렉터 브렌트 글래스Brent D. Glass는 전시 안내책자 서두에서 다음과 같이 언급했다.

> [자유의 대가]는 식민지 시기부터 현재까지의 미군의 역사를 개관하여 전쟁이 미국사의 사건들을 어떻게 규정했는가를 탐사한다.…미국이 겪은 전쟁들은 군사적 영향만 미친 것이 아니라 사회적 영향도 미쳤기 때문에 전시는 단지 전투를 살피는 것을 넘어선다. 전시는 군사적 갈등과 미국의 정치적 리더십의 관계, 사회적 가치, 기술 혁신, 개인의 희생 등도 묘사한다(스미소니언협회 2004, 4. 강조는 인용자).

전시관의 큐레이터들은 한국전쟁이 '사회적'으로나 '군사적'으로 별다른 영향력이 없었다고 느끼는 것 같았다. '자유의 대가'에서 한국전쟁과 관련된 전시는 외진 구석에 있다. 전시 홀의 지도에서는 그 위치조차 없다. 나는 한국전쟁 전시실이 왜 충분한 내용을 담고 있지 않

---

1   Kristin Hass가 조직한 이 토론회는 관람객들이 '자유의 대가'에서 묘사된 군 역사에 대해 비판적인 관점을 얻을 수 있도록 하는 교육 프로젝트를 참가자들이 이후에 지속적으로 시도하는 계기가 되었다.

느지를 제대로 이해하기 위해서 전시 전체가 어떻게 구조화되었고 그것을 지배하는 주된 서사master narrative가 무엇인지 포착할 필요가 있음을 깨달았다.

전시의 제목은 서사를 강력하게 프레이밍한다. 나도 그곳을 방문하기 전에는 사실상 제목만 알고 있었다. 나는 그 제목을 보고 전시의 정치학이 잘해야 보수적이고 최악의 경우 호전적일 것이라고 생각했다. 전쟁은 국가가 자유를 지키기 위해 지불해야 할 필수적인 대가라고 제시한다고 생각했기 때문이다. 나는 미국이 참전한 대표적인 전쟁인 제2차 세계대전이 전시에서 가장 자부심이 강한 장소를 차지하고 있는 것을 보고 당연하다고 생각했다. 심지어 2011년 9·11 테러와 이후 테러와의 전쟁이 전시되어 있는 것에도 놀라지 않았다. 하지만 내가 놀란 것은 '자유의 대가'가 이와 같은 최근의 군사적 개입을 다루면서 부시 대통령의 아프가니스탄과 이라크 파병 결정을 정당화하는 방식이었다.

'자유의 대가'에서 표현되는 보수주의 정치에 대한 나의 전반적인 느낌은 문화비평가인 스콧 보엠Scott Boehm과 캐롤 버크Carol Burke가 전시에 대해 매우 비판적으로 분석한 논문들에 의해 형성되었다. 보엠은 어떻게 제2차 세계대전의 주요한 사건들, 특히 진주만 기습 공격이 '자유의 대가' 전체의 '지배 서사'가 되는지를 설득력 있게 설명했다. "국가의 트라우마에 집중하는" 서사는 "보복감을 부추긴다. 이를테면 알라모 전투(1836), 몬태나에서의 인디언과의 전투(1876), 군함 메인Maine호 침몰(1898), 진주만 공습"(Boehm 2006, 1157) 등이 여기에 해당된다. 제2차 세계대전 전시의 핵심부에는 "검정색과 하얀색으로 진주만 공습을 묘사하는 세 개의 거대한 패널"이 있는데, 이는 "미국 영토의 안전이 미국 바깥의 야만인들에 의해 폭력적으로 위협받고 있음을 드라마틱하게 보여준다"(Boehm 2006, 1157, 1158).

'자유의 대가'는 관람객이 대상에 대해 가질 수 있는 개별적 감정 반응을 부시 행정부가 정해놓은 정치적 방향으로 포섭되도록 배치하는 듯하다. 그것은 "미국 예외주의의 수사와 영구적인 전쟁 정책을 정당한 운명이라고 선언한다"(Boehm 2006, 1150).[2]

보엠은 아무리 진주만에 할애된 전시가 두드러진다고 해도 그 트라우마적 의미가 9·11 테러 전시에 가깝게 위치함으로써 가장 효과적으로 전달된다고 보았다. 9·11 테러는 진주만의 객관적 상관물로 기능한다. 관람객은 전시회의 감정적 진앙지를

사진 1 '자유의 대가'에 전시된 세계무역센터에서 가져온 철근 기둥(필자 제공)

2　이 9·11 테러 전시, 워싱턴 국립미국사박물관의 여러 가지, 한국 서울의 전쟁기념관 등의 이미지들이 2015년 5월에 발행된 *Cross Currents*의 본고의 온라인 버전에 실려 있다. https://cross-currents.berkeley.edu/e-journal/issu-14/dykim

차지하는 "세계무역센터 남쪽 빌딩 70층에서 가져온 휘어진 철근 기둥"(Boehm 2006, 1151)을 마주하면서 가장 내밀하고 강렬하게 '치욕의 날'이 얼마 전에 있었던 것처럼 느끼게 된다. 다시 말해 보완 기억을 경험하게 되는 것이다.[3] '자유의 대가'의 이와 같은 측면이 주는 찝찝함에도 불구하고 나는 아주 놀라지는 않았다. 9·11 테러 이후 미국 대외정책의 특징인 호전성을 감안했기 때문이다. 나는 전시의 몇 가지 요소들이 전반적인 호전성과 갈등한다는 사실에서 위안을 얻었다. 역사가 베스 베일리Beth Bailey가 종합적인 평가에서 지적했듯이, 전시는 "인디언 학살뿐만 아니라 체로키족 강제 이주와 눈물의 오솔길, 남서부 국경에서의 멕시코와의 전쟁, 필리핀과의 전쟁, 스페인-미국 전쟁" 등 "민족사에서 별로 명예롭지 않은 갈등"도 보여준다. 전시는 이 전쟁들이 본질적으로 제국주의 정복전쟁이었음을 인정하고 있다(Bailey 2005, 90). 그러나 보엠이 지적했듯이 이 전시가 남북전쟁과 베트남전쟁을 다루는 방식은 "나머지 다른 전시와 비교할 때 혼란스럽다." 왜냐하면 이 전쟁들은 "국내적 혼란의 사례이자 매우 논쟁적인 의미를 가지며…9·11 테러의 애국주의적 렌즈로는 그다지 쉽게 해석될 수 없기"(Boehm 2006, 1160) 때문이다.

이와 같은 이데올로기적 긴장감은 베트남전 전시에서 명백히 드러난다. 방에 들어가면 관람객은 "플라스틱 커버에 덮인 소파 앞에 놓여 있는 백남준이 설치한 비디오아트"를 보게 되는데, "TV의 다양한 내용은 그 시대의 분열을 강력하게 환기시킨다"(Bailey 2005, 91). 보엠은 이 전시를 "진정 교육적 가치가 있는 몇 안 되는 전시 중 하나"라

---

3 9·11 테러에 대한 기념화가 어떻게 민족주의 교육 프로젝트로 기능하는지에 대한 명료한 설명은 Sturken(2004) 참조.

고 규정했다. 백남준의 전시 내용은 "마틴 루터 킹의 목소리, 켄트 주
의 방위군, 그리고 미군의 정신없는 철군" 등을 길게 보여준다(Boehm
2006, 1161).

하지만 이처럼 베트남전에 대한 대규모 저항의 확대를 반영하고
촉진했던 최면술적 이미지 나열의 효과는, 전시관에 전시된 가장 큰
역사 유물인 57피트의 기다란 휴이^{Huey} 헬리콥터와의 대조효과로
옅어진다. 보엠은 "베트남에서 격추되고 나서 스미소니언으로 이동
한" 휴이 헬리콥터의 스토리가 "베트남 섹션을 지배한다"고 지적한다
(Bohem 2006, 1161-1162). 항공기는 시대착오적이지만 여전히 박
물관 전시의 전통적 기법으로서 강력한 효과를 지닌다. '백남준의 비
디오아트'가 전달하는 잠재적으로 반란적인 지식을 저지하기에 충분
하다. 휴이 헬리콥터의 생생한 효과는 그 크기가 아니라 전쟁의 폭력
성에 대한 물리적 증거이기에 부여되는 진정성의 아우라로부터 나온다.
문자 그대로, 그 자체가 실제 역사의 상처를 지닌 대상물이기 때문이다.

비록 보엠은 세계무역센터의 철근 기둥이 관람객들의 가장 열렬한
반응을 이끌어낸다고 주장했지만(2006, 1152), 내가 방문했을 때 관
람객들에게 가장 주목받은 것은 헬리콥터였다. 관람객들은 스미소니
언에서 온 그 헬리콥터의 기념비적 현존에 경외심을 갖는 것처럼 보였

사진 2   베트남전 전시실에 설치된 백   사진 3   베트남전 전시실의 휴이 헬리
남준의 비디오 아트(필자 제공)   콥터(필자 제공)

다. 나는 전시관에 그것을 놓기 위해 활용된 거대한 크기의 기계 설비를 떠올렸다. 하지만 그때서야 '자유의 대가'를 돋보이게 하는 엄청난 재정적 지원에 대한 보엠과 버크의 설명이 떠올랐다. 휴이 헬리콥터는 베트남전의 역사를 알고 있는 관람객들에게 케네스 베링이 기부한 8천만 달러 중 얼마의 금액이 이 거대한 물체를 전시관에 옮겨 들여놓는 데 사용되었는지 궁금하게 한다.

전시관의 모든 유물들이 어떤 의미에서는 공공재산—국립미국사박물관이 모은 수백 개의 물품들이 인상적으로 보여주듯이—이지만 '자유의 대가'가 대부분 단 한 명의 기부자의 힘으로 조성되었다는 사실은, 암암리에 다른 종류의 가치를 지니도록 한다. 더 이상 단순한 역사적 진정성을 지닌 공공 물품이라기보다는 무언가 조금은 다른 중요한 의미를 만들어내는, 역사적 가치를 지닌 상품이 된다. 그것은 상업과 교환의 언어를 은밀하게 속삭이며 그들의 전시를 이끌어낸다.

내가 보기에 '자유의 대가'에서 가장 혼란스러운 측면은 국립미국사박물관의 전시 건물과 전시물 모두 한 사람의 기부자(케네스 베링)에게 의존하고 있다는 점이다. 베링의 엄청난 공헌으로 인해 "국립미국사박물관은 '베링과 협조적인 관계를 유지한다'는 것을 포함하여 몇 가지 분명한 계약조건을 이행해야 하고, '베링 센터'를 박물관의 이름에 추가하는 동시에 '내셔널 몰과 헌법광장 입구에 눈에 띄도록' 두어야 했다"(Boehm 2006, 1148). 베링에게 무엇인가 공헌을 해달라고 권유한 사람은 2000년 스미소니언 박물관의 관장이었던 로렌스 스몰 Lawrence Small이다. '학문적 인증이 없는 최초의 관장'이었던 그는 패니메이Fannie Mae와 시티뱅크의 관리자 등 많은 사적 영역의 경력 덕에 관장에 올랐다(Burke 2006, 241). 베링은 "전시 조건의 하나로 국가 훈장 수여자들을 기념할 것"을 요청했다. '자유의 대가'의 마지막 섹션이 바로 이 조건을 이행하는 것이었다(Burke 2006, 241). 주목할 만한 것은, 베링 자신이 전시관의 이름을 지었다는 점이다(Boehm 2006, 1148; Bailey 2005, 89-90).

베링이 '자유의 대가'를 조성하는 데 수행한 역할은 2010년 『박애 Philanthropy』지의 여름 특집에 실린 인터뷰(이 인터뷰는 웹사이트에 올라 있다)에서 찬미되었다. 인터뷰는 베링에 대한 언급으로 시작된다. "당신의 일대기는, 어린 시절 대공황기에 위스콘신 출신의 고생하던 아이가 기업가정신을 배운다는 호레이쇼 앨저Horatio Alger의 소설처럼 들립니다." 서두는 스미소니언에의 기부를 포함한 베링의 수많은 성취를 설명한다. 인터뷰의 프로필에 따르면 "배려하는 마음으로 8천만 달러를 기부함으로써 베링 씨는 미국의 지도력('영광스러운 부담')과 미국의 전쟁('자유의 대가')에 대한 영구적인 전시를 창조하는 데 중대한 역할을 했다." 인터뷰에서 베링은 국립미국사박물관에 기부하면서 자신이 큐레이터 역할을 했음을 강조하고 있다. "우리는 '자유의 대가'를 의미 있는 것으로 강조했다.…하지만 나는 여전히 더 좋게 할 수도 있었으리라 생각한다. 예를 들어, 전시관에서 가장 유명한 항목 중 하나는 UH-1H 휴이 헬리콥터인데, 나는 그와 유사한 더욱 많은 물품들을 보고 싶다"(「인터뷰」 2010).

'자유의 대가'가 베링의 기부를 기리는 기념비로 기능하는 건물에 조성되었다는 단순한 사실은, 가난한 소년이 부자가 될 수 있도록 인도한 베링 자신의 가치들, 즉 검약, 규율, 기업가정신, 역경의 극복 등을 암암리에 표현하고 있다. 그리고 베링의 신화가 '자유의 대가'에 투입되는 정도만큼 또 다른 서사가 미국 병사들의 죽음을 비극적이지만 국가의 자유를 지키기 위해 필요했음을 기념하는 것과 나란히 흐르게 된다. 즉, 경제적 자유를 이루기 위해서는 고된 노동과 희생이 반드시 필요하다는 서사가 그것이다. 베링의 일대기가 전시 자체의 주제는 아니지만, 베링의 이야기와 통 큰 기부를 알거나 홀의 이름을 새긴 주인공에 대해 궁금해 하는 방문객에게 그는 개천에서 용 나듯이 역경을 뚫고 경제적 정상에 오를 수 있는 '자유', 그리고 미국 국민이 그의 이타주의의 수혜자가 될 수 있는 수단이라고 여기는 '자유'를 상징하는 아바타처럼 보이게 된다.[4]

'자유의 대가'에서의 한국전쟁

'자유의 대가' 전체를 관통하는 서사와 이데올로기의 흐름을 개괄했으니, 이제 관람객이 어떤 식으로 한국전쟁 전시관에 도달하게 되는지를 살펴보자. 관람객이 그 전시실에서 깊은 생각에 잠길 경우—물론 극소수만이 그렇게 하겠지만—어떤 의미를 떠올리게 될까? 우선 미국이 전쟁에서 패배시킨 적들을 자세히 묘사한 전쟁영화 두 편의 파노라마가 거대한 홀에 설치되어 있다. 이 제2차 세계대전 전시관을 보고 나서 방문객은 한국전쟁을 보여주는 작은 방에 이르게 된다. 여기에서 보는 필요한 악당('악의 축')에 대한 이야기는 익숙한 것이다. 이들 악당이 시민에게 미치는 잔인성에 관한 이야기도 마찬가지다. 희생양에 대해서 학습한 뒤 (그들과 싸우다) 죽은 자들을 기리는 것이다.

---

4   Burke(2006)는 특히 베링의 박애주의적 노력과 국가박물관과 기념관이 드러내는 신자유주의적 사유화에 대해 상세하게 묘사한다. 그녀는 특히 국립역사국가박물관—이곳에도 베링의 이름이 새겨져 있다—에 기부자가 사냥한 큰뿔사슴을 포함한 동물들이 전시되고 있다는 것에 주목했다. 이는 미국 정부가 멸종위기동물로 지정했기 때문에 정상적인 상황이라면 미국에서는 허용되지 않는 일이다.

냉전 섹션에서 관람객은 1945년 이후 두 초강대국 사이에 형성되었던 긴장에 대해 소개받는다. 불길한 느낌을 주는 원형의 연결통로는 종말론적인 위협을 고조시키는데, 그런 느낌은 미국과 소련이 더욱 강력한 핵폭탄을 개발하는 것에서 정점에 이른다. 관람객을 둘러싸는 것은 미소 양측 핵실험에서의 거대한 버섯구름 사진이다. 전시실의 벽들은 경각심을 주는 붉은색으로 칠해져 있으며, 관람객의 몸에는 붉은 조명이 내리비친다. 관람객은 두 초강대국 사이의 직접적인 군사적 대결이 야기했을지도 모르는 핵 재앙을 우려하면서 한국전쟁 전시실에 들어서게 된다.

한국전쟁에 할애된 작은 전시실에 들어서면 관람객은 그곳에 별다른 것이 없음을 알게 된다. 두 개의 벽에는 지도, 사진, 플래카드 등이 있을 뿐이다. 유일한 군사 물품은 세 번째 벽의 유리 상자에 전시

사진 4　냉전 섹션에 전시된 핵실험에서의 버섯구름 사진(필자 제공)

된 한 쌍의 군복이다. 한국전쟁 전시실은 음향효과가 없는 몇 안 되는 부분이다. 관람객은 단지 옆방에서 들려오는 알아듣기 어려운 음악과 목소리를 들을 수 있을 뿐이다. 아마도 그것은 의도된 듯하다. 그러한 정적은 잠재적인 핵 절멸의 가능성이 한국에서는 현실화되지 않았다는 것에 대한 안도감을 갖도록 한다. 또한 관람객에게 스펙터클한 베트남 전 전시에 들어가기 전에 과부하된 감각을 쉴 시간을 주려고 한 듯하다.

한국전쟁 전시의 요소들은 무계획적으로 보이지만 그 안에서 테마의 일관성을 유지하려는 기획자의 노력을 식별해낼 수 있다. 절제되고 서정적인 어떤 미학적 감각—전체 전시관의 서사시적 감수성으로부터 그 전시실을 떨어뜨려 놓은 의도—을 감지할 수 있다. 사실상 그 방의 내용은 일련의 이분법적 대립으로 구성되어 있다. 갈등의 기원이 되는

사진 5   한국전 당시의 한반도 지도(필자 제공)

지리적 분할이 드러나고, 미국 병사들이 한국에서 겪었던 독특한 고난이 강조된다.

첫 번째 벽은 간단한 역사적 개관을 보여준다. 중간에 있는 한반도 지도는 1945년의 38선을 보여주면서 중국·일본·소련과 인접한 한반도의 전략적 위치를 강조한다. 지도 위에는 두 개의 플래카드가 있다. 그 중 하나는 그 방의 다른 것처럼 역설적이고 이분법적인 상황을 설명한다. "1950년, 미국이 주도하여 유엔군이 남한을 방어하기 위해 한국전쟁에 뛰어들었을 때 냉전은 열전으로 전환되었다." 한국전쟁과 관련해서 처음으로 강조되는 것은 (어느 정도 아이러니하게도) '뜨거운' 갈등이었다는 점이다. 이는 소련에 대한 더 커다란 투쟁의 표면적인 '차가움'이 허위임을 보여준다. 또 다른 플래카드는 한국전쟁이 전적으로 대리전이었다는 틀로 전쟁 시작에 대한 간단한 역사적 해설을 제공한다.

> 미국은 소련에 의해 조성된 공산주의의 확대를 저지하기 위해 전쟁에 참가했다.…제2차 세계대전에서 일본이 항복한 뒤 소련과 미국은 한국의 점령 구역 분할에 동의했다. 북한군이 6월 25일 남한으로 쳐들어오자 해리 트루먼 대통령은 그 침공을 영토를 확장하고자 하는 모스크바의 지령에 의한 시도이자 서구의 대응을 시험하기 위한 것이라고 해석했다. 트루먼은 미군을 파견하고 유엔의 지지를 모아 16개국 동맹을 결성하여 반격을 개시했다. 3년 동안의 처절한 전투는 미국인에게 그 전쟁에 대해 분열된 여론을 조성했다. 불안한 휴전은 한반도를 공산주의 북한과 민주주의 남한으로 분열시켰다.

이와 같은 복잡한 갈등에 대한 간단한 개요는 본질적으로 생략된 부분에서 문제를 안고 있다. 아마 가장 두드러지는 것은—비록 '공산주의의 확장을 제어'한다는 프레임 속에 있지만—미국이 이끄는 군대가 38선을 지나 밀고 올라가면서 전세를 역전시켰던 1950년 10월의 중대한 전략 변화와 관련된 침묵일 것이다.[5] 전시의 전반적인 강조점을 사회적 영향에 맞추다보니 기획자들은 전쟁이 '미국인을 분열'시켰음을 인정했고 '불안한 휴전'으로 끝을 맺었다.

두 번째 벽의 꼭대기에 있는 플래카드는 전쟁의 성격을 요약한다. "미군과 유엔군은 전선의 변동과 혹독한 날씨에 직면했다." 커다란 한국 지도는 전선이 전쟁의 과정에서 한반도 전역에 걸쳐 어떻게 변화했는지 보여준다. 하지만 여기서도 38선을 넘어가기로 한 결단의 순간에 대해 언급하지 않는다. 다만, 미군이 "기온이 화씨 100도 이상, 습도 90% 이상일 때" 입었던 '방열 군복'과 "기온이 화씨 -30도까지 떨어질 때" 입었던 '방한 군복'이 전시되고 있다. 이와 같은 대조적인 날씨는, 한국전쟁 전시관을 소개할 때 활용했던 열전과 냉전의 역설과 공명한다. '식별 배너Identification Banner'라고 표기된 세 번째 전시품은 전선의 극적인 변동으로 자신의 부대 위치에서 얼마나 이탈했는지 등과 같은 미군 병사들이 겪었던 도전을 말

사진 6　한국전 전시실에 전시된 두 벌의 군복(필자 제공)

5　남한과 북한 사이에 원래의 38선을 유지하는 대신, 38선을 넘어 북쪽으로 밀고 올라가기로 한 미국의 결정에 반영된 롤백 전략에 대한 강력한 비평으로는 Cumings(2010)의 1장 참조.

해준다. 이것은 9×13인치 직사각형 모양의 흰 실크 조각으로 한국어와 함께 U.S, UN, 그리고 남한 국기가 새겨져 있는데, 부대에서 이탈한 병사들이 '영어를 모르는 지역민에게 도움을 청할 때' 보여준 것이다.

한국전쟁 전시실의 두 번째 벽 꼭대기에 있는 "변화하는 전장戰場"이라는 표제는 국내적인 관계뿐만 아니라 해리 트루먼 대통령과 맥아더 장군 간의 갈등을 매우 상징적으로 암시한다. 대립적인 두 개의 플래카드는 두 인물의 사진과 함께 그들의 서로 다른 관점을 묘사한다. 두 인물의 갈등은 앞서 지적한, 한국전쟁이 '미국인의 전쟁에 대한 여론을 분열'시킨 방식에 대한 환유처럼 보인다. 이러한 양상은 미국 사회를 훨씬 더 심하게 분열시키고 위협했던 베트남전 동안에도 일어났다.

하지만 한국전쟁을 전시의 '전체 서사'에 봉합하려는 시도가 존재하고 있다. 그것은 한국인들이 교환물을 내미는 시점에 상응한다. 첫 번째 벽에 붙어 있는 원형의 한국지도 왼편에는 기차 철로 옆에서 찍은 비참한 피난민 무리의 사진이 있다. 〈피난〉이라는 제목이 붙은 그 사진의 설명은 다음과 같다. "북한군이 두 나라의 분계선인 38선을 넘어왔을 때 남한군은 혼란에 빠졌고 시민들은 남쪽으로 대거 내려갔다. 미국은 처음에는 피난 물결을 막을 수 없었고 북한군은 부산 근처 한반도 남동부까지 밀고 내려왔다." 미국 병사들이 보호해야 할 대상은 분명히 이들 시민의 자유였다. 침공의 트라우마가 직접 묘사된 것은 아니지만, 이러한 이미지는 이후의 사태를 문제 삼지 않게 만든다. '남쪽으로 피난 가는' 수많은 시민은 공산주의의 위력에 대한 치명적인 두려움을 표현하는 것처럼 보인다.

그러나 제2차 세계대전 전시가 히틀러와 히로히토의 얼굴 및 그들이 저지른 잔혹한 행위를 여러 차례 보여주면서 독일과 일본제국의 위협을 강조하는 반면, 한국전쟁 전시에는 그에 비견될 만한 적에 대한 묘사가 없다. 사실상 적에 대한 유일한 전시품은 '적색 동맹군'의 침공을 보도하는 1950년 6월 26일자 『워싱턴포스트』첫 페이지뿐이다. 이어지는 내용은 다음과 같다. "북한의 지도자 김일성은 공산주의로 한 민족을 통일하고자 남한 침공을 시작했다. 소련은 김일성의 결정을 경제적·군사적으로 지지했다. 몇 달 뒤 국경선의 위협을 느낀 중공도 백만 군대를 보내어 전쟁에 참여했다." 이 텍스트는 한국전쟁이 일본 제국의 패망 이후 발생한 경쟁하는 민족주의 분파 간의 내부 갈등이 정점에 이르러 발생했다는 해석(Cumings 2010)보다는, 한국전쟁의 기원이 북한의 예기치 않은 공격 때문이라고 보는 미국인의 전통적인 이해방식을 전달한다. 이 같은 서술은 김일성을 스탈린이나 마오쩌둥의 꼭두각시가 아니라 주인공으로 보는 것이라 할 수 있다. 이런 시각은 대리전쟁이라는 개념과 모순된다. 어쨌든 이 같은 재현의 최소주의minimalism에 따르면, '적색 동맹군'은 히틀러의 독일군이나 히로히토의 제국 군대에 비견할 만큼 불길한 것은 아니게 된다.

'자유의 대가'의 한국전쟁 전시는 확실히 내적 정합성—'혹독한 날씨'에 반영되는 냉전과 열전의 역설, 한반도의 분단의 여파로 미국인들 사이에서 출현한 사회적 분열 등—을 갖고 있지만, 대부분의 의미는 전시회 전체의 서사와 연계되어 도출된다. 한국전쟁은 제2차 세계대전의 약한 메아리이자 베트남전의 부분적인 전조로 등장한다. 기호학적으로 말하자면 '고래 사이의 새우'인 것이다.

하지만 한국전쟁에서의 미국의 역할에 대해 통찰력 있는 역사적 인식을 가진 관람객은 여기서 더 잘 맥락화된 전시의 몇 가지 주제들을 포착할 수 있을 것이다. 예를 들어, 미군 철수를 명령한 투르먼 대통령의 행정명령 9981호는 포고된 해가 1948년이라서 냉전 섹션의 앞부분에 전시되어 있다. 그러나 이 전시가 한국전쟁 섹션에 포함되어야 그러한 정책 변동이 이루어진 맥락을 더 정확하게 전달할 수 있다. 네이팜탄의 개발과 사용 또한 전시에서 언급되지만, 한국전쟁이야말로 네이팜탄이 널리 사용되어 황폐한 결과를 낳은 첫 번째 사례인데도 불구하고(Cumings 2010, 152-154) 한국전쟁과는 연결되어 있지 않다.

가장 극적인 것은, 한국전쟁의 하위 텍스트가 전시의 가장 인상적인 역사 유물의 한복판에서 있는 그대로 발견된다는 점이다. 앞서 언급한 휴이 헬리콥터 내부에서 관람객들은 하나의 비디오 화면을 보게 된다. 그 영상은 상처 입은 베트남 어린아이의 이야기를 들려준다. '베이비 캐슬린'으로 불린 그 아이는 한 미군 병사에 의해 죽은 엄마의 품에서 발견되어 안전하게 구출된 뒤 결국 미국인 부부에게 입양되었다. 캐럴 버크는 마리타 스투르켄의 저작을 인용하여, 이러한 서사가 '스크린 기억'으로서 어떻게 기능하는지 지적한다. 베트남전의 논쟁적인 측면에서 주의를 돌려 '전쟁의 불가피한 결과인 시민의 희생'에 주목하게 한다는 것이다(Burke 2006, 237). 이 같은 전시에 부재하는 것은, 그러한 서사의 근원이 여러 면에서 한국전쟁에도 있었다는 사실이다. 더글라스 서크Douglas Sirk의 멜로 영화 〈배틀 하임Battle Hymn〉(1959)에 나오듯이, 미국인이 한국전쟁에의 군사적 개입을 도덕적으로 정당화하는 가장 자기기만적인 스토리는 미군 병사가 고아를 만들어낸 것이 아니라, 아시아의 고아들을 구한 구원자로 묘사되는 이야기들이다.[6]

한국전쟁과 베트남전쟁 간의 중요한 차이점을 강조하는 하위 텍스트도 전시에 등장한다. 전쟁은 전시에서 분명히 기술적인 단서─왜 미국에서 한국전쟁이 아주 쉽게 망각되었는지를 부분적으로 설명할 수 있고, 어떻게 베트남전쟁이 '거실의 전쟁living room war'으로 경험되었

---

6   한국전쟁에서 미국 역할의 두 가지 측면에 대한 논의는 Cho(2008) 참조.

는지를 설명할 수 있는—를 드러낸다. 베트남전쟁실에 있는 '백남준의 비디오아트'는 한국전쟁 기간에 고향을 떠난 이 아티스트에게 은근하게 경의를 표하고 있는 듯하다. 한국전쟁에서는 TV가 베트남전처럼 중요한 역할을 하지 못했다. 비록 백남준이라는 이름은 언급되지 않지만, 한국전쟁이 그의 인생을 형성한 것인양 백남준의 미학적 감성이 베트남전쟁 전시실을 떠돌고 있다.

관람객은 베트남전 전시에서 한국전쟁이 망각되기 이전 미국 문화에서 가시화되었던 이미지들의 자취를 볼 수 있다. 한국인들이 공산군뿐만 아니라 미 공군의 폭격에 의해서도 뿌리 뽑히고 죽었음을 보여주는 이미지, 미국 병사들에 의해 구해졌을 뿐만 아니라 미군 병사들의 행위로 가족을 잃기도 한 한국 고아들의 이미지, 전쟁의 재앙과 여파를 피하기 위해 이민을 나선 한국인 디아스포라들(백남준의 가족을 포함하여)의 이미지가 그것이다.

비록 '자유의 대가'에서는 유령처럼 등장하지만, 한국인들이 구조를 기다리는 역사적 주체—난민이나 고아—로만 형상화되는 것은 아니다. 전시는 또한 한국인에 대한 미시적 서사, 즉 1965년 이후 상당한 규모로 미국에 온 이민자들과 그들이 떠나온 나라에 대해 널리 퍼진 미국의 인식을 형상화하고 있다. 앞서 말한 실크로 된 식별 배너에 대한 전시의 묘사를 고려해보라. 그 배너는 "'진취적인' 남한 기능공들이 미국 지아이[GI]들에게 판매하기 위해 생산했다"는 것이다. 이 같은 간략한 묘사는 전쟁으로 그들의 국가가 황폐화된 상황에서도 한국 시민들이 언어와 상행위에서 불가사의한 유능함으로 역경을 이겨내고 최소한의 번영을 이룬 것을 강조하고 있다.[7] 그리고 거기에는 이름이 거

---

7   이처럼 거대한 경제적 역량이 그녀가 말한 '아시아의 인종주의적 형식'이라는
     점에 대한 철저한 설명은 Lye(2005) 참조.

론되지 않은 백남준이 놓여 있다. 백남준은 또 다른 '기능공'이다. 그의 경력은 일종의 기업가적 에토스에 의해 추동된 것으로 보일 수 있는 수많은 자기 변모와 연관된다. 그는 작곡가로서 경력을 시작했으나 영화, 비디오, 디지털이 제공하는 표현 가능성을 발견하고 스스로를 예술가로 재탄생시켰다.[8]

이와 같은 한국인의 주체성에 관한 묘사는, 많은 미국인이 특히 아시아인에게 갖고 있는 주된 인상과 공명한다. 한국전쟁을 통해 공산주의의 위협으로부터 아시아인의 자유를 지켰다는 생각과 함께 남한은 미국의 철두철미한 동맹으로 남아 있다. 그리고 한국계 미국인은 일반적으로 '모범적 소수자'로 간주된다. 한국인은 야채가게, 세탁소, 의사, 엔지니어, 최근에는 예술가와 작가로서 기업가적 본성을 보여줌으로써 자신의 힘으로 일어선 이민자라는 것이다. 아마도 그 배너를 판매한 남한인의 '사업행위' 또는 남한의 아이는 1960년대에 미국에 들어오기 시작한 이민자의 물결 속에 포함되어 있었을 것이다. 이러한 견지에서 볼 때 이 같은 한국인의 유령적 현전presence은 '자유의 대가'의 더 큰 경제적 하위 텍스트의 한 조각이다. 왜냐하면 '사업하는 남한 예술가'의 이미지는 전시에 거액을 기부한 자수성가한 백만장자의 일대기와 어느 정도 닮아 있기 때문이다.

내가 제시한 '자유의 대가'에 잠재하는 한국인의 현전에 대한 설명은, 소수의 관람객이 생각할법한 상호텍스트적 지식에 의존한 것이며 전시에서 그러한 생각을 하도록 고무하는 것은 거의 없다. 여기서 나는 전시 기획의 경로를 탐구하기 위해 전시에 실제로 존재하는 것들

---

8 백남준의 경력과 그가 남한 민족주의의 아이콘으로 정전화된 계기에 대한 훌륭한 설명으로는 Lee(2011)을 참조.

을 활용하여 일종의 교육학적 교정을 제공했다. 내가 이와 같은 한국에 대한 하위 텍스트의 생산을 늦게나마 아주 명백히 볼 수 있었던 것은, 부분적으로는 한국의 전쟁기념관에서 겪은 경험 때문이다. 한국의 전쟁기념관은 놀라운 방식으로 '자유의 대가'에서 드러난 한국에 대한 최소주의적 특징화를 반영하고 증폭시킨다. 곧이어 제시되겠지만, 한국의 특징에 대해 스미소니언이 연결시킨 잠재적 특성인 기업가주의, 자기 변모, 예술적이면서 기술적인 혁신 등은 6·25에 관한 민족주의 서사 안에 프레이밍되면서 드라마틱한 평판을 획득한다. 이제 한국의 박물관과 기념관에서 드러내는 전쟁에 대해서 살펴볼 것이다. 그곳에서 우리가 찾게 되는 것은 부분적으로는 한국전쟁에 대한 반기억 counter-memory이다. 한국전쟁에 대한 반기억은 케네스 베링 홀에서는 최소화된 기억이지만, 일종의 협조적인 확장이기도 하다.

전쟁기념관 1.0과 탈냉전 시기 남한 민족주의의 역설들

곧 명백해질 몇 가지 이유 때문에 서울에 있는 전쟁기념관을 연구하고자 방문했던 시점에 관해 간단히 언급할 필요가 있다. 첫 번째 방문은 2011년이었는데, 워싱턴의 '자유의 대가'전을 방문한지 몇 달 뒤였다. 셰일라 미요시 재거Sheila Miyoshi Jager와 테사 모리스-스즈키Tessa Morris-Suzuki의 훌륭한 글은 한국의 지배적 서사에 관한 나의 직관을 다듬고 심화하는 데 매우 큰 도움이 되었다. 두 사람의 서로 다른 해석은 전쟁박물관에 스며든 의미들에 제한적이지만 유의미한 불안정성─탈냉전 시기 남한의 민족주의를 형성하는 상충하는 충동들을 반영하는 긴장과 역설─이 있음을 보여준다. 그러나 2013년 6월과 10월 내가 다시 전쟁기념관을 방문했을 때 한국전쟁 전시실은 전체를 리노베이션하고 있었다. 전시관이 불러내려 하는 6·25전쟁의 문화적 기억들과 그것이 어떻게 가능한지는 별도의 문제이다.[9] 이 글의 다음 부분은 이러한 변화에 대한 설명이다.

2011년 전쟁기념관을 처음 보았을 때 남한 현대사의 대부분을 지배해온 적의에 찬 반공주의가 부재하다는 점에 나는 놀랐다. 이와 같은 기념관의 특징은 2007년 셰일라 미요시 재거와 김지율[Jiyul Kim]이 함께 쓴 「냉전 이후의 한국전쟁: 남한에서 휴전 합의 기념하기」에 설명되어 있다. 재거와 김지율은 기념관을 "노태우 정권의 유산을 보여주는 것 중 하나"로 규정하고, 기념관이 그 당시에 출현하던 탈냉전 서사가 문자 그대로 기념되는 장소로서 한국전쟁에 관련하여 어떻게 기능하고 있는지 설득력 있게 보여주었다(2007, 242). 이 서사에 따르면, "이 전시관의 놀라운 특징 중 하나는" 반공주의에 익숙한 이들이 싫어할지 모르지만 노태우 정부가 시도한 북한에 대한 제안을 연상시키듯 "반북한 레토릭이 경시된다는 점"이다. 기념관에 "주목할 정도로 부재하는 것은 북한과 남한 간의 참혹한 투쟁에 대한 묘사" 또는 "한국전쟁 기간에 발생했던 북한의 잔인함에 대한 전거"(Jager and Kim 2007, 244)다.

실제로 기념관 내에서 북한에 대해 가장 감정적으로 고조된 묘사는 거대한 〈형제상〉이다. 〈형제상〉은 두 한국 간에 명백히 위계서열을 매기기는 하지만 공산주의의 위협을 비방하는 것은 아니다. 방문객들이 기념관 입구로 들어가면 맨 처음 마주치는 이 조각상은 남한을 성

---

9 내 생각은 또한 내가 전쟁기념관을 방문할 때 동행했던 김수지, Henry Em, 정근식과의 유익한 대화에 의해 생겨났다.

인 병사로 북한을 소년으로 상징화하여 둘 간의 포옹을 통해 통일의 희망을 상징하고 있다. 또한 탈냉전 서사를 예증하는 것은 2003년에 베일을 벗은 한국전쟁 기념비이다. 이 작품은 6·25를 상징하는 탑으로, 거대한 탄환 혹은 대포를 닮은 형상이 수직 방향으로 양분되어 있다. 하지만 관람객 안내 팸플릿에 따르면, 그것은 "동검銅劍과 생명나무이다. 동검은 풍요로운 역사와 군인정신을 재현한다. 그리고 생명나무는 한국인들의 평화와 번영을 상징한다." 재거와 김지율에 따르면, 동검은 초기의 한국인 '종족'인 예맥족과 연결된다. 예맥족은 만주 땅에서 기원전 1000~700년에 한반도로 이주했다(2007, 252). 이 6·25 탑은 '그날이 극악무도한 적이 북으로부터 침공해온 날이 아니라 거대한 비극이 전체 한국인에게 다가온 날이며 태고부터 존재해오던 유기적 전체로서의 민족이 분할되는 날'이라고 의미를 재규정한다. 기념물은 또한 통일이 가져다줄 형제의 재탄생에 대한 희망을 표현한다(Jager and Kim 2007, 252).

비록 재거와 김지율의 전쟁기념관 분석은 설득력이 있지만, 전쟁기념관이 제공하는 화해를 향한 제스처와 함께 존재하는 긴장을 조명하지는 않았다. 재거는 『한국의 국가건설 서사』

사진 7 서울의 한국전쟁기념관의 〈형제상〉 (필자 제공)

(2003)의 마지막 장에서 이 같은 긴장 요소 중 일부에 주목했다. 거기서 그녀는 이렇게 말한다.

> 한국의 전쟁영웅 관념은 대한민국(ROK) 건설부터 한국전쟁 시기를 거쳐 바다 건너 베트남과 걸프전 파병까지, 삼국시대로부터 시작되는 단일한 '애국적'(남성) 전사 계보로 거슬러 올라갈 수 있다. 이 애국적 남성 전사 관념이 국가 기념물이자 민족 박물관인 전시관의 의미상 핵심에 자리하고 있다(Jager 2003, 120).

재거는 기념관이 한국 역사에서 일본, 중국, 몽고 등의 침략자에 대항하여 조국을 지켜온 다양한 군대들을 현재의 한국군에게 연결하면서 빛나는 계보를 제공하고 있다고 지적했다. 북한 인민군은 이 같은 가상의 전통적 혈맥에 포함되지 않는다.

게다가 6·25 전쟁에 관한 초기 냉전기의 서사가 박물관의 구조와 지층이 되어 굳어져버렸다. 크리스틴 해스^{Kristin Hass}가 지적했듯이 "전시관의 홀이 들려주는 말은 한국전쟁이 5천년 동안의 민족적·군사적 역사의 절정이라는 것이다"(Hass 2009, 273). 이는 관람객이 5천년 한국 역사를 끊임없는 외침^{外侵}의 역사로 묘사하는 전시실들을 관람한 뒤에야 한국전쟁 전시에 당도한다는 것을 의미한다. 관람객은 한국을 위기에 빠뜨린 다양한 적군에 대한 생생한 기억을 지닌 채 한국전쟁 전시실로 들어선다. 그 결과 가장 최근의 '침입자'는 심지어 묘사할 필요도 없게 된다. 최근의 침입자는 이전의 위협들에 의해 유령처럼 암시된다.

기념관을 구조화하는 이데올로기적 긴장들과 그 전체적 의미가 관람객이 기념관을 관람하는 순간 어떻게 맥락화되는지를 더 잘 전해주는 기념관 분석은 테사 모리스-스즈키가 「끝나지 않은 갈등 기억하기:

박물관과 경합하는 한국전쟁 기억들」에서 제시했다. 재거와 김지율의 연구가 남한과 북한 간에 햇볕정책이 절정을 이루던 고 노무현 대통령 임기에 저술된 반면, 모리스-스즈키는 정치적 추가 이미 다른 편으로 넘어간 2009년—이명박 행정부는 햇볕정책을 거부했고 한반도의 긴장은 새롭게 고조되었다—의 관람을 토대로 분석했다(Morris-Suzuki 2014). 이러한 맥락을 고려할 때 모리스-스즈키는 기념관의 '복잡한 역설들'을 특별히 잘 알고 있었다.

그녀가 지적한 한 가지 역설은 '기념관의 도전적인 한국 민족주의'와 미국 군사주의 간의 긴장이다. 기념관의 마당에 전시된 가장 큰 물체는 한국전쟁 때 북한을 폭격한 B-52 폭격기다. 모리스-스즈키는 다음의 질문을 제기함으로써 간결하게 이러한 역설을 보여준다.

> 한국의 동검이라는 민족주의적 상징이 어떻게 해서 거대한 미국 B-52 폭격기라는 상징과 들어맞는지 나는 의아했다. B-52 폭격기의 좌우로 뻗은 날개는 관람객이 기념관 입구로 들어가기도 전에 그들을 맞이하지 않는가? 어떻게 외세에의 잔인한 예속에 대한 한국의 지속적인 저항에 대한 강조가 남한의 베트남전과 걸프전과 아프가니스탄전 참여와 관련되는가? 해외 파병은 기념관 내에서 세계의 자유를 지키기 위한 한국의 공헌으로 기념되고 있다(Morris-Suzuki 2014).

기념관은 한편으로 남한의 전사를 중심적인 주체이자 주인공으로 설정함으로써 한국을 잠재적인 군사력을 보유한, 제국적 힘—이빨을 가진 아시아의 호랑이—을 행사할 수 있는 존재로 묘사한다. 다른 한편으로 북한군의 침공을 좌절시키는 데 미군이 수행한 결정적인 역할에 경의를 표함으로써 그리고 이후 미군의 군사적 시도들에 한국군이 기꺼이 협력한 것을 기념하면서, 기념관은 남한이 때로는 신식민지주

의의 보조세력―양공주, 동조자―으로 행동한다는 사실을 넌지시 암시한다.[10]

또 다른 역설은 원래의 디자인 속에 계획된 이데올로기적 메시지가 핵심 타깃 청중인 한국의 미래를 대표하는 젊은 세대와 연결되는가에 대한 것이다. 모리스-스즈키는 전시관 홀을 걸으면서 '뒤에서 계속되는 아이들의 아우성'을 들었는데, 전시관을 나와서야 그 정체를 깨달았다. 그것은 기념관 1층의 '커다란 놀이공간'에서 아이들이 노는 소리였다. 그 소리는 〈토마스와 친구들〉을 테마로 한 놀이공간이었다. 대다수의 젊은 관람객은 "머릿속에 인천상륙작전이나 판문점 군사회담의 이미지보다는 (토마스와 친구들에 등장하는) 뚱뚱한 역장과 기관차 솔티의 이미지를 더 명료하게 갖고서 집으로 돌아간다"(Morris-Suzuki 2014).

전쟁기념관 2.0 : 신자유주의 시대 남한 민족주의의 테크놀로지

새롭게 단장한 전쟁기념관의 한국전쟁 전시실에 나타나는 전반적인 미학은 이전 기념관보다 더 젊은 세대를 겨냥하여 디자인된 듯하다. 원래 버전에서의 대표적인 재현물은 디오라마[diorama]와 어스톤[earth tone]이 주조를 이루었지만, 새로운 전시는 영화와 뮤지컬의 사운드트

---

10 Grace M. Cho의 설명에 따르면 "양공주의 문자적 의미는 '서양 공주'지만, 확장된 의미로 미국인과 성관계를 갖는 한국 여성을 가리킨다. 경멸적인 의미로 널리 사용되는 의미는 미군기지촌의 매춘여성을 가리킨다"(2008.3).

랙, 예술적 음향효과와 함께 컴퓨터 그래픽과 몰입감이 있는 3D 스펙터클을 대폭 사용하여 최첨단의 하이테크를 보여준다. 또한 관람객을 현란한 빛에 휩싸이게 하거나 어둠 속에 내던지기도 하는 조명은 매우 드라마틱하며 붉은색 천을 통해 나오는 회색 계열의 단일한 색채를 띠고 있다.

과거의 전시관이 (젊은 관람객들은 이제 찾아볼 수 없는) 숙고하고 명상하는 반응을 이끌어내려 했던 반면, 새로운 전시관은 관객을 더 역동적으로 사로잡고 몰입감을 주는 것을 목표로 한다. 이는 현재 한국 영화산업의 주요 흐름인 블록버스터, PC방(한국 청년들이 함께 컴퓨터 게임을 즐기는 대중적인 인터넷카페), 높은 사양의 TV, 스마트폰과 태블릿 등에 익숙한 시민에게 부응하기 위한 것이다. XBox나 플레이스테이션을 즐기는 사람(또는 게임하는 모습을 지켜보는 사람)에게 익숙한 컴퓨터 그래픽이 전시 내내 펼쳐진다.

이전의 한국전쟁 전시실에서는 별로 언급되지 않았던 반공주의가 이제는 훨씬 더 두드러진다. 냉전 시대의 가장 악의적인 반공주의 수준은 아니지만, 새롭게 단장한 한국전쟁 전시들은 우익적 서사를 전개한다. 북한의 잔인성에 많이 주목하고, 침공 이전 김일성·스탈린·마오쩌둥의 대화 기록을 지적하고, 이승만의 보복을 보여준다.

하지만 나의 초점은 새로운 전시관에서 보이는 디지털적·영화적 테크놀로지의 광범위한 사용에 체현된 또 다른 이데올로기적 메시지다. 이들 값비싼 전시에 코드화된 것은 이 같은 현란한 전시가 제시하는 기술에 관한 일반적인 테마에 수반되는 가상 민족주의virtual nationalism이다.

예를 들어, 무기의 열세를 보여주는 군사 기술은 기념관에서 왜 남한군이 전쟁 초기에 그러한 길을 걸었는지를 설명하는 데 결정적인 역할을 한다. 훈련이 부족했거나 대의에 대한 확신 부족이 얼마나 주요한 원인이었는가를 따지지 않고, 침공을 격퇴하지 못한 남한군의 무능은 현격한 무기 기술적 격차에 기인한다고 설명된다. 대한민국 국군의 무기는 소련의 T-34 탱크보다 못했고 북한 인민군의 군사력에 미치지 못했다는 식이다. 이러한 군사 기술에서의 불균형은 특히 전쟁 초기를 묘사하는 새로 만든 전시에서 극적으로 표현되었다. 관람객이 침공을 묘사하는 짧은 다큐를 보게 되는 전시홀은 보통의 영사실처럼 보인다. 하지만 관람객이 서 있으면 바닥이 진동하면서 흔들린다. 다큐의 핵심 메시지는 북한군이 소련의 T-34 탱크를 입수했기 때문에 초기에 승리했다는 것이며, 그 메시지는 쿠르릉 소리와 진동을 통해 강화된다. 그 것은 관객이 당시 남한 병사들이 그와 같은 파괴적인 군사 기술을 접했을 때 어떤 느낌이었을지 느낄 수 있도록 하려는 것이다. 영상이 끝나면 스크린—실제로는 투명한 스크린이다—뒤에 있는 조명이 켜지고 관객은 숨겨져 있던 러시아의 T-34 탱크와 그 주변을 둘러싸고 있는 북한군 병사들을 보게 된다.

이렇듯 전쟁 초기의 기술적 격차로 인해 재앙 수준의 결과가 야기되었다는 점을 강조하는 일은, 나머지 기념관 전시의 논리적 토대가 된다. 그와 같은 불균형은 이제는 과거지사라는 것이다. 주 전시실과 야외에 전시되어 있는 단순한 군사 장비들만으로도 관람객은 충분히 그 사실을 확신하게 된다. 게다가 새로운 버전의 기념관에서 사용된 미디어 기술이 최근의 기술적 격차를 드러내준다. 이제는 남한이 결정적으로 우위에 서 있다는 것이다.

이와 같은 테크놀로지의 격차는 새롭게 단장한 한국전쟁 전시실 전반에 걸친 영화적·디지털적 기술 사용에 영향을 미친다. 예를 들어, 전시관의 전쟁 서사에 대한 새로운 결론을 보자. 모리스-스즈키에 따르면, 원래 전쟁에 대한 설명은 "승리에도 화해에도 초점을 맞추지 못했으며, 오히려 일종의 불편한 슬픔"(Morris-Suzuki 2014)으로 마무리되었다. 이승만의 휴전 협상 거부를 보여줌으로써 갈등이 끝나지 않고 있음을 강조했고, "군복, 깃발, 통계 등을 보여주면서 매우 정적인" 형태였기 때문에 유엔군에 대한 헌사는 "유엔군을 주요 스토리에서 주변화시키는 것처럼"(Morris-Suzuki 2014) 결론을 내렸다. 기본적으로 한국전쟁 전시실은 군복을 입은 마네킹—각각의 마네킹은 전쟁에 참여했던 나라를 가리킨다—이 서 있는 홀에서 끝났다. 새로운 전시관은 이제 한국전쟁을 승리주의적 결론으로 이끌고 간다. 전시에 백남준의 미학을 엄청나게 사용하면서 유엔의 역할을 부각시킨다. 마네킹이 있던 자리는 뭔가 더 강하고 내밀한 이야기를 할 것만 같은 느낌을 주려는 듯 유엔군 병사들의 유품과 개인적 기억으로 채워졌다. 또한 거기에는 놀랍게도 유엔군 전몰병사의 가묘가 설치되어 있는데, 비디오 스크린으로 된 묘비는 그들의 영웅성을 전시한다.

유엔 관련 전시에서 가장 감정적으로 고조되는 지점은 말미에 있다. 관람객은 한국전쟁 전시실을 나와서 원형 방으로 들어간다. 소용돌이 형태의 녹색 빛과 청색 빛은 물속에 들어와 있다는 느낌을 준다. 벽에는 여러 나라 언어로 자유와 평화라고 쓰여 있다. 중앙 기둥의 모니터는 전쟁이 끝나는 날들의 사진을 천장에서 아래로 흘려보낸다. 오케스트라 음악은 관람객에게 유엔군의 참전이 한반도에 평화와 자유를 가져다주었다는 승리주의적 이해를 유도한다. 이처럼 기억과 찬미의 세례실(혹은 망각의 방)을 나오면 관람객은 현재의 남한의 대낮으로 복귀한다.

한국전쟁 전시실에서 새롭게 발견되는 유엔의 중요성이 지닌 민족주의적 함의를 이해하려면 현재 유엔 사무총장인 반기문을 지적하는 것으로도 충분하다. 현재 기념관의 승리주의적 전쟁 서사가 현재 남한

사진 8   전쟁기념관에 설치된 백남준 비디오 아트(필자 제공)

국적의 수장이 이끌고 있는 국제 조직을 찬양함으로써 끝난다는 것은
우연의 일치가 아니다. 비록 반기문의 이름이 전쟁기념관에서 언급되
지는 않지만, 2012년 개관한 서울의 대한민국역사박물관에서도 그가
부각된다. 대한민국역사박물관은 일본 식민주의에 의해 기원이 왜곡
된 불사조 같은 남한이 어떻게 한국전쟁의 잿더미에서 일어나 글로벌
경제 강국이 되었는지 이야기한다. 그러면서 한국 시민 대중에게 군사
독재가 가한 잔인성에는 거의 주목하지 않으며, 한국이 아시아의 용
으로 변화한 점을 강조한다. 한국이 이전에는 경제 원조를 받다가 이
제는 다른 나라에 인도적이고 경제적인 도움을 줄 수 있는 기부국이
되었음을 찬양한다. 남한의 상승을 상징화하는 것으로 제시되는 사건
에는 1988년 서울올림픽 개최와 2002년 월드컵 개최, 남한 대중문화
의 전 지구적 확대(K팝과 싸이의 〈강남스타일〉), 특히 글로벌 경제에
서 지배적 플레이어로 활약하는 삼성과 LG 같은 기업의 부상 등이 포
함된다. 반기문의 유엔 사무총장 선출 또한 남한의 강국으로의 부상을
보여주는 이벤트 행렬에서 중요한 자리를 차지한다.

　　하지만 나의 입장에서 가장 중요한 것은 국가박물관이 컴퓨터 기술을 대폭 활용함으로써 남한의 상승을 보여주는 강력한 증거를 어떻게 만들어내는가이다. 비록 박물관에는 다들 알듯이 깃발, 자동차, 컨테이너, 의복, 영화 포스터, 레코드 등의 전시품이 가득하지만 장소의 자부심을 채워주는 단일한 대상은 존재하지 않는다. 오히려 이목을 사로잡는 것은 얼마나 박물관이 디지털 전시 기술에 의존하는가이다. 소프트웨어와 하드웨어의 비율은 결국 소프트웨어 쪽으로 쏠려 있다. 대다수 박물관이 진정성을 이끌어 내기 위해 숭배하는 대상에게 집약시키는 테크놀로지가, 전쟁박물관에서는 자기 목적적이고 자기 신성화하는 것이자 자기 페티시즘의 특징을 가진다.

이와 같은 자기 준거적인 테크놀로지 페티시즘은 전쟁박물관의 새로운 한국전쟁 전시에서도 명시적으로 드러난다. 실제로 양자는 상당한 이데올로기적·기술적 DNA를 공유하고 있다. 이러한 공통점은 1950년 남한 병사들이 중국과 국경을 접하는 압록강 남단에 도달했던, 민족 재통합의 꿈이 성취될 뻔했던 순간을 기념하는 새로운 전시에서 명백히 드러난다. 원래의 전시에서 이 사건은 단순한 디오라마로 묘사되었다. 유리벽 안에는 먼 산을 배경으로 압록강 남단에 서 있는 네 명의 병사가 묘사되어 있는데, 병사 중 한 명은 무릎을 꿇고 물통을 채우고 있다. 이것을 소개하는 문구는 다음과 같다. "국군 6보병중대 소속 병사들이 물통을 압록강 물로 가득 채우고 1950년 10월 26일 초산을 거쳐 만주 국경으로 나아갔다." 하지만 압록강에 물통을 담근 병사가 반드시 이 장면의 감정적 지렛대로 기능하는 것은 아니다. 그 옆에 서 있는 관객을 등진 병사도 눈에 띈다. 그의 시선은 강 건너편의 산을 향하고 있으며 그의 얼굴이 보이지 않기 때문에 그의 생각이나 감정은 모호해 보인다. 이러한 전경을 한참 동안 숙고한 관람객이라면 이 병사가 자신의 나라가 통일되려 하는 그 순간에 무슨 느낌을 가졌을지

사진 9   전쟁기념관에 전시된 압록강 디오라마. 서울, 2011(필자 제공)

사진 10   전쟁기념관에 전시된 압록강. 서울, 2013(필자 제공)

궁금해질 것이다.

　새 버전에도 이 같은 전시 요소들은 남아 있지만, 모든 것이 더욱 흡입력 있고 스펙터클한 경험을 생산하는 것을 목표로 하는 것 같다. 유리는 무대장치에서 종종 등장하는 철 펜스로 변경되었다. 색이 칠해진 배경 막의 빛이 갑자기 사라지면서 주의를 끌더니 작은 직사각형의 스크린에 배우가 등장한다. 반투명 스크린의 홀로그램 이미지는 즉각적이고 유령적이다. 홀로그램은 그 조용하고 의미 있는 순간을 규정하려 한다. 이 가상의 행위자가 관람객의 왼편으로 사라지고 실제 병사의 이미지가 오른편에서 등장하여 당시 겪었던 자신의 기억을 차례대로 이야기한다.

이 과거의 인물은 자신을 "6사단 7연대 1대대의 중대장"이라고 소개한다. 그는 자기 분대가 "압록강 물로 물통을 채우라"는 명령을 받았다고 말한다. 그는 "그때 나는 공책에다 '나 같은 남한 사람이 결국 압록강에 와서 만주벌판을 보았다. 정말 한국이 이제 통일이 되리라 느꼈고 행복하게 죽을 수 있겠구나'라고 썼다"고 회상한다. 이렇듯 주목할 만한 테크놀로지를 통해 관람객은 살아 있는 유령과 소통하는 경험을 하게 된다. 이 경험이 주는 불가사의한 내밀성은 통렬한 아픔을 제공한다. 이 홀로그램 병사의 사실성은 조국이 다시 통일되리라는 행복한 앎과 더불어 죽음을 맞이한다는 꿈의 빈약성을 명확히 보여준다.

홀로그램에 의한 목격자 증언의 도입은 6·25전쟁 경험에 대해 랜스버그가 말한 '보완 기억' 혹은 마리안느 허쉬Marianne Hirsh가 말

사진 11   압록강에 도달한 당시 중대장의 경험을 회상하는 홀로그램(필자 제공)

한 '포스트기억'을 관람객에게 불러일으키려는 시도라 할 수 있다. 어떤 독특한 역사적 사건을 경험하지 못한 이들에게 그것을 목격한 느낌을 갖게 하여 개인의 내밀한 기억 같은 무언가를 만들어내려는 것이다. 하지만 내가 본 이 같은 특색 있는 전시는 감정적 내용물보다는 진기한 테크놀로지의 사용이 더욱 주의를 끈다. 관람객이 프로젝터에 의해 유령처럼 등장하여 증언하는 과거 인물 앞에 설 때 가장 놀라는 것은 매체의 진기함이며, 그 자체가 스투르켄이 묘사한 '스크린기억'으로 복무하는 것처럼 보인다. 그것은 "고도로 감정적인 제재를 숨기고 감추는 대신 대체물로 그 자신을 제공한다"(1991, 118).

또한 다시 제작된 디오라마는 전쟁기념관이 한국군의 압록강 도착을 다룰 때 어떻게 테크놀로지가 스크린기억으로 기능할 수 있는지를 더 극적으로 시험한다. 내가 전쟁기념관을 마지막으로 방문했던 2013년 가을 기념관 전체에서 가장 본능적인 반응(오!, 아!, 한숨 등)을 이끌어내는 전시는 압록강 전시였다. 관람객은 작은 유리통 안 흰 상자

사진 12   서울의 한국전쟁기념관. 압록강물을 담고 있는 물통(필자 제공)

에 들어 있는 물통을 보면서 마치 지금도 물통 안에 압록강의 물이 들어 있는 것처럼 느낀다. 물통은 실제적인 아우라로 뒤덮이고 민족의 재통일을 문자 그대로 만지고 맛볼 수 있을 것 같은 역사적 순간에 대한 말없는 목격자다.

사실상 디지털 기술은 정교한 프레임으로 기능하는 듯하다. 유리통은 사실 현란한 파워포인트의 동영상 프리젠테이션을 보여주는 투명한 스크린이다. 프리젠테이션의 첫 번째 움직임은 태극기인데 바람에 의해 펄럭이는 것처럼 보인다. 하지만 중심부에는 태극 문양이 아니라 물통 사진이 놓여있어 마치 실제 물통이 떠다니는 것처럼 보인다. 이어지는 동영상 슬라이드는 물통을 물에 담그는 사람이 등장하여 남한군의 움직임을 보여준다. 인포그래픽이 나타나 압록강 물을 담은 이 물통에 대해 1950년의 그 병사가 '재통일의 상징으로서' 이승만 대통령에게 보낸 물이라고 설명한다. 이러한 종류의 전시가 많은 곳에서 이루어졌고 심지어 2013년에는 평범한 것이 되었지만, 내가 그때 본 거의 모든 관객에게 투명한 스크린을 가로지르는 단순한 이미지 세트는 놀라움과 전율을 느끼게 하는 계시처럼 보였다.

만일 그와 같은 전시 테크놀로지는, 그것이 강조하고자 하는 감정이 담긴 내용에서 주의를 돌리는 스크린기억으로 기능한다 해도 강력한 민족주의적 메시지를 전달한다. 종합적으로 볼 때 기념관이 지금 관람객에게 주입하고자 하는 민족주의는 이전 형태의 전시 형식 모방으로 전달될 수 있지만 그 자체에 민족주의적 의미를 함입한 디지털 기술에 의해 구현된다. 관람객이 새로운 버전의 전쟁기념관을 거닐면서 소니와 마이크로소프트를 넘어서 이제는 애플과 나란히 하는 삼성과 LG 같은 기업의 부상을 생각하지 않기란 어렵다. 새로운 전쟁기념관에서 미디어는 분명 메시지다. 기념관이 보여준 고가의 디지털 기술의 광범위한 활용은, 우리가 이름붙인 가상 민족주의가 무엇인지를 매우 효과적으로 보여준다. 가상 민족주의는 그러나, 잠재적인 민족주의다. 그것이 확고해지기 위해서는 태극기가 펄럭이고 압록강처럼 물결치는 물통의 전시 같은 이미지를 필요로 한다. 그것은 역설적이게도 홀로그램 같은 것을 전제해야 한다.

결론

나는 '자유의 대가'와 새로 단장한 한국 전쟁기념관이 많은 남한 시민에게 민족적 긍지라는 감각을 제공한다는 점을 탐구하려 했다. 기술적 관점에서 그리고 이데올로기적인 관점에서 '자유의 대가'를 능가하는 전쟁기념관의 우수성은 자명하다. '자유의 대가'에서 뚜렷하게 드러나는 특징은, 지난 수십 년간 이루어진 기업과 국가의 경계가 신자유주의로 인해 침식되었음을 직접적으로 선언한다는 점이다. 이는 스콧 보엠이 "신자유주의적 경제 정책과 공적 영역의 급진적인 디즈니화라는 문화적 실천이 수렴"(2006, 1151)한다고 관찰한 현상이다. 사적인 자산을 투입하여 (휴이 헬리콥터 같은) 스미소니언 전시관의 스펙터클한 전시 요소를 도입한 것은 구식 민족주의 테크놀로지를 보여준다. 유사한 한국 전쟁기념관에서의 역작에 채택된 더 새로운 미디어 기술과 비교하면, 국립미국사박물관 기획자가 떠올릴 수 있었던 최상의 아이디어는 '카우치 앞에 놓인 백남준의 비디오아트'였다. 이와는 대조적으로, 삼성이 자금을 제공한 새로운 서울 전쟁기념관의 미학은 스테로이드, LSD, 엑스터시 주사를 맞은 백남준과 같다.[11]

---

11 Esther Kim Lee가 지적한 대로, 백남준은 (중간에 소니를 버리고) 삼성이

삼성과 LG 같은 기업의 주 소득원인 미디어 테크놀로지의 배치는 신자유주의 게임의 정상적 형태인 위기의 파도에서 서핑하는 남한 민족주의의 물질화라 할 수 있다.[12] 전쟁기념관이 고가의 민족주의 테크놀로지 전시로써 가리고자 하지만 완전히 가리지는 못하는 것은 미국과 종속적 관계가 지속된다는 점이다. 다시 한 번 모리스-스즈키가 제기한 질문으로 돌아갈 만하다. "한국의 동검이라는 민족주의적 상징이 어떻게 해서 거대한 미국 B-52 폭격기라는 상징과 들어맞는가"(Morris-Suzuki 2014). 박물관의 전시와 관련하여 군사 예산과 민족경제의 크기는 문제가 되지 않는다. 전쟁기념관에 전시되어 있는 전시품 중에서 가장 큰 물체가 B-52 폭격기라는 사실은 암암리에 관람객이 이렇게 생각하도록 만든다. '아무리 남한이 경제적·군사적 강국으로 급속히 부상했다 해도 남한의 세계체제 내에서의 위치—처음에는 냉전적 배치하에, 지금은 신자유주의하에 있는—는 결국 남한의 출현을 가능하게 한 나라, 또한 여전히 의존하고 있는 나라에 의해 억제될 것이다.' 미국에 내밀하게 계속 연결되어 있다는 것은 단순히 경제적 라이벌이나 군사적 동맹으로서 뿐만 아니라 신식민지까지는 아니더라도 하급파트너junior partner로 지낸다는 뜻이다.

이 글에서 나는 전시가 전시 기술에 좌우되며, 전시 기술은 그 자체가 잠재적으로 이데올로기적인 메시지를 수반한다는 것을 논증했

무료로 제공하는 기술을 사용했다. 그가 1980년대에 남한 정부에 의해 민족주의자의 아이콘으로 받아들여졌기 때문이다(Lee 2011, 153).

12 남한 민족주의와 그것의 신자유주의와의 관계가 어떻게 컴퓨터가 생성하는 이미지(CGI)와 IMF 위기에서 중요한 역할을 하는 파생상품을 통합하는 소프트웨어 알고리즘을 통해 드러나는지에 관한 훌륭한 설명은 Jeon(2014) 참조.

다. '자유의 대가'와 한국 전쟁기념관이 관람객을 정서적·감각적으로 과거와 강렬한 관계를 갖도록 시도하는 한, 두 기념관은 보완기억의 장소라고 할 수 있다. 하지만 이 같은 특정 형식의 공적 기억이 대중문화에서 등장한 새로운 형태의 미디어에 의존하는 것이 정치적으로 중립적이라는 랜스버그(2004)의 제안과는 달리, 나는 이 두 기념관이 상품 페티시즘과 같은 무엇을 가동시킨다고 믿는다. 심지어 강화된 형태의 가장 본능적인 반응은, 전시가 공급하는 기억의 감정적 내용에 의해 발생하는 것이 아니라 전시 테크놀로지 자체에 의해 발생한다고 생각한다. 휴이 헬리콥터와 디지털 미디어의 휘황찬란한 사용은 특정 국가와 경제적 플레이어의 경제적·기술적 파워와 그들의 부상을 가능케 한 신자유주의 에토스를 기념한다.

비록 이와 같은 분석이 어떻게 이들 장소가 영리한 이데올로기적 국가장치로 작동하는지를 강조하지만, 그러한 모든 설명이 목표물에 도달하는 것은 아니라는 점을 지적하고 싶다. 때로 그러한 실패는 기계적 붕괴 혹은 디지털적 붕괴의 결과다. 내가 한국의 전쟁기념관을 마지막 방문했던 것은 이 글의 초고를 쓴 다음인 2014년 가을이었는데, 앞에서 논의한 물통 전시가 실제로 고장 나 있었다. 성공적으로 메시지를 전하는 장소의 잠재적인 실패는 박물관 관람객의 얼굴에 종종 비치는 무관심과 피로감에서 명백히 보인다. 게다가 그와 같은 민족주의 교육 장소의 핵심적 청중처럼 보이는 전시관을 돌아다니는 아이들에게서도 지루해하고 집중하지 않는 모습을 볼 수 있었으며, 즐거운 놀이는 민족주의의 장래에 있어 깨지기 쉬운 그릇에 불과함을 알아챌 수 있었다.

:::참고문헌

"Interview with Ken Behring." 2010. Available at http://www. philanthropyroundtable.org/topic/economic_opportunity/ interview_with_ken_behring, accessed August 27, 2014.

Bailey, Beth. 2005. "The Price of Freedom: Americans at War." *The Public Historian* 27 (3): 88-92.

Boehm, Scott. 2006. "Privatizing Public Memory: The Price of Patriotic Philanthropy and the Post-9/11 Politics of Display." *American Quarterly* 58 (4): 1147-1166.

Burke, Carol. 2006. "The Price of Freedom Is Truth." *Radical History Review* 95: 235-245.

Cho, Grace M. 2008. *Haunting the Korean Diaspora: Shame, Secrecy, and the Forgotten War.* Minneapolis: University of Minnesota Press.

Cumings, Bruce. 2010. *The Korean War: A History.* New York: Modern Library.

Hass, Kristin. 2009. "Remembering the 'Forgotten War' and Containing the 'Remem-bered War': Insistent Nationalism and the Transnational Memory of the Korean War." Udo J. Hebel ed. *Transnational American Memories.* 267-284. New York: Walter de Gruyter.

Hirsch, Marianne. 1997. *Family Frames: Photography, Narrative, and Postmemory.* Cambridge, MA: Harvard University

Press.

Jager, Sheila Miyoshi, and Jiyul Kim. 2007. "The Korean War after
the Cold War: Commemorating the Armistice Agree-
ment in South Korea." Sheila Miyoshi Jager and Rana
Mitter eds. *Ruptured Histories: War, Memory, and the
Post-Cold War in Asia*. 233-265. Cambridge, MA: Har-
vard University Press.

Jager, Sheila Miyoshi. 2003. *Narratives of Nation Building in
Korea: A Genealogy of Patriotism*. Armonk, NY: M.E.
Sharpe.

Jeon, Joseph Jonghyun. 2014. "Neoliberal Forms: CGI, Algorithm,
and Hegemony in Korea's IMF Cinema." *Representa-
tions* 126 (1): 85-111.

Landsberg, Alison. 2004. Prosthetic Memory: *The Transformation
of American Remembrance in the Age of Mass Culture*.
New York: Columbia University Press.

Lee, Esther Kim. 2011. "Avant-Garde Becomes Nationalism: Im-
mortalizing Nam June Paik in South Korea." Mike Sell
ed. *Avant-Garde Performance and Material Exchange:
Vectors of the Radical*. 149-166. New York: Palgrave
Macmillan.

Lye, Colleen. 2005. *America's Asia: Racial Form and American
Literature, 1893-1945*. Princeton, NJ: Princeton Univer-
sity Press.

Morris-Suzuki, Tessa. 2014. "Remembering the Unfinished

Conflict: Museums and the Contested Memory of the Korean War." *The Asia-Pacific Journal: Japan Focus* 29-4-09. Available at http://www.japanfocus.org/-Tessa-Morris_Suzuki/3193, accessed February 19, 2014.

Smithsonian Institution, ed. 2004. *The Price of Freedom: Americans at War.* Washington, DC: Smithsonian Institution, National Museum of American History, Behring Center.

Sturken, Marita. 1991. "The Wall, the Screen, and the Image: The Vietnam Veterans Memorial." *Representations* 35: 118-142.

Sturken, Marita. 1997. *Tangled Memories: The Vietnam War, the AIDS Epidemic, and the Politics of Remembering.* Berkeley: University of California Press.

Sturken, Marita. 2004. "The Aesthetics of Absence: Rebuilding Ground Zero." *American Ethnologist* 31 (3): 311-325.

·

03

평양의 조국해방전쟁승리기념관

김수지

　조선민주주의인민공화국(DPRK, 또는 북조선) 수도인 평양은 사회주의 특유의 계획도시로서 광활한 중앙광장과 거대한 기념비들이 즐비한 도시이다.[1] 평양은 내셔널 몰^{National Mall}로 상징되는 워싱턴

1　사회주의 도시에는 자본주의 도시와 같은, 공공지출에 대응하여 사유지에 대한 세금부과에 따라 수익창출에 집중해야만 하는 등의 문제는 존재하지 않는다. 이에 따라 사회주의 도시들은 '생산도시', '녹색도시', '상징도시'와 같은

과 같은 전시^{展示} 수도로서 공화국의 건립과 건립 이상을 기념하는 하나의 거대한 상징으로 간주할 수 있다. 평양에 대해 잘 아는 사람이라면 혁명성을 상징하는 대표적 건축물로 개선문과 주체사상탑을 바로 떠올릴 수 있을 것이다. 이들 모두는 세계 최대의 건축물로 기록되어 있다.[2]

역설적이게도 전쟁(1950~1953)을 통해 평양은 1960년대 당시 아시아에서 가장 현대적인 도시 중 하나로 재건되었다. 미 공군의 강력한 공격은 평양뿐 아니라 북조선 전역을 평지화시켰다. 제2차 세계대전 당시 아시아-태평양 지역 전체에 투하된 것보다 많은 양의 폭탄이 북조선에 투하되었다(Armstrong 2010). 이러한 지리적 역사를 살펴보는 것은 평양뿐 아니라 전쟁과 관련한 북조선 전체의 공간적 맥락을 파악하는 데 반드시 필요하다. 전쟁에 대한 북조선의 기억을 살피기 위해서는 먼저 북조선이 왜 그렇게 많은 기념물과 기념비에 집착하는지 이해할 필요가 있다. 이러한 질문의 해답은 대부분 전쟁으로 귀결된다.

기억 연구^{memory studies} 학자인 제임스 영^{James Young}은 니체와 멈포드가 '기념비적인 것들'을 구시대적 발상으로 통렬히 비난했음을 상기시켰다(1993, 4). 니체는 기념화된 역사는 현재를 영속적 가면 속에 은폐시킨다고 비난했다. 멈포드는 기념건축은 변화하고 혁신해야 할

집단적 사회주의의 상징으로서 중앙의 계획에 따라 도시에 공원, 광장, 기반시설과 같은 대규모의 공공부문을 건설하는 경향이 있다(임동우 2011). 특별히 '상징도시'는 수도로서의 기능과는 다르게 넓은 공공광장을 건설하여 시장 또는 종교적 기능보다는 대중의 정치적 동원을 위해 사용된다. 임동우(2011, 46-51, 88-89) 참조.

2   평양의 개선문은 프랑스를 따라 만들어진 것으로서 프랑스 개선문보다 약간 크다. 주체탑은 워싱턴 기념비보다 정확히 1미터가 높다. Springer(2003, 87, 109) 참조.

현대적 감성과 정면적으로 충돌하고 있음을 논했다. 영의 논의에 따라 멈포드의 결론을 조금 과장하여 다음과 같이 말할 수도 있을 것이다. "실패한 정권일수록 … 기억할 만한 가치가 있는 어떠한 것도 이뤄내지 못한 사실에 대한 보상으로 가장 변하지 않는 기념비들을 설립한다"(Young 1993, 5). 그러나 워싱턴 기념비는 기념비가 설립된 19세기 당시 미국의 '불안한' 권력을 상징하는 것은 아니지만, 멈포드의 논의에서 다음과 같은 부분은 재고할 필요가 있다. 전쟁은 북조선에서만 200만여 명, 즉 평균 잡아 가구당 최소 1명의 사상자를 발생시킨 재앙적 사건이었다는 점이다(Cumings 2010, 35, 63). 많은 사망자 수를 고려할 때, 멈포드의 "비석은 영속성의 잘못된 인식, 삶의 기만적 확신을 가져다준다"는 논의는 북조선의 기념탑이나 기념비에 대한 의의를 잘 설명해주고 있다고 볼 수 있다(Young 1993, 4). 도시경관은 국가 생존의 정당성을 최대한 영속시키고자 하는 도시재건 노력의 일부로 사용되었다.

2011년 북조선 방문 당시 기념화된 평양의 실제 광경 속에서 나는 건축 형식이나 시각적 담론뿐 아니라 수많은 기념관과 기념탑으로 재생산된 그들의 역사적 서사를 목격할 수 있었다. 실라 미요시 재거Sheila Miyoshi Jager가 주장한 바와 같이, 만일 "전쟁이 남한의 민족적 자기인식과 국가 정당성의 남성적 언어를 정의한 근본적인 역할을 수행했다"(2002, 388)면, 북조선 역시 이를 동일한 관점에서 살펴볼 수 있다. 방북 당시 나는 북조선의 한 정치학 교수에게 2010년 전쟁 60주년을 기념하여 진행된 미국의 프로젝트를 소개하며 이와 같은 특별한 행사가 북조선에서도 진행되었는지를 물었다. 그의 반응은 사뭇 충격적이었다. 그는 1950년 이래로 북조선은 계속적으로 전쟁이 진행 중이기 때문에 이를 기념하는 것은 옳지 않다는 것이었다. 이를 확인시켜주듯이, 전쟁 발생 60주년은 6월 25일부터 7월 27일까지 '6·25 미제 반대 투쟁의 날' 모임과 집회를 포함한 '반미 공동투쟁의 달'로 진행되었다.[3] 이와 반대로 북조선에서 '전승절'로 불리는 휴전 60주년은 수개월간의 준비를 거친 장대한 중점적 기념행사로서 2013년 6월 27일에 개최되었다. 중국, 쿠바, 인도, 인도네시아, 이란, 라오스, 몽고, 모잠비크, 나미비아, 파키스탄, 팔레스타인, 러시아, 시리아, 우간다, 베트남, 잠비아 등 해외 대표단을 초청하며 한 주간의 기념행사가 진행되었다.[4] 본 행사에 맞추어 여러 개의 대규모 프로젝트들이 수행되었는데, 그 중 하나가 새롭게 단장한 조국해방전쟁승리기념관의 개관이었다.[5] 이 기념관은 김정일 사망에 따라 그의 부친인 김일성동상과 함께 세워질 새로운 공간의 마련을 위하여 만수대를 포함한 평양 주요 지구의 재건계획의 일환으로 건설되었다.

전쟁 발발의 해에 대한 뚜렷한 기념의 움직임이 없었던 것과는 달리 휴전이 이루어진 3년 후의 전승절 기념일을 앞두고 많은 작업들이 수행되었는데, 이는 정치적으로 2011년 12월 김정은의 정권 이양

3　「각지에서 '6·25 미제 반대의 날' 모임들 진행」, 『조선중앙통신』 2010.6.25. http://www.kcna.co.jp/calendar/2010/06/06-25/2010-0625-024.html (2014.7.8. 검색); 「'6·25 미제 반대 투쟁의 날' 평양시 반미 군민대회」, 『조선중앙통신』 2013.6.25. http://www.kcna.co.jp/calendar/2013/06/06-25/2013-0625-031.html(2014.7.8. 검색).

4　조선중앙통신의 7월 25-27일 보도 참조.

5　신축된 기념관의 파노라마는 'DPRK 360'에서 확인할 수 있다. 아람 판 (Aram Pan)의 "North Korean Panoramas Photography Projects." http://www.dprk360.com/360/victorious_fatherland_liberation_war_museum/ (2014.7.8. 검색). 홈페이지에는 새로 개관하거나 개보수한 다른 건물들에 대한 수준 높은 이미지가 올라와 있다.

에 대한 차후의 지지기반 확충을 위한 전략적 행위로 이해할 수 있다. 그러나 2010년과 2013년을 비교할 때 공식적인 전쟁 발생과 종결에 대한 서사는 전쟁에 대한 북조선의 정의와 역사성과 연계한 보다 깊이 있는 분석을 필요로 한다. 예를 들어, 박물관 옆에 서 있는, '승리'라는 이름의 상징적인 동상을 포함하고 있는 조국해방전쟁승리기념탑은 휴전 40주년인 1993년에 이미 세워졌다(사진 1). 이 시기 중국의 항미원조전쟁기념관이 북조선과 맞닿은 단둥 지역에 개관되었다. 물론 중국은 명백히 승리한 전쟁으로 전쟁의 휴전을 기념했다.

방문 당시 나는 평양의 전쟁기념관은 분명 전쟁에 대해 남한이나 미국의 견해와는 전혀 다른 해석을 제공할 것이라고 예상했다. 이는 다른 관람객의 의문에 따른 것이었는데, 북조선 사람들이 만일 1945년을 미국의 개입과 점령으로 설명한다면, 전쟁 역시 미국과 북조선 사이의 전쟁으로 간주할 것이라는 논의였다. 현재 북조선의 공식 입장이 분명하다고 할지라도 이러한 논점이 언제나 동일했던 것은 아니다. 전쟁 당시 북조선은

사진 1 조국해방전쟁승리를 기념하는 "승리" 동상
출처: Wikipedia Commons.

'내란'을 일으킨 주범으로 남한을 지목했는데, 이는 워싱턴의 국가문서보관소에 소장된 노획문서 중 "내란을 도발한 리승만괴뢰정부의 소위국방군을 순시간에 격멸하며 무범하게 우리 조국강토에 침범한 강도 미제국주의 군대를 용감하게 격퇴 진격하는 우리인민군대의 영용한 모습을 보라!"와 같은 전쟁 당시의 전단지(사진 2)에서 확인할 수 있다. 미국을 '제국주의 침략자'로 지목했을지라도 원래의 문구에서는 전쟁을 내란으로 규정했으므로 그 기원을 가늠하기는 복잡하다. 내란의 전쟁 실상에 관해 1950년 신천학살보다 명확하게 보여주는 것은 없다. 1998년 학살 지역을 방문한 김정일 스스로도 국내 '반동분자'의 복수로 자행된 학살에 대한 내란의 참상을 암묵적으로 인지했다. 그러나 대체로 북조선의 역사기록은 전쟁을 형제지간의 전쟁에서 미 제국주의의 공격을 물리친 북조선의 승리전으로 변형했다. 많은 학자들은 이를 식민 이후 갈등을 우회하는 남한과 북조선 사이의 하나의 전략적인 조정 수단으로서 설명한다(Jager 2002; Morris-Suzuki 2009).

북조선을 방문한 2011년 이래로 나는 줄곧 우회보다는 모더니즘으로 북조선을 규정할 수 있는 또 다른 역사적 논리가 있는지 자문했다. 이러한 문제제기는 1945년 국가분단에서 1950년 전면전 발생까지의 급격한 변화를 이해할 수 있도록 만들어준다. 이 글에서는 전쟁에 대한 북조선의 상반된 논의에 대한 단순 강조보다는 북조선의 전쟁에 대

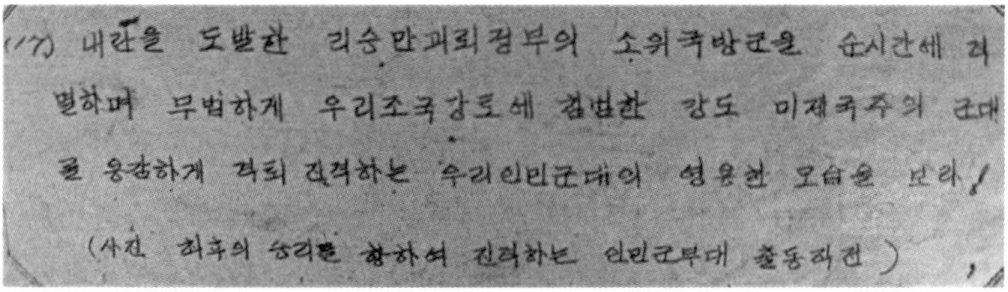
내란을 도발한 리승만괴뢰정부의 소위국방군을 순시간에 격멸하며 무범하게 우리조국강토에 침범한 강도 미제국주의 군대를 용감하게 격퇴 진격하는 우리인민군대의 영용한 모습을 보라!
(사진 최후의 승리를 향하여 진격하는 인민군부대 출동직전)

사진 2 전쟁 당시의 전단지

한 상이한 역사적 이해를, 특별히 전쟁기념관 및 이와 관련된 장소들을 중심으로 논의하고자 한다. 이러한 장소들은 기념화된 도시 속에서 김일성의 항일 반식민 투쟁의 위업으로부터 항미 반제국주의 투쟁에 이르기까지의 연대기를 따라 방문객들이 의례적으로 들려야만 하는 기념지역이 되었다. 전쟁에 대한 목적론적 설명도식을 따른다면 미 제국주의의 의도적 형태이든지 아니면 민족 해방과 통일의 열망의 형태이든지, 과거와 현재에 전쟁에 쏟아부은 비극적 경비는 부차적인 것으로 은폐된다.

이 글은 두 부분으로 구성되어 있다. 한 부분은 전쟁에 관련한 북조선의 기념관 발전에 대한 분석으로서 지정학적 변화의 두 시기, 즉 베트남전쟁이 종결된 1970년대와 냉전이 종식되었던 1990년대를 중심으로 논의한다. 또 다른 부분은 북조선의 전쟁 역사기록과 관련하여 문헌과 전시를 통해 나타난 사건 및 사고 관련 담론으로서, 이는 '역사를 창조하는' 인간의 확신을 통해 담론을 그 자체로서 모던한 것으로 만들어준다. 이에 관해서는 결론에서 보다 상세히 설명될 것이다. 승리에 대한 지속적인 강조에서 전쟁을 반제국주의전쟁으로 도식화하는 것에 이르는 북조선의 전쟁 기념화에 관한 나의 관심은(이미 많은 학자들에 의해 연구되어 온) 역사적 정확성보다는 이들의 특정한 서사 전략에 대한 결과에 있다. 북조선의 전쟁 기념화 역사를 전반적으로 살펴보고 난 후 나는 전쟁에 관한 북조선의 서사는 모던한 기록 역사-승리를 주장하면서 과거와 현재에 대한 적절한 평가를 저버린 채 당대의 정치적 권위를 생산하는 현대적인 기록 역사-에 속한다고 평가한다. 이는 북조선에서만 예외적으로 수행되는 것이 아니라 일반적인 현상이다. 전쟁에 대한 북조선의 서사가 예외적인 것이 아닌 승리에 대한 주장으로 과거와 현재에 대한 올바른 평가를 외면하며 현대적 정치물을 생산해내는 일반적인 현상의 일부로 보고, 다른 사례들과 마찬가지로 현대적 역사기록에 속하고 있음을 논하고자 한다.

1970년대~1990년대 승전의 주장

서울 전쟁기념관에서 전쟁을 과거 삼국시대로부터 현재까지의 오랜 시간 동안 이룩해낸 외세의 침입과 민족 저항의 '무너지지 않는 전사적 전통'의 한 부분으로 소개하는 것과는 달리(Jager 2002, 393-394), 평양의 조국해방전쟁승리기념관은 전쟁을 북조선의 중대한 역사적 기점으로 설명한다. 휴전 공포 직후인 1953년 8월 17일 '조선인민군종합전람회'로 개관한 전쟁기념관은 1974년 4월 11일 주요 개보수를 마치고 현재의 위치로 이전되었다.[6] 안내책자는 이 시기 조국해방전쟁기념관의 이름에 '승리'가 덧붙여졌다고 설명한다(Hwang and Kim 1997, 47). 이러한 변화의 시기는 많은 것을 시사한다. 기념관은 1970년대 초 새로운 모습으로 개관했다. 이 시기는 정확히 북조선이 원하던 방식으로 베트남전쟁이 마무리된 시점이었다.

공산주의의 승리로 전쟁이 종결됨에 따라 베트남전쟁에 대한 북조선의 뉴스 보도는 1973년부터 1975년까지 정점을 달했다(표 1).[7] 노동

---

6   1953년 기념관 개관과 관련하여 기병인, 「승리의 길을 가르쳐준 훌륭한 학교」, 『노동신문』 1993.8.17 참조. 2013년 개보수 이전의 기념관에 대한 자세한 설명은 Hyon(n.d.)에서 발췌.

7   북한자료센터(서울)에서 주요 신문, 조선노동당 기관지, 노동신문을 전자검색한 결과, 1970년부터 현재까지 베트남과 관련하여 287편의 기사가 발표되었는데, 그중 1973년부터 1975년까지 발간된 기사의 수가 200편이 넘는다.

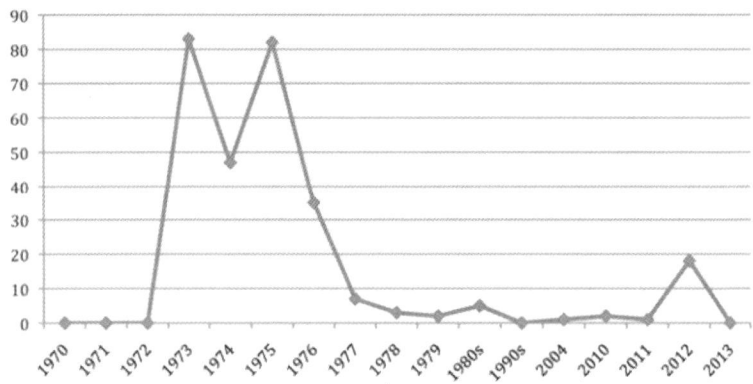

표 1   1970~2013년 『노동신문』의 베트남 관련 보도

당 기관지인 『노동신문』은 남베트남인들의 승리를 알리는 1973년 1월 27일의 파리협정(전쟁의 종결과 베트남의 평화재건에 대한 협정)을 보도했다.

　북조선은 그들 '공동의 적인 미 제국주의'에 대항한 베트남인들의 투쟁을 축하했다. 『노동신문』은 베트남과 북조선이 각자 민족자결을 성취하기 위해 미국의 축출에 공동으로 투쟁했다고 주장했다.[8] 베트콩을 대표한 평화협정의 서명인 중 한 사람인 웬티빙^(Nguyễn Thị Bình)은 1973년 4월 북조선을 방문하여 북조선은 조선전쟁에서 '최초로 미 제국주의에 대항'했고, 베트남인들은 정치적이며 합법적으로 전쟁을 종결시키고 베트남의 평화를 복원한 평화협정에 서명함으로써 '역사적인 승리'를 이루어냈다고 선언했다. 그녀는 베트남인뿐 아니라 인도차이나(라오스와 캄보디아) 및 진보주의 혁명진영, 민족해방운동가 등

8　「조선 인민은 민주주의적 민족혁명을 완수하며 조국의 평화적 통일을 이룩하기 위해 남부 웹남 인민의 투쟁을 계속 적극지지 성원할 것이다」, 『노동신문』 1973.4.18.

평화를 사랑하는 전 세계인의 '위대한 승리'라고 협정을 기념했다.[9]

몇 달 후 범문동Pham Văn Đông 수상이 이끄는 베트남민주공화국 (북베트남)의 공식 대표단이 북조선을 방문하여 북조선이 북베트남에 무상지원을 제공할 것을 협약하는 공동성명을 발표했다.[10] 범문동은 조선전쟁 휴전 20주년을 앞둔 1973년 6월 27일부터 7월 1일까지의 방문기간 동안, 6월 23일 공포한 김일성의 새로운 조선 통일 정책을 지원할 것이라고 확인했다.[11] 북조선은 '조국통일 5대강령'을 통해 '고려민주연방공화국'으로서 유엔의 승인을 받는 연방제 형식의 통일을 주장했다. 이 방안은 당시부터 지금까지 북조선 통일정책의 근간이 되었다. 북조선을 방문하는 동안 베트남인들은 북조선 정부로부터 대중에게 동일한 목적으로 공동의 적에 대항하는 '친근한 전우'로서 소개되었고, 베트남 인민의 반미 전쟁에 대해 '베트남의 승리를 조선의 승리와 같이'라고 표현했다.[12] 목전의 베트남의 승리는 통일을 위해 투쟁하는 조선의 궁극적 승리를 알려주는 희망의 메시지로 보였다. 실제로 범문동은 조국해방전쟁 20주년에 맞추어 북조선에 축하를 표했고, 조선전쟁에서 미 제국주의 침략자들에 대항한 북의 '빛나는 승리'와 북조선 사회주의의 '최종 승리'를 반복적으로 강조했다.[13]

1975년 4월 30일 공산주의 진영이 사이공의 최종 진압에 성공하자, 북조선 언론은 "전체 웰남인민의 위대한 승리"라고 이를 헤드라인으로

---

9 「군중대회에서 한 웬티빙 단장의 연설」, 『노동신문』 1973.4.18.

10 「공동 코뮤니케」, 『노동신문』 1973.7.3.

11 「범문동동지의 연설」, 『노동신문』 1973.6.27.

12 「김일동지의 연설」, 『노동신문』 1973.6.27.

13 「범문동동지의 연설」, 『노동신문』 1973.7.1.

보도했다.[14] 『노동신문』은 또 다시 "조선인민은 형제적남부웰남인민이 성스러운 반미구국투쟁에서 이룩한 빛나는 승리를 자신의 승리와 같이 진심으로 기뻐"하며 "우리 인민을 끝없이 격동시키고 있으며 고무하여주고 있다"고 보도했다. 베트남의 승리는 제3세계의 혁명적인 인민에게 희망의 불빛이자 미 제국주의와의 무장투쟁 승리의 가능성을 보여주는 것이었다. 이는 "아무리 작은 나라라고 하더라도 인민의 힘을 믿고 굳게 단결하여 손에 무장을 들고 용감히 일어나 싸운다면 어떠한 제국주의 침략세력도 능히 타승할 수 있다는 력사적 진리를 힘있게 확증"한다는 것을 증명하는 것처럼 보였다. 전쟁에서 미군의 패배는 미국 쇠퇴의 시작을 보여주는 것이었고, 그들의 최종적 파멸은 베트남의 승리로 촉진된 것이라고 주장했다. 이에 따라 『노동신문』은 아시아인들을 무시한 제국주의자들의 공격과 개입의 시대는 막을 내렸음을 선포했다. 2만여 명의 노동자, 청년, 학생, 군인이 평양에 모여 베트남의 승리를 축하했다.[15]

훗날 냉전이 종식되고 자유주의 서구의 승리로서 기념된 1990년대 초를 생각한다면, 1970년대 초는 사회주의 동구의 승리에 대한 희망의 정점이었다고 할 수 있다. 1960년대 말 전 세계적인 사회운동은 국내적인 성차별과 인종차별에서부터 시작되어, 국제적인 신식민주의 정치의 자유주의적인 자본주의 질서에 대한 깊은 환멸의 선봉으로서 나타난 것이었다. 북조선이 주도권을 잡을 것 같던 당시, 남북은 1972년 7월 4일 공동성명을 통해 평화적인 화해와 통일을 촉구하는 전례없

---

14 「전체 웰남 인민의 위대한 승리 영웅적 투쟁의 빛나는 결실」, 『노동신문』 1975.5.3.

15 「반미 구국투쟁에서 웰남 인민이 이룩한 위대한 승리를 열렬히 축하한다!」, 『노동신문』 1975.5.4.

는 합의를 도출했다(Lee 2013, 196).[16] 1972년, 남한은 계엄령 및 박정희 대통령을 위한 대통령 무제한 임기제를 포함한 유신헌법을 선포한 반면, 북조선은 김일성 주석제와 주체사상을 유일한 합법 강령으로 선포했는데, 정치·국방·경제 분야에서 주체에 대한 강조는 북조선이 외부 세력에 굴하지 않고도 삶의 수준을 높일 수 있는 가능성을 제시했다. 이와 반대로 남한 정부는, '베트남전쟁의 베트남화'와 아시아 동맹국에게 자주적 안보를 요구한 닉슨 독트린이 남한에 미친 군사적 손실을 최소화하기 위하여 미국과의 협상을 진행해야만 했다. 북조선의 1972년 사회주의헌법은 서울을 수도로 한 이전까지의 헌법과 달리, 평양을 자신의 수도로 최종 선포했다(Schinz and Dege 1990, 27). 1975년 미국에 대항한 베트남의 승리는 사회주의 진영의 밝은 미래를 확인시켜주는 것으로만 보였다.

이런 국제적 흐름은 1972년 김일성의 환갑과 부합했다. 1972년의 획기적 사건을 나타내는 건축물로서 가장 대표적인 상징물은 만수대 언덕에 새로 건립된 김일성동상이다. 20미터 높이의 동상은 살아 있는 지도자를 위해 건립된 가장 큰 동상 중 하나이다. 당시의 사회 전반적인 낙관적 전망을 실제 도시조경에 삽입하기라도 하듯이 동상이 세워진 2년 후 전쟁기념관은 새로운 모습으로 1974년에 이전되고 개명되었다.[17] 이를 기념하기 위해 『노동신문』은 제일면에 기념관 개관을 "위

---

16 역사적 선언이 발표되었으나 남북 관계는 1970년대 극심하게 경색되었다. 역사학자 스티븐 리(Steven Lee 2013)에 따르면, 베트남전쟁은 북조선의 남한에 대한 게릴라전 진행 및 베트남에서 미국과 남한이 공격한 것과 같이 남한군에 대한 공격을 강화하는 쪽으로 통일정책이 변화하도록 만들었다. 이러한 정책수행의 일환으로 1968년 청와대 습격사건과 1974년 박정희 암살시도가 이루어졌다.

17 1970년대 조선혁명박물관(1970), 평양실내체육관(1973), 인민문화궁전

대한 수령 김일성동지의 주체적인 군사전략전술사상과 독창적인 군사전법의 위대한 승리"로 "조국해방전쟁에서 미제침략자들과 그 주구들을 타승하시고 조국의 자유와 독립, 민족의 존엄을 영예롭게 수호하신 경애하는 수령 김일성동지의 령도의 현명성을 감명깊게 보여주고 있었다"고 선언했다.[18] 신문에 따르면, 기념관은 "한세대에 미일 두 제국주의를 타승하시고 조국의 광복을 이룩하시였고 조국해방전쟁을 승리에로 이끄신 경애하는 수령 김일성동지의 위대한 군사사상과 군사예술을" 보여줌으로써 "우리 인민뿐 아니라 세계 혁명적 인민들의 귀중한 제부로 된다"는 것이다.

전쟁 직후 북조선은 막강한 미국을 무찌른 승리자로 선포하긴 했어도, 1970년대의 이 '승리'는 시각적 서사의 일부가 된다. 베트남전쟁 종식 당시 호치민 정권의 국가 통일의 업적은 분명 김일성이 조선전쟁에서 바라던 종결의 방식이었다. 그러나 통일을 이루지 못했음에도 불구하고 승리했다는 주장을 정당화하기 위해 기념관이 재건되었다. 이전 기념관이 해방산의 작은 언덕에 세워진 2층짜리 건물이었던 데 반해, 재건된 신기념관은 지상 3층과 지하 1층 규모의 L자형의 대형건물이었다(김인식 1993).[19] 총 면적 52,000평방미터의 건물은 18여 개의 홀과 80여 개의 전시관, 60여 개의 전시벽화로 이루어져 있다. 기념관

(1974), 4·25문화회관(1975), 만수대예술극장(1976), 대성산유원지(1977), 국제친선전람관(1978) 같은 기념건축이 가장 활발히 시행되었다. 평양의 지하철 역시 이 기간 건설되었다. Hwang and Kim 1997; 임동우 2011, 143-149 참조.

18 「위대한 수령 김일성동지의 참석 밑에 새로 건설된 조국해방전쟁승리기념관 개관식 성대히 진행되다」, 『노동신문』 1974.4.12.

19 1974년 이전 건물의 사진은 〈조국해방전쟁기념관〉(1969) 표지에 있다.

의 가장 주요한 전시물은 360도 회전의 거대한 파노라마와 디오라마로 구성된 대전^{大田}전투 모형이다.[20] 1950년 7월 7일부터 20일까지 미제24보병사단과의 전투에서 윌리엄 딘 소장이 포로로 잡혔는데, 이는 미국 역사상 가장 높은 계급의 미군이 포로로 잡힌 사건이었다. 내가 이 박물관을 관람하던 당시 안내원은 높이 10미터, 길이 132미터로 세계 최대의 원형 파노라마 전시물이라고 자랑하며, 한 바퀴 회전하는데 15분이 걸린다고 설명했다. 또한 그는 1974년 기념관 개관을 위해 40명의 예술가들이 1년 반 동안 작업했다고 말했다. 적국 전투원으로서의 남한 사람이라는 이미지가 박물관에서 완전 삭제된 것은 이 전시의 중요한 사례인데, 그들은 인민군에 의한 해방에 환호하는 시민들로 묘사되어 있다.

사진 3 파노라마와 디오라마로 구성된 대전 전투 모형
출처: Aram Pan, DPRK 360

---

20 본 전시물과 기념관 내 다른 전시물의 컬러 사진은 인터넷 학술지 *Cross-Current*의 2015년 3월호에서 확인할 수 있다. https://cross-currents.berkeley.edu/e-journal/issue-14/skim

그러나 이로부터 20년 후인 1993년, 북조선은 매우 다른 상황에서 휴전 40주년을 기념했다. 사회주의권의 붕괴에도 불구하고 북조선은 또다시 당시 전쟁의 승리를 주장하면서 기념관 옆에 승리탑을 건설하는 대규모 프로젝트를 진행했다. 1989년 베를린장벽의 철거와 함께 진행된 동유럽의 붕괴는, 남한의 1991년 소련연방, 1992년 중국과의 외교관계 수립으로 이어졌고, 이는 북조선이 가졌던 1970년대의 낙관적 전망을 좌절시켰다. 바로 그 이듬해인 1994년 김일성 사망에 뒤이은 기근과 위기상황만큼의 심각한 정도는 아니었을지라도, 냉전의 종식과 사회주의의 전 세계적 붕괴는 중대한 사안이었다. 북조선은 대부분의 교역국 및 동맹국들을 하룻밤 사이에 잃었고, 고립된 상태에서 불안정한 미래만을 남겨두고 있었다. 북조선 정부는 그들의 유산을 보호하는 새로운 이념 강화 정책에 더욱 힘을 쏟았다.

『노동신문』은 지난 40년 동안 기념관을 방문한 국가수장과 정부 대표단을 포함한 외국인 방문객이 23만여 명, 국내 관광객이 1,540만 명이었음을 보도하며 전쟁기념관을 "승리의 길을 가르쳐주는 훌륭한 학교"로서 칭송했다.[21] 또한 기념관의 발전에 관한 수많은 사진과 심지어는 1970년대 기념관 재건 당시보다 더욱 대대적으로 조국해방전쟁승리기념탑의 건축을 보도했다. 기념탑에 사용된 재료에 관한 자세한 설명과 함께 그 디자인과 위치에 대한 설명이 뉴스의 정기적으로 보도됐다.[22] 기념탑의 중심 〈승리〉동상은 7미터 받침 위에 총 27미터의 높이로서, 이는 "승리" 기념일인 7월 27일을 상징하는 것이었다. 이를 5개의 조각상이 둘러싸고 있는데, 이들은 각각 전쟁 당시의 영웅적 전

---

21 기병인,「승리의 길을 가르쳐주는 훌륭한 학교」,『노동신문』1993.8.17.

22 최관빈,「조국해방전쟁승리기념탑 건설 힘있게 추진」,『노동신문』1992.10.12.

투를 대표하는 모형물로서 해군 및 공군부대, 빨치산부대, 마지막으로 후방에서 인민의 노력을 묘사한 것이었다. 기념탑은 1992년 4월 김정일이 직접 지시한 것으로, 기념탑의 초점은 승리동상으로 100톤 이상의 무게를 여덟 개의 화강암 반석이 받치고 있다.[23] 『노동신문』은 이를 다른 국가들과는 차별되는 건축물로서 단순히 과거에 국한된 것이 아니라 "당의 령도따라 주체의 혁명위업을 무장으로 받들어나가려는 새 세대들의 신념과 의지가 깊이있게 형상되여있다"고 주장했다.[24] 기념물들을 (과거의 사라진 엘리트가 아닌) 현재적 관심에 부응하는 존재로 부각시키며 과거는 진정 현재에 관함 것임을 인정함으로 북조선의 역사관 역시 모더니즘적 해석이라는 점을 확인할 수 있다.

동서양의 역사적 수렴

의심의 여지없이 기념비와 기념관은 현재를 위해 과거를 소환한다. 따라서 평양의 전쟁기념관이 대전전투에 관한 360도 파노라마와 같은 특정한 전쟁 장면의 재현에서 공문서, 사진, 전쟁 당시의 뉴스영화를 전시하는 것에 이르기까지 다양한 과거의 구현 전략을 차용하는 것은 놀라운 일이 아니다. 2011년 기념관 방문 당시 TV에서는 전쟁에 대한 다큐멘터리 영화가 상영되고 있었다. 〈조국해방전쟁〉이라는 제목의 6

---

23   김명지, 「조국해방전쟁승리기념탑 건설 빠른 속도로 진척」, 『노동신문』 1993.5. 28.

24   심재준, 「시대의 영웅기념비 조국해방전쟁승리기념탑」, 『노동신문』 1993.7. 30.

편의 다큐멘터리는 기념관에 대한 이해와 조선전쟁에 관한 그들의 구현 전략을 보여준다.[25] 이 다큐멘터리는 전쟁 이전의 5년(1945~1950)을 상세하게 묘사하면서 제2차 세계대전의 여파가 채 가시지 않은 상황에서 미국이 동아시아에 대해 가지고 있는 야심의 연원을 추적하는 것으로 시작된다. 미국의 남한 정복은 그들의 일본 정복이 조선 공격의 기반이 된 것과 같이 남은 아시아 지역을 정복하기 위한 교두보였다고 주장한다. 그 한 예로서 일제 식민정권의 종사자들로 이루어진 남한의 경찰기관과 군사학교는 그 시작부터 미군정부의 전쟁 준비를 의미하는 것이었다는 것이다.

북조선의 전쟁 서사는 "미 제국주의는 조선전쟁의 도발과 조선인민의 철천지원수"라는 기념관 팸플릿의 문구처럼 전쟁의 책임이 누구에게 있는지를 명확히 밝힌다. 남한의 이승만 대통령과 미 정부요원 간의 서신을 통해 북조선 침공에 대해 계산된 예측이 있었다고 주장하고 있다. 전쟁 유산과 그 계속적인 파급의 연원은 전쟁 당시 미국의 행위에 있다. "미국의 잔혹한 행위 …는 영원히 지워지지 않는다"고 주장하면서, 3년간의 전쟁 동안 세균전뿐만 아니라 56만 4,400톤의 폭발물이 투하되었다고 적시해놓고 있다. 이와 마찬가지로 다큐멘터리는 세균전의 끔찍한 결과와 폭격을 통한 미국의 초토화정책을 자세히 다루면서 평양 주민 한 명당 한 개 이상의 폭탄이 투하되었고 제2차 세계대전 내내 사용된 양의 다섯 배에 달하는 네이팜이 북조선에 "더 이상 파괴할 것이 없을" 때까지 사용되었음을 밝히고 있다.

---

25 이들의 제작년도가 1994년으로 기록되어 있지만 실제로 1970년대에 제작된 것으로 보인다. 영상은 흑백의 실제 전쟁 장면, 전쟁 이후 완전히 재건된 다양한 도시들과 함께 컬러로 된 현재의 장면 등을 담고 있다.

대부분의 전쟁 기념비에 새겨진 것과 같이 목숨을 잃은 것을 정당화하는 논리로 희생자들은 칭송되고 명예롭게 추앙된다.[26]

나는 해방된 조선의 청년이다
생명도 귀중하다
찬란한 내일의 희망도 귀중하다
그러나 나의 생명, 나의 희망, 나의 행복
그것은 조국의 운명보다 귀중치 않다
하나밖에 없는 조국을 위하여
둘도 없는 목숨이지만
나의 청춘을 바치는 것처럼
아름다운 희망
위대한 행복이
또 어디 있으랴!

이와 비슷한 맥락으로 다큐멘터리는 농경지와 댐을 향한 지속적인 폭격에도 불구하고 경작을 이어가는 농민들과, 대규모의 지하공장에서 생산하는 영웅적 인민의 노력을 보여준다. 미국의 계속되는 폭격으로 인한 동굴과 벙커 속에서의 극단적인 생활환경은 지하학교·병원·시장의 운영을 통한 북조선 정부의 고아와 부상자들에 대한 보살핌과 보호의 이미지와 나란히 병치되어 있다.

전쟁의 잔혹성과 계속된 분단에도 불구하고 전쟁기념관은 1953년 7월 27일의 휴전협정을 북의 승리로 묘사했는데, 이는 당시 미국이 승리에 대한 명시 없이 휴전을 체결했기 때문이었다. 또한 휴전협정을 체결한 판문점은 전쟁에 대한 북조선의 관점을 가시적으로 확인시켜

---

26 Hyon(연도미상, 35).

주는 장소였다. 휴전협정을 체결한 양측은 북조선 국기와 유엔기로써 표시되어 있다. 북조선은 판문점을 1945년 미국에 의해 의도적으로 분단된 장소로 묘사한다. 분단은 '조선반도 전체를 삼키기 위해' 전쟁을 일으킨 미 제국주의자들의 소행이었다고 주장한다. 그러나 판문점은 남북 양측에게는 '회담과 교섭 장소'가 되었다. 이러한 방식으로 전쟁은 내전의 종결이 아니라 제국주의적 침략 전쟁을 성공적으로 격퇴한 것으로 규정되었다. 조선인민들은 식민통치에 따른 분열을 극복하고 '서로 조화롭게 하나의 동일한 영토에서 살아온 단일한 민족'으로 채색되었다. 그러나 전쟁 당시 미국 진영에 가담한 자들은 자주권을 상실한 '꼭두각시'나 '총알받이'로 표현되었고, 남한 역시 북조선을 소련의 꼭두각시로 이해했다.

조국해방전쟁승리기념관과 판문점뿐만 아니라 조선전쟁과 관련된 장소 목록에서 신천박물관을 빼놓을 수 없다. 황해남도에 위치한 신천군은 잔혹한 주민 학살이 자행된 지역으로 기억되고 있다. 북조선은 신천군이 미군에 의해 1950년 10월 17일부터 12월 7일까지 52일 동안 점령되었다고 설명한다(정영남 2009). 35,380명의 인구 중 유아

사진 4 휴전협정을 체결한 판문점
출처: 필자 제공

와 노인들을 포함하여 4분의 1가량이 불에 타거나 산 채로 매장되거나, 총살·익사·고문으로 살해되었다. 신천박물관은 그곳에서 1990년대까지 대량의 유해가 발견되었다고 밝히고 있다. 가장 끔찍한 학살은 원암리에서 자행되었다. 아이들과 어머니들은 2곳의 창고로 분리되어 갇히고 기름을 뿌려 산 채로 불에 타 죽었는데, 한 곳에서는 어린이 102명이, 다른 곳에서는 400여 명의 어머니가 잔인하게 살해되었다. 평양 전쟁기념관이 승리를 강조하기 위해 전쟁의 끔찍함을 무시했다면, 신천박물관은 여성과 아동이 겪은 고통과 괴로움을 시각적으로 묘사하며 복수의 필요성을 강조한다. 조선중앙통신은 전쟁 발생 60주년기념식에 즈음하여 "조선인민군 군인들의 복수모임이 25일 황해남도 신천박물관 사백어머니 묘, 백둘어린이 묘앞에서 진행되였다"[27]고 보도했다.

테사 모리스-스즈키(Tessa Morris-Suzuki, 2009)가 주장한 바와 같이, 신천박물관의 존재는 '강인함, 영웅성, 승리'의 지역과 '고통, 죽음'의 지역을 구분하고자 하는 의도에서 만들어진 것으로 볼 수도 있다. 그러나 이들 박물관은 모든 국내외 방문객이 조선전쟁에 대해 반드시 알아야 할 일련의 의례적 방문지들로서 간주되어야 한다. 이들은 지리적으로 떨어져 있을지 몰라도 전쟁에 대해 동일한 서사구조를 가진다. 신천에서 자행된 미국의 행위에서 나타나듯이 전쟁은 파괴적이고 잔혹하며 끔찍하고 지독한 것이지만, 그럼에도 불구하고 김일성의 통치하에서 영웅적으로 승리를 거둔 사건인 것이다. 분단, 전쟁, 학살의 세 지점들은 하나의 결론으로 이어진다. 즉, 어떠한 비용을 감수하더라도 미국을 격퇴하여 더 이상의 위협을 저지해야만 한다는 것이다.

---

27 「군인들의 복수모임」, 『조선중앙통신』 2013.6.25. http://www.kcna.co.jp/calendar/2013/06/06-25/2013-0625-030.html (검색일 2014.7.8.)

이러한 시각적 서사는 박물관과 기념관에 전시된 공공문서를 통해 뒷받침된다.

비극을 발생시킨 주범이 미국임을 증명하기 위해 박물관과 언론에서 계속적으로 비난하는 가장 결정적인 증거물은 이승만과 그의 미국 자문역이었던 로버트 올리버Robert T. Oliver의 교신내용이다. 1949년 9월 30일 서신에서 이승만은 "지금이 바로 우리가 공격적인 수단을 사용해야 하는 절호의 순간"이라는 자신의 "강력한" 느낌을 전하며 올리버에게 이를 위해 일해줄 것을 고려해달라고 간청했다. 이에 올리버는 1949년 10월 10일 "우리는 공격으로 보이는 어떠한 모습도 보이지 않는 방향으로 행동해야 하며, 모든 일들이 러시아 때문임을 확실하게 해야 한다"고 대답했다. 하지만 같은 문서의 내용 중 "38도선을 넘는 공격을 제안하는 것은 … 엄청난 재앙일 것"이라는 올리버의 말은 강조되지 않았다. 이들 서신에서 보이는 모호성을 무마하기 위해 1949

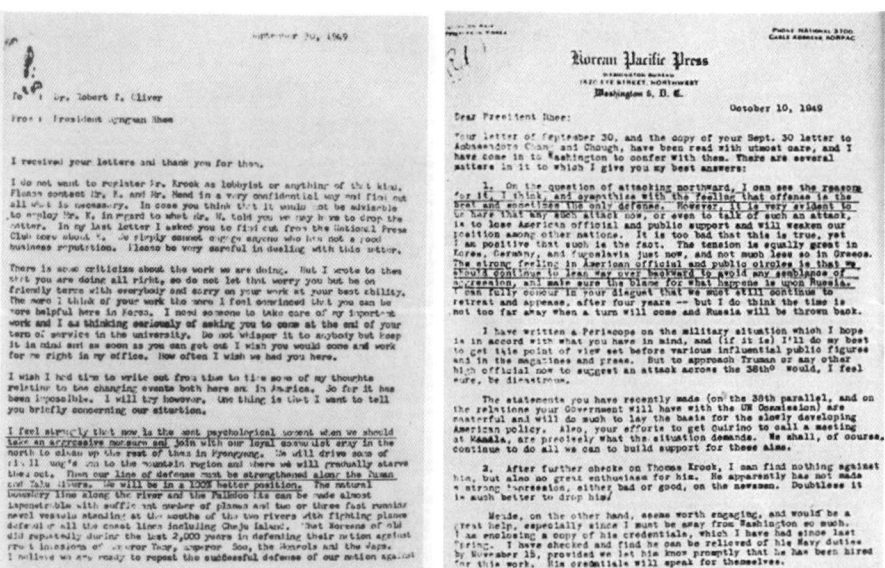

사진 5   1949년 9월 30일(좌)과 10월 10일(우) 로버트 올리버에게 보낸 이승만의 편지원본

사진 6 38선의 공화당 정치인 존 덜레스(1950.6.19.).
출처: U.S. National Archives and Records Administration.

년부터 1950년 사이, 특별히 1950년 2월 일본에서 이루어진 이승만과
더글라스 맥아더 장군의 회담과 1950년 6월 19일 공화당 존 덜레스
의 38도선 방문 당시 미 관리들의 방문 빈도수의 증가를 보여줌으로써
북조선의 주장을 명확하게 하려고 했다(사진 6).[28] 이러한 사건들은 바
로 미국이 이승만의 '괴뢰군'으로 하여금 북조선을 공격하도록 사주했
음을 보여주는 주요 증거로 사용되었다.

 그러나 1993년에 출간된 화려한 장정의 영문판 인민군 화보집-대
부분 조선전쟁에 관한 내용으로 채워져 있다-에서는 전쟁이 사실 "인
민의 적에 대항하는 고통스러운 계급갈등"(Kim, In Il 1993, 14)적 내
전이었음을 지나치듯이 언급하고 있다. 그러나 여기에서도 미국은 1

---

28 존 덜레스는 1953년 아이젠하워 행정부의 국무장관으로 취임한 저명한 공
   화주의자이다. 그는 공산주의 봉쇄정책을 비난하며 '해방'정책으로 대체할
   것을 주장한 강력한 냉전주의자였다.

억 1천만 달러의 원조 비용을 제공해 군 비행장을 건설하고, 38선을 따라 남한의 군대를 집중 배치한 책임이 있었다고 설명한다. 이에 따라 "미 제국주의자들의 선동에 넘어가 국가 절반인 북부지역에 대한 범법 무장공격을 자행한 … 측은 남조선 괴뢰군"임을 주장하며 결론을 짓는다(Kim, In Il 1993, 16). 누가 누구를 '공격'했는지의 문제를 차치하더라도 북조선의 주장은 방어전에서 어떻게 전면적인 공격전으로 변할 수 있었는지를 설명하지 못한다. 간단히 말해, 김일성이 전쟁 발생 다음 날 라디오 연설에서 말한 바와 같이, 이 전쟁은 조국 통일을 위해 전쟁의 "완전한 승리"를 요청한 "결단력이 있는 역습"이었다. 이러한 성공적인 역습은 "수백수천년을 헤아리는 전쟁력사가 아직 알지 못하는 위대한 사변이며 기적"이며 "오직 위대한 군사전략가이시며 백전백승의 강철의 령장이시며 전설적 영웅이신 경애하는 수령 김일성 동지께서만이 하실 수 있는 것"으로서, "불과 한달 반 동안에 남반부 전지역의 90%이상과 남반부 총인구의 92%를 해방하는 빛나는 전과"를 이룩했다는 것이다.[29] 이는 비록 북조선이 이를 부인하려고 해도 부인할 수 없는 혼란스런 내전의 발생이었음을 시사한다.

전쟁의 국내적 원인을 대신해 북조선의 담론을 뒷받침하는 기본적인 전제는 전쟁이 미국이 설계한 전 세계적 헤게모니의 시작점이었다는 것이다(김화효 2004). 1943년에 이미 루스벨트 대통령이 조선반도 신탁통치를 제안했음을 주장하면서, 미국이 동북아시아 및 소련연방으로 이어지고 잠재적으로 유럽까지 진출할 수 있는 지리적 장소 및 항구와 철로를 획득하기 위해 조선반도 점령을 오래전부터 계획하고 있었다는 점을 강조하고, 이를 위해 미국은 아시아태

---

29 김정희, 「즉시적인 반공격으로」, 『천리마』 1980.6.

평양전쟁 이후 친일파를 복귀시키고 파시스트 식민통치기구를 유지 및 부활시켰다고 주장한다. 따라서 조선의 분단은 1945년 8월 초 일본과 전투를 시작한 소련군과는 달리 "단 한 방울의 피도 흘리지 않고" 조선반도 남부를 점령하기 위해 구상된 의도적 계획으로 간주된다.

역설적이게도 이러한 관점은 전쟁을 국제적 갈등으로 이해하는 미국의 전통적 관점과 일치한다. 다만 거꾸로 미국이 소련팽창주의에 대응하는 것으로 본다는 점이 다르다.[30] 비슷한 논리로 전쟁을 내란으로 규정하는 것은 "오해를 불러일으킬 소지"가 있는데, 이는 "사실상 모든 무기와 탄약은 … 한반도 외부에서 투입"되었고, "20여 국을 대표한 전투부대가 전쟁에 투입"되었으며, "추정 사상자의 50~60퍼센트"가 외국인이었기 때문이다(Stueck 2001, 189). 전쟁의 국내적 원인이 부정될 수 있는 것은 단순히 외국군이 참여했기 때문은 아니다. 1945년 국내 입장과는 무관하게 "두 강력한 세력"에 의해 진행되었기 때문이다(Stueck 2001, 189).

이와 같이 전쟁에 대한 상반된 입장은 사후적 관점으로 일치하게 된다. 분단 및 분할된 두 점령지역은 전쟁에 대한 미국과 공산주의 진영의 개입 지점이다. 북조선의 입장에서는 1945년부터 1950년까지 미국의 정책 변화를 설명할 수 있는 상충적인 관심들이나 사건들이 있을 수 없고, 미국의 입장에서는 한반도는 역사도 사람도 없는 지역으로 미국 중심의 국제민주진영이 공산주의를 물리친 빈 공간에 불과하다. 냉전의 축에 따라 이미 분단된 세계라는 시점에서 과거가 해석되었다.

---

30 '전통적인 분석'의 예로 William Stueck(1995) 참조. 남한·북미·중국의 학자들이 논하는 한국전쟁의 담론은 다양하며 복합적이다. 이러한 역사기록학에 대한 자세한 논의는 이 글의 범위를 벗어난다.

그러나 오직 전쟁 그 자체의 전개를 통해 전쟁의 국제적 측면이 가시화된다. 1945년 분단이 38선을 만들어냈지만, 전쟁의 원인이 분단 그 자체 때문이었다고 주장하는 것은 역사적 관련성을 역사적 인과로 착각하는 것이다. 역사는 다양한 가능성이 수반되는 임의적 존재로서, 1945년 12월 모스크바협정과 1948년 4월 남북 연석회의를 위한 최후의 노력에 이르기까지 모든 국면에서 전시체제로부터 벗어날 수 있는 혁신적 노력들이 있었다. 반대로 분단이 없었다면 전쟁은 없었을 것이라는 주장도 확인할 수 없다. 그러나 현대적인 역사기록modernist histo-riography에서는 경험의 '박물관화'에 의해 뒷받침되는 명확한 인과관계를 필요로 하며, 이에 따라 기념관/박물관은 현재의 시점에서 과거를 재구성하기 위해 "수집하고, 인양하고, 보존하는 전형적 기관"으로서 나타난다(Huyssen 1995, 14-15). 여기에서 모호한 결과들에서 도출될 수 있는 '만약'이라는 문제 또는 사실의 애매함은 존재하지 않게 된다. 실제 사건에서 보이는 어떠한 복잡성도 나타나지 않도록 분류되고, 특정한 관점에 예속된 최종적 결론만 남게 될 뿐이다.

현대적 역사관과 비극적 결말

2013년 휴전 60주년 기념식에서 김정은은 "이전 세대에서 보여준 전투정신을 이어받는 중대한 작업"으로서 조국해방전쟁기념관의 재건을 시작했다.[31] 1968년 포획된 미 정찰선인 푸에블로호의 전시를 위한 새

---

31 "Kim Jong Un Visits Construction Site of Victorious Fatherland Liber-ation War Museum," *Korean Central News Agency*. 2013.2.21. http://www.kcna.co.jp/item/2013/201302/news21/20130221-37ee.html (검색

부두의 건설을 포함한 이 사업은 인민군 '군 건설자'들이 담당했다. 푸에블로호는 1999년까지 전시되어 있던 대동강에서 기념관을 따라 흐르는 보통강으로 옮겨졌다. 북조선의 영해에 침략한 미국의 사례를 전시한 것에서 보여지듯이 전시지역을 새롭게 조성하는 작업은 휴전에도 불구하고 전쟁이 지속되고 있음을 보다 명확하게 나타내기 위한 것이다. 푸에블로호는 미 해군 명부에 아직도 등재되어 있는 취역 선박으로, 현재 외국에서 보유하고 있는 유일한 미국 선박이다.[32] 푸에블로호와 함께 기념관이 이전하기 전에 건물 지하에 전시되었던(전쟁 당시 미군으로부터 획득한) 거대한 무기·탱크·항공기들이 중앙건물의 양쪽 외부에 새롭게 전시되었다.

　최근 평양에서 목격되는 건설 붐과 더불어 기념관의 전시실 역시 전면적으로 리모델링이 진행되어, 승리탑 바로 뒤에 금장 장식을 더하고 내부 전시공간을 최신식으로 개조했다. 그 공간적 형상에서 보여지듯이 새 건물은 조각상과 바로 연결되어 있는데, 이는 강 건너에 있던 기념관의 이전 위치와는 완전히 상이한 것이다(사진 7). 한 지역 내에 기념관과 기념탑을 함께 구성한 공간의 재구성은 전쟁의 역사와 그 승리의 주장에 대한 긴장된 관계를 시각적으로 표현한 것이라고 볼 수

　　일 2013.7.19.). 2013년 기념관에 대한 자세한 소개는 유투브(YouTube)를 통해 볼 수 있다. https://www.youtube.com/watch?v=7bgqHelnH3A (검색일 2015.1.15.)

32　Eric Talmadge, "USS Pueblo: North Korea Expected to Unveil US Captured Spy Ship This Week," *Christian Science Monitor*, July 25, 2013. http://www.csmonitor.com/World/Latest-News-Wires/2013/0725/USS-Pueblo-North-Korea-expected-to-unveil-US-captured-spy-ship-this-week(accessed July 19, 2014).

있다. 기념관에서 기념탑으로의 공간적 연결을 통해 승리를 주장한다. 그러나 두 건축물을 잇기 위해 소비한 자원은 전쟁을 승리로 (재)건하기 위해 필요로 했던 두 공간의 축소를 노출한다. 산속에 자리하던 작은 최초의 건물에서부터 많은 주목 속

사진 7　평양 조국해방전쟁기념관 및 기념비 조감도
출처: Google Maps

에 진행된 1974년의 평양 시내로의 이전과 건축, 그리고 1993년 기념탑에 가까워진 2013년 기념관의 재이전에 이르기까지, 각각의 단계에서 이루어진 기념관 이전과 재구성은 전쟁의 모호성을 벗어나 승리를 공간적으로 확증하는 기능을 수행했다.

신구 기념관의 사이에는 전쟁 담론에서 긴장과 불안으로 가득한 (미)종결에 관한 불명확성에 있다. 공간적 연결은 그 차이가 전쟁을 초래한 수년 동안이든지 아니면 해결되지 않은 전쟁의 여파 속에서 수년간 복합적으로 나타난 것이든지 간에 역사의 시간적 간극을 메우려는 목적을 갖는다. 지리학자인 에드워드 소자[Edward Soja]가 논한 바와 같이, "공간은 우리가 결과를 은폐할 수 있도록 만들어준다"(1989, 6). 전쟁에 대한 승리주의 담론과 같이 북조선은 '역사를 만드는' 사람들

의 해방주의적인 현대적 역사관을 강조할지 모르지만, 인지되지 않은 현대적 역사관의 비극과 한계야 말로 전쟁의 불명확성을 시각적인 불변성을 가진 공간의 논리로 대치하려는 것이다.

새로 개관한 기념관 입구 로비에는 인민을 승리로 이끈 김일성의 그림을 대신하여 새로운 김일성동상이 세워졌다(사진 8, 9). 둘 다 하얀색 군복을 입은 동일한 지도자의 모습이지만, 그림 속에서 그와 동행하던 인민은 없어지고, 마치 북조선의 유일한 주체임을 강조하듯이 샹들리에 불빛이 그의 머리 위에 비치며 후광 속 홀로 서 있다. 모든 의심을 종식시키려는 듯이 북조선 언론은 기념관 설립의 목적을 계속적으로 되풀이하며 보도했다. 기념관 재건에 대해 조선중앙통신은 2013년 2월 "기념관은 주체사상과 반제국주의 혁명사상, 뛰어난 예술, 그리고 김일성 수령의 군 전략과 전쟁 기술을 보유한 서비스 직원·노동자·청소년·학생을 양성하는 반미 교육의 중심지로서 기능할 것"임을 공포했다.[33]

사진 8 2013년 개보수 전의 기념관 입구
출처: Wikipedia Commons

---

33 "Kim Jong Un Visits Construction Site of Victorious Fatherland Liberation War Museum," Korean Central News Agency.

사진 9 2013년 개보수 후의 기념관 입구
출처: Aram Pan, DPRK 360

전쟁에 대한 공식적인 북조선의 입장은 순전한 인간의 의지에 따른 결정을 통해 막강한 세력과 대항한 영웅적인 전투로서 묘사된다. 전쟁의 서사 속에서 김일성은 반제국주의에 용감하게 대항하며 제3차 세계대전을 저지하고 전 세계적 파멸을 막아낸 주체이다.[34] 그의 행위는 "자식을 구원하기 위해 적수공권으로 맹수에 맞서나서는 어머니의 희생성과 같은 가장 숭고한 것"이라고 한다(김화효 2004, 167).[35] 주체적으로 확고한 의지에 따라 모든 역사가 형성된다는 역사관은 인간의 실패, 역사적 임의성, 또는 의도하지 않은 결과와 같은 가능성은 모두 소멸한다. 북조선의 정치이념이 역사를 변형시키고 주조할 수 있는 인간의 능력과 책임을 강조하는 주체의 원리에 따라 움직이는 한, 조선전쟁과 같은 절

---

34 트루먼 대통령은 미국의 한국전쟁 참전을 제3차 세계대전을 방지하기 위한 목적으로 수행된 것으로 정당화했다. "저는 한반도에서의 우리의 행위 및 동아시아에 대한 우리의 정책에 대해 오늘 가감없이 말하고자 합니다. 간단히 말해, 한반도에서 '우리는 제3차 세계대전을 막고자 노력하고 있습니다'"(Truman 1951, 223).

35 북조선에서 남성 지도자를 어머니로 묘사한 것에 대한 분석은 Kim(2014) 참조.

망적 전쟁이 어떻게 의도된 외세의 야심 때문에 발생한 것이 아닐 수 있단 말인가? 전쟁의 공식적 종결과 전쟁 당사자 모두의 책무에 대한 명확한 계산 없이 그 트라우마는 불안정한 과거의 회상으로서 원한 resentment이 되어 지속할 수밖에 없다(Brudholm 2008). 북조선에서 조선전쟁은 박물관이나 기념비의 형식뿐만 아니라 미국과의 계속적인 갈등을 통해 계속적으로 체험되고 있다.

혁신정치의 복원은 과거의 이해를 필요로 한다. 갈등으로 유발된 양측의 피해 모두를 인지한 후에 화해가 가능하다. 이러한 사례는 2005년 남한의 노무현 정부에서 수립한 진실화해위원회에서 수행된 바 있다. 5년 동안의 작업을 통해 위원회는 1만 1,174건의 탄원 사례를 수집했는데, 대부분은 전쟁 당시 시민 학살과 관련된 것들이었다. 위원회가 조사한 대량학살 사례의 대부분(82퍼센트)은 경찰과 군인을 포함한 남한의 정부기관에 의해 자행된 것들이었다.[36] 전쟁 초기 미군에 의해 300명 가량의 시민이 학살된 노근리사건에 대한 미국의 대응을 고려할 때 미국이 아직 스스로의 잘못을 완전히 인지하지는 못했음을 알 수 있다.[37] 북조선 역시 마찬가지일 것임은 말할 것도 없다.

---

36 진실화해위원회의 2009년 3월 영문판 초기 보도는 http://www.jinsil.go.kr/
     pdf/%EC%98%81%EB%AC%B8%EB%B0%B1%EC%84%9C_20MS%ED%
     8C%8C%EC%9D%BC_0205.pdf 참조(검색일 2014.7.19).

37 1999년 9월, AP(Associated Press)는 미군사단이 한국전쟁 초창기 노근리
     에서 300명에 달하는 시민을 학살했으며, 이는 1968년 베트남의 미라이 지
     역 학살 다음으로 미군에 의해 자행된 두 번째 규모의 학살이었음을 보도했
     다. 미 펜타곤은 14개월간의 조사를 거쳐 2001년 1월 다음과 같이 밝히며 미
     군의 잘못을 효과적으로 수습했다. "50여 년의 시간은 알려질 모든 사실의 가
     능성을 소멸했다. … 한반도에 파견된 대부분의 미군은 제대로 훈련받지 못
     한, 무기도 제대로 갖추지 못한 채 새롭게 전투에 투입된 어린 청년들이었다

이는 북조선을 비난하려는 것이 아니라, 과거에 직면할 수 없는 북조선의 위치를 강조하기 위한 것이다. 인류학자 데이비드 스콧^{David Scott}은 특정 "역사들은 특정한 미래에 대한 욕구들이 현재를 위해 과거를 구성하는 방식들을 체계적으로 연구하지 않는 경향이 있다(Scott 2004, 31)"고 통렬히 주장했다. 과거에 대한 관점을 제한하며 승리적인 미래에 의존하는 현대적 역사관에 대한 그의 비판은 조선전쟁에 대한 북조선의 담론에서도 고려될 수 있는 부분이다. 대중에게 공개된 집합적 형태로서 관람객들로 하여금 스스로 역사에 대한 영웅적 관점을 견지하도록 만들어주는 기념관이 현대적 역사관의 선두적 기관으로 대표된다면, 이제는 전쟁의 비극에 직면하는 겸손함을 갖춘 다른 종류의 기념관을 생각해볼 필요가 있다. 이에 관해 서사적 형식으로서 비극이 무엇을 제공할 수 있는지에 대해 논의한 스콧의 문장을 다시 살펴볼 필요가 있다.

비극은 때로는 그 인상의 잔인한 영속으로서, 과거에 대해 보다 존중적인 태도를 보유한다. 어렵지만 과거가 강요하는 의무를 존중하는 것이다. 그렇다면 현재 우리의 삶 속에서 서사적 형태로서 비극이 가진

… 이들이 난민 자격의 일반시민들로 가장하여 집단적으로 미 경계선을 부단히 침입하는 북한군들의 공격 가능성에 두려움을 가지는 것은 정당한 것이었다." 노근리사건 조사에 대한 한미 간 상호이해 선언은 다음에서 확인할 수 있다. http://www.defense.gov/news/Jan2001/smu20010111.html(검색일 2015.3.15). 이들의 조사결과는 윌리엄스(Jeremy Williams)의 시민총살에 대한 직접명령의 근거를 통해 비판할 수 있다. "Kill 'Em All': The American Military in Korea," BBC, February 17, 2011. http://www.bbc.co.uk/history/worldwars/coldwar/korea_usa_01.shtml(accessed July 19, 2014). 본 사건에 대한 자세한 내용은 Hanley, Choe, and Mendoza(2001) 참조.

가치는 단지 총체적 혁명에 대한 혁명적인(그리고 근대적인) 오만함
에 도전하는 것뿐만 아니라, 바로 그러한 과정에서 현재에 대한 비판
을 마련하는 길을 재창출해내는 것에 있다(2004, 135).

다시 말해, 승리에 대한 주장을 버리고 비극적 종말에 대한 가능성
을 수용함으로써 우리는 과거의 잘못을 온전히 이해하고 현재적 문제
에 대해 사고할 수 있게 된다. 이에 대한 책임은 모두에게 있지만, 아
마도 서구의 '역사적 종말'과 서구의 '승리'를 주장한 자들에게 더욱
있을 것이다. 왜냐하면 바로 그들이 냉전에서 승리했다는 헤게모니적
주장을 펼친 장본인들이기 때문이다. 승리는 과거의 (그리고 현재적)
손실에 대한 진지한 고려를 배제한다.

1974년 최초의 시각화 작업에서부터 1993년 승리탑의 건설, 그리
고 2013년 기념관의 최종적 재건에 이르기까지 조국해방전쟁승리기
념관의 승리에 대한 주장은 북조선의 과거와 현재와 미래에 대한 극
심한 불안을 보여준다. 영웅적인 승리로 묘사된 조선전쟁은 트라우마
와 비극의 여파, 특히 비무장지대 양측에 존재하는 군 위기상황과 함
께 계속해서 존재하는 긴장감의 현실을 잊고자 하는 시도의 일부로 볼
수 있다. 그런 점에서 기억을 강요하는 전쟁 기념비와 기념탑의 존재
를 통해서가 아니라 끝나지 않은 전쟁 속에서 현재의 사람들이 잃어버
린 것들에 대해 망각해야만 한다는 사실에 대한 진정한 애통이 부재함
을 인지할 때, 평양의 전쟁 망령들이 비로소 보이게 된다.

::: 참고문헌

Armstrong, Charles. 2010. "The Destruction and Reconstruction of North Korea, 1950-1960." *The Asia-Pacific Journal: Japan Focus* 8 (51). http://japanfocus.org/-Charles_ K_-Armstrong/3460, accessed February 4, 2015.

Brudholm, Thomas. 2008. *Resentment's Virtue: Jean Amery and the Refusal to Forgive*. Philadelphia, PA: Temple University Press.

〈조국해방전쟁〉 1994 DVD.

〈조국해방전쟁기념관〉 1969. 평양: 외국문출판사.

정영남. 2009. 〈신천박물관〉. 평양: 조선화보사.

Cumings, Bruce. 2010. *The Korean War: A History*. New York: Modern Library.

Hanley, Charles, San-hun Choe, and Martha Mendoza. 2001. *The Bridge at No Gun Ri: A Hidden Nightmare from the Korean War*. New York: Henry Holt and Co.

Huyssen, Andreas. 1995. *Twilight Memories: Marking Time in a Culture of Amnesia*. New York: Routledge.

Hwang, Bong Hyok, and Kim Jong Ryol. 1997. *Korea Tour*. Pyongyang: National Tourism Administration.

Hyon, Yong Chol. n.d. *Victorious Fatherland Liberation War Museum*. Translated by Ri Sun Chol. Pyongyang: Foreign Languages Publishing House.

임동우. 2011. 〈평양 그리고 평양 이후: 평양 도시 공간에 대한 또 다른 시각 1953-2011〉. 파주: 효형출판.

Jager, Sheila Miyoshi. 2002. "Monumental Histories: Manliness, the Military, and the War Memorial." *Public Culture* 14 (2): 387-409.

김화효. 2004. 〈력사의 고발: 6.25조선전쟁과 '제3차 세계대전'음모이 야기〉. 평양: 평양출판사.

Kim, In Il. 1993. *Outstanding Leadership and Brilliant Victory.* Pyongyang: Korea Pictorial.

김인식. 1993년 2월. "불명의 위훈을 만대에 길이 전할 조국해방전쟁 승리기념관," 〈조선건축〉 23호(pp. 14-17).

Kim, Suzy. 2014. "Mothers and Maidens: Gendered Formations of Revolutionary Heroes in North Korea." *Journal of Korean Studies* 19 (2): 257-289.

Lee, Steven. 2013. "The Korean Armistice and the End of Peace: The US-UN Coalition and the Dynamics of War-Making in Korea, 1953-1976." *Journal of Korean Studies* 18 (2): 183-224.

Morris-Suzuki, Tessa. 2009. "Remembering the Unfinished Conflict: Museums and the Contested Memory of the Korean War." *The Asia-Pacific Journal: Japan Focus* 29-4-09 (July 27). http://www.japanfocus.org/-Tessa-Morris_Suzuki/3193, (accessed February 4, 2015).

"Panmunjom." n.d. *Undated pamphlet.* Pyongyang: The Korean People's Army Publishing House.

Schinz, A., and E. Dege. 1990. "P'yŏngyang—Ancient and Modern—the Capital of North Korea." *GeoJournal* 22 (1): 21-32, 121-136.

Scott, David. 2004. *Conscripts of Modernity: The Tragedy of Colonial Enlightenment*. Durham, NC: Duke University Press.

Soja, Edward W. 1989. *Postmodern Geographies: The Reassertion of Space in Critical Social Theory*. New York: Verso.

Springer, Chris. 2003. *Pyongyang: The Hidden History of the North Korean Capital*. Budapest: Entente Bt.

Stueck, William. 1995. *The Korean War: An International History*. Princeton, NJ: Princeton University Press.

Stueck, William. 2001. "In Search of Essences: Labeling the Korean War." In *Remembering the "Forgotten War": The Korean War through Literature and Art*, edited by Philip West and Suh Ji-moon, 187-202. Armonk: M. E. Sharpe.

Truman, Harry S. 1951. "President's Radio Report to the American People on Korea and on U.S. Policy in the Far East," April 11. In *Public Papers of the Presidents of the United States: Harry S. Truman, 1951*. Washington, DC: United States Governmental Printing Office Public Papers of the Presidents.

Young, James E. 1993. *The Texture of Memory: Holocaust Memorials and Meaning*. New Haven, CT: Yale University Press.

•

04

워싱턴 한국전쟁 참전용사 기념비와
재현의 문제

패트릭 하고피안

이 글은 한국전쟁 참전용사 기념비에 대한 것이지만, 미국의 군사 기념사the history of military commemoration에서 반복적으로 제기되었던 디자인에 관한 논쟁들과도 관련된다. 먼저 특정한 군사적 사건에 대한 기념물을 제작한다고 할 때 누가 그 모양을 결정할 것인가? 전투를 수행했던 참전용사인가, 기념물 디자이너인가, 아니면 전문가와 담당 기관인가? 또한 군대라는 것을 통해 국가는 어떤 방식으로 재현될 것인가? 그리고 전쟁기념물은 한 국가의 수도 내부의 기념 풍경the com-memorative landscape 속으로 어떻게 미학적으로 통합될 것인가?[1]

이상의 질문들은 19세기의 군사 기념이라는 맥락에서부터 강력하게 등장하여 지금까지 반복되어왔지만, 1982년 11월 베트남전쟁 참전용사 기념물로 어두운 화강암벽이 대중에게 공개된 이후 새로운 중요성을 얻게 되었다. 이 글은 한국전쟁 참전용사 기념비의 제작까지 이어지는 디자인 과정이 어떻게 베트남전쟁 참전용사 기념물로부터 긍정적·부정적 영향을 받았는지 보여줄 것이다. 전통적인 기념물 형태에 대한 참전용사들의 선호와 같은 몇 가지 주제들은 오래된 역사를 가지고 있지만, 이 글은 한국전쟁 참전용사 기념비에서 이러한 문제들이 부각되는 방식이 베트남전 참전용사 기념물 이후의 맥락에 놓여 있다는 점을 주장하고자 한다.

베트남전쟁 참전용사 기념물과 한국전쟁 참전용사 기념물이 디자인된 역사를 살펴보면 많은 참전용사들이 기념을 위한 재현적 조각상들에 정치적이고 이데올로기적인 의미를 부여하는 것을 볼 수 있다. 물론 재현적 조각상이 어떤 특정한 정치적 이데올로기와 필연적인 연관성을 가지는 것은 아니다. 예를 들어, 소련 스타일의 사회주의 리얼리즘을 생각해보면 재현적 조각상을 좋아하는 것은 미국 참전용사들만이 아니라는 점을 알 수 있다. 워싱턴 D.C에는 미국독립전쟁에서 승리한 장군들의 조각상, 그랜트 메모리얼the Grant Memorial 같은 기념물들, 금속 주조물로 승리를 찬양하는 이오지마 기념물Iwo Jima Memorial 등이 잔뜩 있으며, 이러

---

1   워싱턴 몰의 기념 풍경과 관련된 논의는 Savage(2009), Longstreth(1991), Reps(1967)을 참조.

한 조각상들은 참전용사들의 명예를 인정하는 것과 강하게 연관되어 있다. 최근의 전쟁들은 남북전쟁이나 제2차 세계대전과 같은 분명한 승리가 아니기 때문에(한국전쟁은 교착상태로 끝났다고 받아들여졌고, 베트남전쟁은 패배였다), 한국전쟁과 베트남전쟁의 참전용사들은 오히려 자신들의 복무가 그에 못지않게 고귀한 것이라는 점을 보여주는 기념물을 요구해왔다. 이들에게 있어 재현적 조각상들의 언어야말로 그러한 메시지를 가장 잘 드러낼 수 있는 것이었다.

1980년대 중반 워싱턴 D.C.에 한국전쟁 기념물을 만들려는 노력이 본격적으로 시작되었지만 이 과정은 이미 한두 번의 실패를 겪은 뒤였다. 이러한 시도들은 한국전쟁 기념의 정치적 하위 맥락을 드러내려고 했기 때문에 관심을 거의 받지 못했다. 연방기구였던 미국 전투기념비 위원회(ABMC: the American Battle Monuments Commission)가 주도했던 첫 번째 시도는 1967년에 시작되었다.[2] 그때는 베트남전쟁으로 온 국민이 분노하고 여론이 반반으로 나뉘는 등 동아시아에서의 전쟁을 기념하기 좋은 시기가 아니었다. 만일 동아시아에서의 공산주의에 대한 대항을 기념하려는 이러한 노력이 대중들에게 전쟁의 목적을 상기시키고 차츰 약해지고 있던 베트남에서의 전쟁 수행에 대한 지지를 강화하기 위해 의도된 것이었다면, 이 두 전쟁 간의 관계가 의도되지 않은 다른 방향으로 작동하거나 베트남전쟁에 대한 반대가 한국전쟁을 기념하려

---

2 Richman(1995, 198). ABMC는 1923년에 창설되었고, 비록 미국의 군사기념물의 관리 업무까지 확장되긴 했지만, 미군이 제1차 세계대전에 참전한 이래 미군 복무를 기념하는 임무를 맡았다. 해당위원회 위원은 대통령이 선임하며 무보수로 무기한 근무한다. *American Memorials and Overseas Military Cemeteries*(Washington, DC: American Battle Monuments Commission, 1994), 2, 4.

는 노력을 약화시킬 위험 또한 늘 존재했다.[3] 1970년 영화 (M*A*S*H[4]) (한국전쟁기 야전병원을 다룬 블랙코미디 영화 – 역자주)가 개봉되었을 때, 실제로 베트남전쟁이 낳은 반전의 정치와 몇몇 전쟁 비판이 옹호했던 반문화 에토스는 한국전쟁에 대한 문화적 재현 속에서 겹쳐졌다.

영화제작사인 21세기 폭스사는 베트남 반전운동의 대중적 감수성을 고려하여 영화의 시작 부분에서 이 영화가 한국에 대한 이야기이며, 베트남에 대한 이야기가 아니라고 안내 방송을 했다.[5] 스핀오프 텔레비전 시리즈는 베트남에서의 미군 개입이 약해지던 1972년 가을부터 방영을 시작했고, 이 시리즈는 한국전쟁보다는 베트남전쟁에서의 군사적 규율과 행정당국을 상기시키며 이를 비판하는 수단이자 베트남전쟁에 대한 알레고리로 폭넓게 받아들여졌다.[6] 한국사 연구자인 브루스 커밍스Bruce Cummings는 이 텔레비전 쇼를 "한국으로 무대를 옮긴 베트남전에 대한 TV 시리즈"(Cumings 2007, 270)라고 언급했다. 이를 보여주는 한 가지 예는 영화와 TV 시리즈에서 출연한 병원호송용 헬리콥터가 한국전쟁보다는 베트남전쟁과 밀접한 관련이 있는 기종이라는 점이었다(Cawley 1990, 72). 1972년 10월, TV 시리즈가 방

---

3 한국전쟁 기념물에 대한 최초의 제안이 등장했던 시기 베트남전쟁에 대한 대중적 지지의 상실에 대한 설명은 Hagopian(2008) 참고.

4 (M*A*S*H)(Robert Altman 감독, 1970년작).

5 http://www.moviediva.com/MD_root/reviewpages/MDMASH.htm(2012년 6월 5일 접속).

6 "해당 시리즈는 한국을 배경으로 하고 있지만, M*A*S*H는 영화와 시리즈 모두 처음부터 베트남전쟁에 대한 비판이었다." The Museum of Broadcast Communications, http:// www.museum.tv/eotvsection.php?entry-code¼mash(2012년 6월 5일 접속)

영된 지 한 달 후 미국의 대중들은 반민주적·군사적 탄압이 남한의 수도에서 벌어졌다는 소식을 듣게 되었다.[7] 베트남과 워터게이트 문제로 온 나라가 갈라지면서 아시아에서의 반공주의 전쟁에 대한 기념은 다른 전쟁에 대한 기억을 재구성했으며, 이렇게 첫 번째 기념 시도는 1974년에 이르면 무산되고 흐지부지된다(Richman 1995, 198).

한국전쟁을 기념하려는 프로젝트는 1979년에 다시 시작된다.[8] 한국 출신의 미국인이었던 김채연은 한국전쟁 기념물을 제작하려는 위원회를 설립했지만, 이 조직은 곧 국제적 분쟁과 정치적 논쟁에 휘말렸다. 당시 베트남전쟁 자체에 대한 논란이 아니라, 베트남전쟁을 어떻게 기념할 것인가에서 시작된 논쟁은 한국전쟁을 기념하려는 노력에도 어두운 그림자를 드리웠다.

미국 의회는 1980년 베트남 참전용사 기념물Vietnam Veterans Memorial의 조성에 대해 의결했고, 그해 7월에는 지미 카터가 기념물 제작을 위한 베트남 참전용사 기념 기금VVMF: the Vietnam Veterans Memorial Fund의 설립을 승인했다(Scruggs and Swerdlow 1985, 42). 기념물 디자인 공모의 당선 후보들이 공개되자마자 우익 참전용사들은 마야 린Maya Lin의 기하학적 디자인을 맹렬히 비난했다. 베트남 참전용사인 톰 카하트Tom Carhart는 이를 "부끄러움과 슬픔의 검은 상처"라고 불렀

---

7 Don Oberdorfer, "Seoul: The Fading of Democracy in Another Asian Capital: Democracy Fades in S. Korea," *Washington Post*, 1972년 10월 23일.

8 John F.C. Kenney, Jr., President, National Committee for the Korean War Memorial, U.S. Congress, Senate, 99th Cong., 1st Sess., Committee on Energy and Natural Resources, Hearing of the Subcommittee on Public Lands, Reserved Water and Resource Conservation, October 29, 1985 [이후 Senate Subcommittee Hearing로 표기], 147.

고, 그와 같이 베트남전쟁 당시의 보병 소대장이자 기금의 초기 지지자였던 제임스 웹James Webb은 반전운동가들을 위한 "근사한 벽"이라고 불렀다. 또 다른 초기 지지자이자 디자인 공모전에 기금을 지원했던 로스 페로H. Ross Perot는 미국 해병대 전쟁 기념물('이오지마 기념물')과 같은 사실적인 조형을 선호했다(Hagopian 2009, 105-113). 검은 화강암 벽이 선택된 것에 놀란 페로는 자신의 재산과 정치적 영향력을 주저 없이 동원하여 이 기념물을 비판했다. 웹과 페로를 비롯한 보수연합들의 노력은 결국 VVMF가 기념물에 사실적인 형태의 동상을 추가하는 '타협'으로 귀결되었다. 웹은 베트남 참전용사로 구성된, 추가 조형물의 선택을 맡은 4인의 조형물위원회의 위원으로 참여했다. 위원회의 노력으로 VVMF는 1984년 프레드릭 하트Frederick Hart에게 헌신적인 세 명의 인물 조각상들을 제작하도록 위임했다.

우익 쪽의 비평가들은 사실적인 형태의 조각상들을 추가할 것을 주장하면서 베트남에서 싸웠던 이유가 가치 있는 것임을 보여주는 동시에 미국이 현재와 미래에 군사적 대비를 강화할 수 있도록 하는 기념물을 원했다. 이들은 마야 린의 벽이 베트남전쟁에 대해 수치와 죄의식을 떠올리게 함으로써 미국의 국방을 약화시킬 것으로 보았다. 기념물을 둘러싼 이 다음의 논쟁은 VVMF가 기념물에 추가하기로 동의했던 조각상과 미국 깃발을 어디에 놓을 것인가를 둘러싸고 벌어졌다. 비평가들은 조각상을 두 개의 화강암 벽이 만나는 지점에 바로 세우고, 그 꼭대기에 미국 깃발이 두어야 한다고 생각했다. 1982년 벽 공개 기념식에서 우파들은 행사에 참여한 사람들에게 조각상과 깃발을 중앙에 위치시키기 원하는지 혹은 기념물의 가장자리 벽단에 세우기를 원하는지 묻는 작업을 했다(Hagopian 2009, 144). 이들은 설문조사 결과를 자신들의 명분이 되어줄 탄약으로 사용하려고 했다. 그럼에도 불구하고 기념물 제작 기금 측은 순수미술위원회 의장 카터 브라운 J. Carter Brown이 제안한 '입장 경험entrance experience'을 선호했다. 그는 조각상과 깃발을 1984년 11월에 세워져 지금도 그 자리에 있는, 벽으로 향하는 길 근처에 두어야 한다고 보았다.[9] 성난 우익 참전용사들은 VVMF가 응한 '타협'의 내용은 조각상과 깃발을 기념물 중앙에 두는 것이었다고 불평했지만, 브라운은 이에 굴하지 않고 매우 교묘하게 자신이 주장한 위치를 고수했다. 어려운 상황 속에서도 브라운은 워싱턴 내부 정치를 능숙하게 빠져나갔고, 동시에 순수미술위원회가 워싱턴 몰의 기념 경관에 대한 관리와 승인 권한을 가진 수많은 기관들 중에서도 주도적인 기관임을 확인시켰다.

극우 보수주의자들과의 논쟁은 한국전쟁 참전용사 기념물의 목적을 둘러싸고도 벌어졌다. 기념위원회의 창립자인 김채연은 한국전쟁이 미국의 주도로 유엔의 깃발 아래 처음으로 하나가 되어 싸운 전쟁이라는 다국적 성격을 강조했다(London 2012, 36). 그러나 기념 프로젝트의 주도권은 레이건 행정부 인수위원회의 명예직이었던 기금 모금자 마이런 맥키Myron McKee가 이끈 조직적 쿠데타를 거치면서 신우파 지지자들에게 넘어갔다(Ibid, 35). 맥키는 베트남 참전용사 기념물을 전국적으로 지원했던 단체인 ACTION의 보수적인 톰 포킨 Tom Pauken과 제휴했던 동료였다.[10] 이 단계에서의 한국전쟁 기념물의

---

9 마야 린의 벽은 1982년 11월 대중에게 공개되었지만, 기념행사는 '베트남 참전용사들에 대한 국가적 경례'였지 '헌정'이 아니었다. 왜냐하면 기념물은 1984년 11월 프레드릭 하트의 조각상이 추가될 때까지 완공되지 않은 것으로 여겨졌기 때문이다.

10 Tom Pauken, 2012년 6월 7일, 필자와의 개인적 연락. Pauken의 보수주의와 베트남전쟁기념물에 관한 견해에 대해서는 Hagopian(2009, 210-214,

입법적 지원자 중 한 사람은 공화당의원 존 해머슈미트[John Hammer-schmidt]였다. 그는 완고한 반공주의자였고, VVMF의 비평자인 웹과 연합관계를 형성했다.[11] 한국전쟁 기념 프로젝트에서 우파가 주도권을 차지한 이후, 이들은 미국 군대만이 아니라 맥아더 장군에게 '명확한 애국적 찬사'를 바치기 위한 기부를 간청했고, 이를 계기로 기념 프로그램은 결정적으로 보수적 색채를 띠게 되었다.[12]

맥아더는 광신적인 반공주의와 관련된 논쟁적인 인물이었다. 그는 한국에서 미군과 유엔군을 이끌었고, 트루먼 대통령에 불복종하여 미국과 중국 공산당 간의 군사적 갈등을 고조시키는 호전적인 논평을 반복하다가 퇴역당했다.[13] 우익들은 당시 맥아더의 해임과 관련하여 트루먼 행정부에 반발했고, 맥아더의 역할을 강조하는 기념은 전쟁기간의 논쟁을 다시 일깨울 수밖에 없었다. 이것만이 기념 사업을 이끌어

239-245); Pauken(1995, 134-135, 193-200) 참고.

11   상원의원 Hammerschmidt는 1982년 6월 23일에 H.J. Res. 523, 97th Cong., 2nd Sess.로 발의. 이후 1983년 4월 13일에 H.J. Res. 236, 98th Cong., 1st Sess.로 발의. Hammerschmidt는 VVMF을 불승인하면서 베트남전쟁 기념물을 승인하는 법안을 발의했다. Scruggs & Swerdlow(1985, 17).

12   Ernest B. Furgurson, "Financing a Korean Memorial," *Baltimore Sun*, 1983년 8월 16일, A3; Ernest B. Furgurson and Lyle Denniston, "War Memorial Funds Sought Illegally," Baltimore Sun, 1984년 5월 14일, A1; Maj. Gen. R.G. Butler, undated letter from National Committee for the Korean War Memorial, Exhibit 3 presented by John F.C. Kenney, Jr., Senate Subcommittee Hearing, 158.

13   Truman의 MacArthur 해임 원인에 대해서는 Cumings(2010, 156); Halberstam(2007, 602-606); Highsmith & Landphair(1995, 26) 참조.

가는 사람들이 맞게 된 유일한 어려움은 아니었다. 이들은 기금 모금을 위한 서신에서 미국 의회가 기념물을 지지한다는 거짓주장을 했고, 모금한 대부분의 돈을 행정비용에 사용해버리는 바람에 기념물 자체에 쓸 비용이 거의 없다는 점이 드러나면서 자신들의 명성에 먹칠을 했다.[14] 남한에서 새롭게 나타난 정치적 억압도 기념물에 대한 지지를 모으는 일을 복잡하게 만들었다. 남한의 군부는 1980년 광주민주항쟁을 잔인하게 억압하는 등 반대자들을 진압했고, 이는 1980년대 초와 중반에 "한국 정부의 반민주적이고 독재적 행위가 널리 분명하게 알려진 계기"가 되었다(Jager & Kim 2007, 241, 247; McCann 1998, 72).

1982년 11월에 마야 린 등이 구상한 베트남 참전용사 기념물을 비판하면서 '베트남 참전용사들에게 국가적 의례'를 해야 한다는 의견에 지지를 간청하는 설문조사를 실시했던 인사들처럼 한국전쟁 기념물 프로젝트를 장악했던 우파들도 같은 방식으로 설문조사를 진행했다. 이 설문조사는 참전용사들을 대상으로 이루어졌다. 설문조사는 "우리는 한국전쟁 기념물을 제작하는 데 귀하의 조언과 참여를 높이 평가합니다"로 시작하여 제시된 대안들 중 선호하는 것을 선택하여 엽서를 보내줄 것을 요청하는 방식으로, "1. 지상의 가시적인 곳 혹은 지하; 2. 현대 미술 혹은 전통 미술; 3. 참전용사들이 결정 혹은 건축가들이 결정"이라는 세가지 문항으로 구성되었다. 850개의 엽서가 돌아왔는데, 기념물위원회를 장악한 우파들은 응답자들이 압도적으로 "전통적 기

---

14 Kenney, Statement, and Kenney's Exhibit 4, Senate Subcommittee Hearing, 147.49, 164; Edward R. Borcherdt, Senate Subcommittee Hearing, 235.41; David Phelps, "Controversy Dogs Korean War Memorial Booster," *Minneapolis Star and Tribune*, 1985년 10월 24일, A1, A14; Rick Bowers, "Fight Within Hurts Effort for Korean War Memorial," *Miami Herald*, 1985년 7월 9일, A9.

념물, 지상, 참전용사들의 요구 반영"을 선호했다고 보고했다(London 2012, 36).

한국전쟁 기념물에 대해 참전용사들은 간청하듯이 자신들의 선호를 엽서에 담아냈는데, 이러한 선택지들은 실제로는 베트남 참전용사 기념물에 대한 디자인 논쟁을 반영한다. 검은 화강암 벽은 지하에 잠겨 있으며 대중들에게 이해되지 않는 현대적 디자인이라고 비판받았다. 검은 화강암 벽을 싫어했던 베트남 참전용사들은 베트남 참전용사 기념물 심사에 참여했던 8명의 조각가·건축가·조경사들이 일반적인 참전용사들의 관심을 반영하지 못하는 아이비리그 엘리트 연합체라고 비난했다. 참전용사들은 심사단이 반전운동의 영향을 받았다고 주장했고, 디자인을 선택하는 사람들의 자격에 의문을 품었으며, 심사단원에 참전용사들이 포함되어 있지 않다고 지적했다. 그러나 심사단 중에 4명은 베트남전쟁 이전에 군에 복무한 적이 있었다. 사실 VVMF는 의도적으로 심사단에서 베트남 참전용사들을 배제했다. VVMF의 의장이었던 얀 스크룩스^{Jan Scruggs}는 "다른 심사위원들은 베트남 참전용사들이 전투의 느낌은 묘사할 수 있겠지만, 2차원으로 표현되는 계획을 어떻게 평가하고 3차원으로 기념을 어떻게 시각화할지는 잘 모른다는 이유로 이들의 의견을 너무 많이 받아들일 수는 없었다"고 회고했다(Scruggs & Swerdlow 1985, 50). 마야 린의 디자인에 대한 불만이 제기되는 상황에서 베트남전 참전용사가 심사단에 없었던 것은 벽의 가치를 폄하하는 사람들이 쓸 수 있는 탄약이 되었다. 마야 린의 디자인적 가치를 비판했던 우익인사 카하트는 심사단이 아는 것이 없기 때문에 '집 안에서의 전쟁'을 반영할 수밖에 없다고 말했다.[15]

---

15   Tom Carhart, Minutes of the Commission of Fine Arts meeting, 13 Oct. 1981, 39.41.

베트남전쟁 기념물이 만들어진 이후에도 이 논쟁의 영향력은 계속되었고, 이는 한국전쟁 참전용사 기념물을 둘러싼 논쟁에도 영향을 주었다. 1980년대 중반과 후반에 전국 각지에서 베트남전쟁 기념물을 제작했던 조직들은 베트남 참전용사 기념물 디자인을 둘러싼 논쟁들을 의식하면서 참전용사들을 심사단에 참여시키거나 별도의 심사단을 구성하거나 마지막 단계에서 참전용사들이 선호하는 디자인을 고르게 하는 2단계 심사를 구성하는 방법 등을 통해 비슷한 갈등이 발생하는 것을 방지하려고 했다. 국가와 지방의 기념물 계획자들은 한국전쟁 참전용사 기념물이 생기던 시기에 이러한 결정들을 했고, 심사단에 참전용사들을 참여시킴으로써 디자인에 대한 비판을 방지하려고 노력했으므로 한국전쟁 기념물을 둘러싼 합의는 예측 가능한 것이었다(Hagopian 2009, 232).

1985년, 비록 기념물을 짓는 비용을 정부가 일부만 부담해야 하는지 전부 부담해야하는지에 관한 논쟁이 남아 있었지만, 맥기 그룹의 속임수 때문에 한국전쟁기념물 건축 책임을 시민조직보다는 정부기관에 두어야 한다는 생각이 더 많은 지지를 얻었다(London 2012, 37).[16] 아마도 이러한 움직임은 1978년에 설립된 미국 베트남 향군회Vietnam Veterans of America를 모델로 하여 기존의 주류 향군 조직에 합류하기보다는 한국전쟁에 참전한 군인들만으로 새로 조직한 모임들의 발족과 함께 시작되었다(Edwards 2000, 145). 1986년에 제정된 한국전쟁

16　재원 문제에 대한 논쟁에 대해서는 Kenney, Statement, 147-149; Edward R. Borcherdt, Senate Subcommittee Hearing, 235.41; Rep.Jim Florio, Senate Subcommittee Hearing, 36; Senator Armstrong, Senate Subcommittee Hearing, 47; Hon. Stanford E. Parris, Senate Subcommittee Hearing, 29 Oct. 1985, 48 참조.

기념물법에 따라 ABMC에게 기념물 '설치'가 요청되었다. 이 법률에 따르면, 의회가 장소 준비, 행정비용, 일부 건축비용으로 백만 달러를 전용하지만, 나머지는 민간 기금을 사용하는 것으로 되어 있었다. 이후 2년 동안, ABMC는 기념물 건축에 필요할 것으로 예상된 600만 달러(나중에 과소평가된 것으로 드러났다) 중에 250만 달러를 모았다. 남한의 자동차업체인 현대자동차 미국 지사가 이 중 절반에 가까운 금액을 내놓았다.[17] 이후 의회는 기념주화의 발행과 판매를 통해 기념물 제작에 필요한 금액을 보조했다.[18] 재무부가 발행한 은화는 30달러에 팔렸고, 결과적으로 700만 달러를 모금했다(Ashabranner 2001, 42).

한국전쟁기념물 디자인의 선정과 관련하여 법이 통과되었던 시기를 고려하면, 베트남 참전용사 기념물과 관련된 논쟁과 심사단에 대한 비판은 한국전쟁 참전용사들과 입법자들에게도 해당되는 문제였다. 법률상 은퇴한 군인사들로 구성된 12명의 공모 심사단인 한국전쟁참전용사기념물자문단이 디자인을 선택할 권한을 가지고 있었다. 쉬바르츠Schwartz와 바이마Bayma는 "패널의 선정 과정은 [베트남 참전용사 기념물 심사위원을 승인했던 공공미술위원회]와는 단순히 전쟁에 대한 다른 방식의 정의를 보여주는 것 이상으로, 누가 전쟁에 대한 정의

---

17 "The Missing Monument," *New York Times*, 1988년 11월 11일.

18 H.R. 2205, the Korean War Memorial Act와 Senate bill, S. 1223은 1985년 4월 24일에 발의되었다. 법률은 1985년 11월 6일 하원을 통과했고, 1986년 10월 9일 수정안이 상원에 통과된 며칠 후, 하원에서도 승인되었다. 다른 관련 법률로는 H.R. 4378와 S.J. Res. 184가 있다. Korean War Veterans Memorial Advisory Board, Final Report, 30 Sept. 1995, 1.3, in the records of the American Battle Monuments Commission, Washington, DC[이후에는 RABMC] 참조.

를 내리는 위치에 오르는가에 대한 결정이었다"고 평가했다(Schwartz & Scott 1999, 952). 법률이 통과되자마자, AMBC는 건설 책임 기관으로 미육군공병대와 제휴를 맺었다. 처음에 이들은 선택된 디자이너들을 초청하여 기념물에 대한 제안서를 제출하도록 하는 방안을 고려했지만, 작업의 불확실성과 지체되는 일정 때문에 그들은 공개 디자인 공모전으로 할 것을 결정하고 1989년 1월에 공모 프로그램을 공표했다.[19]

기념 컨셉에 따르면 한국전쟁 기념물은 두 가지 주요한 목적을 가지는데, 첫 번째는 생사여부와 관계없이 전쟁에 참가한 모든 미국인에 대해 [여타] 미국인들이 "지속적인 감사"를 표현하는 것이고, 두 번째는 "모든 참전용사들이 보여준 복무 정신, 희생 의지, 자유의 대의에 대한 헌신을 가장 긍정적인 방식으로 [기념물에] 투사하는 것"이었다.[20] 이런 점에서 한국전쟁 기념물 디자인 프로그램은 베트남 참전용사 기념물보다 더 이데올로기적이었다. 베트남 참전용사 기념물은 모든 정치적 언술을 회피하면서 정치적 문제를 초월하여 '회복 과정'을

---

19 *Design Program for the Korean War Veterans Memorial Washington, DC*, 30 Jan. 1989, in the records of the Commission of Fine Arts, Washington [hereafter, RCFA].

20 "Concept," National Archives, Record Group 220, Records of the Korean War Veterans Memorial Advisory Board and American Battle Monuments Commission [hereafter, RKWVM], Minutes of Board Meetings and Related Records, 1987.95, Box 1, Folder: KWVMAB 1987. 해당 컨셉은 *Design Competition Description and Rules for a Korean War Veterans Memorial in Washington, DC*, stamped "Approved 9 Nov. 1988," RCFA에서도 변하지 않고 살아남았다.

시작한 기념물로 여겨진 반면, 한국전쟁 기념물의 경우에는 이러한 조심성이 없었다. 해당 프로그램은 현재뿐 아니라 미래에도 군사적 경계를 지속할 필요성과 자유라는 대의하에 이루어진 과거의 복무와 희생 정신을 연결시켰다. "이러한 애국적인 미덕은 다른 국가적 위기 때 복무했던 이들에게도 공통적인 것이었고, 미래의 비상상황에서도 결여되어서는 안 된다." 디자인 프로그램은 계속해서 기념물이 "내용상 첫눈에 인상적일 뿐 아니라 영원한 의미를 가진 것이라는 메시지를 줄 수 있어야 한다"고 말했다. 디자인 프로그램은 기념물의 애국적 에토스를 유지하면서 깃발을 포함해야 한다고 지정했다. ABMC는 희생자들의 명단을 만드는 것을 회피했는데, 왜냐하면 이들은 한국전쟁 기념물이 베트남 참전용사 기념물과 다르기를 원했고, 목록을 만드는 것은 사상자들이 '희생자'라는 인상을 주어 '잊혀진 승리'라는 서사와 대립될 것이라고 생각했기 때문이다(Piehler 1995, 177).[21]

베트남 참전용사 기념물의 경우에는 전문적인 심사단이 사실상 '아마추어'나 '비전문가'로 분류될 디자인을 포함하여 1,400개 이상의 디자인 중에서 골랐다. 하지만 한국전쟁 기념물의 경우 반대로 기념물 분야에 대해서 심사단이 아마추어적이었지만, 상대적으로 적은 543개의 공모작들의 대부분은 전문가들로부터 제출된 것으로 보인다. 이는

---

21 현재 한국전쟁 기념물에 미군과 확인된 남한 카투사 군대의 이름 목록을 '기억의 벽'에 새기는 계획이 진행 중이다. William Lecky는 베트남 참전용사 기념물이 (새긴 이름을 통해) 고인들을 우선적으로 기억하는 반면, 한국전쟁 기념물은 (마치 조각이 자연스럽게 살아 있는 이들을 언급하는 것처럼) 살아남은 참전용사를 우선적으로 기억한다. 그에 따르면 이름들의 벽을 추가하는 것은 "사망자에 대한 더 직접적인 존경"이 될 것이다(Lecky 2012, 93-94).

아마도 사전 심사 과정을 통해 응모자들 중 절반 가까이가 디자인 제출을 단념했기 때문일 것이다(Richman 1995, 212-214).[22] 게다가 공모전의 고문이었던 건축가 폴 하비슨Paul Harbeson은 공모전 응모와 관련하여 참전용사들에게 조언할 전문가 디자인 컨설턴트를 선정하도록 참전용사를 설득했다. 자문단이 한번 선택한 디자인은 법에 따라 승인과 감독의 권한을 가진 새로운 기구의 손을 거쳐야 했다(Johnson 1990, 70). 한국전쟁참전용사 기념물은, 순수미술협회와 국가수도계획위원회의 대표자들을 포함하는 국가수도기념위원회NCMC: the National Capital Memorial Commission라는 새로운 기구를 만들었던 기념물법the Commemorative Works Act이 통과된 이후, 워싱턴 몰에 세워진 첫 번째 기념물이었다.[23] NCMC의 설립은 다양한 검토 과정에서 어느 정도는 [기관간의] 협조를 가능하게 하려는 것이었지만, 실제로는 그렇게 되지 않았고, 심지어 이미 존재하는 검토 기관 사이의 검토 순서를 포함한 기존의 합의를 뒤엎음으로써 디자인 승인과 조정 과정을 더 복잡하고 어렵게 만들기도 했다.

심사 첫 단계에서 자문단의 위원 중 한 사람만 274번 디자인을 선정했고, 이후 6일간의 선정 과정과 3번의 투표를 하는 동안, 자문위원들은 상위 8개의 디자인의 순위를 정했다. 당선작은 펜실베니아 주립대학의 전문 건축가팀이 만든 작품이었다. 이들은 루카스Veronica Burns Lucas와 레옹Don Alvaro Leon, 루카스John Paul Lucas, 오버홀처Eliza Penny-

---

22   William Lecky에 따르면 공식적으로 공모전은 1단계의 국가적 공모였지만 참가자는 "프로 디자이너여야만 했다"(Lecky 2012, 53).

23   The Commemorative Works Act, PL 99-652, enacted 14 Nov. 1986. 베트남전쟁기념물에 추가된 베트남전쟁여성기념물은 1993년 11월에 완공되었다.

packer Oberholtzer 등이었고, 오버홀처가 팀을 떠난 이후에는 'BL3'으로 알려진 앞의 3명이었다. 우승작은 2만 달러의 상금을 받았고, 준우승과 3등 그리고 15개의 명예작품들도 약간의 상금을 받았다.[24] 조리 존슨Jory Johnson은 심사단에 조언을 한 디자인 전문가들이 '우승자를 선정하는 데 핵심적 역할을 했다'고 보도했다. 심사위원장인 레이몬드 데이비스Raymond G. Davis 장군은 "줄을 선 병사들의 사진이 우리의 이목을 끌었다. (중략) 하지만 우리는 이 작품을 이해하기 위해 신중하게 고심해야 했다"(Johnson 1990, 70)고 말했다. 공모전의 우승자가 공표된 후, 우승팀은 위원회에서 분명하게 이해하지 못했던 컨셉의 내용을 포함한 디자인 설명을 발표했다(London 2012, 56). 결국 참전용사들의 바람에도 불구하고 디자이너들이 수정을 거부하고 디자이너들과 자문단의 사이가 틀어지자, 이것은 공모전 당선작 결정을 부인할 근거가 되었다. 심사단은 디자이너들이 의도한 것을 이해하지 못했으며 디자이너들의 컨셉을 존중할 도덕적 의무가 없다고 주장했는데, 이런 주장은 어느 정도 일리가 있는 것으로 인정되었다. 이러한 변명은 너무나 손쉬운 방식이었고 자문단이 애초에 얼마나 디자인을 이해했는지는 분명하지 않다. 적어도 자문단이 디자이너들의 의도를 부정하기 위해 무지를 주장한 것으로 생각해볼 수 있다. 그럼에도 불구하고 디자인 수정 과정에서 원안에 크게 결여되어 있던 공모전의 디자인 프로그램(미래의 비상사태를 준비하는 상시적 경계) 내용이 보강되었다는 점은 분명하다.

---

24 디자인 공모에 출판된 작품들은 the National Archives, College Park, Still Picture Unit에서 볼 수 있다. 한국전쟁 참전용사 기념물 디자인 공모에 제출한 작품들에 대한 복사를 허락해준 Alan London에게 감사드린다.

디자인 원안은 정교한 구성요소들을 가지고 있었지만, 시각적 효과에서는 분명하고 단순했다. 디자인 컨셉은 전쟁이 시작되고 휴전선이 그어진 38도선의 관념을 강화하기 위해 38개의 조각상을 배치했다. 이 조각상은 거친 표면의 돌로 만들어져 있었으므로 특별히 강렬한 재현이라고는 할 수 없었다. 조각상들의 배열과 감성적 분위기는 한국전쟁 당시의 여름 공세와 매우 혹독했던 첫 겨울의 충격 이후 맥없이 터덜터덜 걸으며 후퇴하는 미국 군대의 모습을 담았던 덩컨^{David Douglas} ^{Duncan}의 사진과 일맥 상통한다.[25] 기념물 디자인 속의 두 줄의 조각상들은 소대 규모의 부대를 재현하고 있지만, 조각들은 평화에서 전쟁으로, 그리고 다시 평화로 이행했던 '타임라인^{timeline}'을 상징하기도 한다. 타임라인은 또한 미군의 한국전쟁 개입의 과정을 따라간다. 군대의 열을 끝에서 처음까지 따라가 보면, 가장 끝의 병사는 약간 혼란스러운 듯 망설이면서 걷고 있는데, 이는 북한군이 한반도를 내려와 장비가 열악했던 미군 부대를 노렸던 상황에서 미군이 체계적인 작전을 펼치지 못한 시기를 재현하고 있다. 줄 중간의 병사는 소대장을 따르면서 더 질서정연하고 뚜렷한 목표의식을 가지고 있는 모습을 보이는데, 이는 인천상륙작전과 미군 및 유엔군의 공세 이후의 미국의 군사적 성공을 재현하는 것이다. 행군 앞줄의 인물은 더 마른 모습을 하고 있는데, 이는 전쟁 마지막 2년 동안의 오랜 참호전과 교착상태를 재현한다. 앞쪽의 한 인물이 성조기를 쥐고 있는데 그는 애매하게 끝난 전

---

25 조각들에 영향을 준 사진들에 대해서는 Duncan(1990) 참조. 터덜터덜 행군하는 미국 군대 사진은 1985년 발행된 기념 우표에 사용된 적이 있다. Samuel A. Tower, "Remembering Korea," *Washington Post*, 1985년 7월 28일.

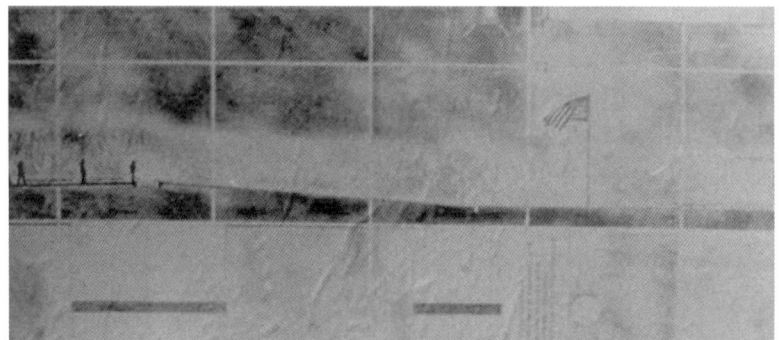

사진 1 한국전쟁 기념물 공모전에 루카스 등이 제출한 디자인(상세), 1989년.

쟁에 대해 숙고하고 있는 듯하다(사진 1).[26]

방문객들은 멀리서부터 "원경을 가로질러 유령처럼 움직이는 인물의 꿈같은 실재"로 조각상을 보게 될 것이다. 인물에 가까워질수록 방문객들은 조각상들의 발 주변에서 흐르는 물만큼만의 거리를 두고 조각상들과 함께 움직일 수 있다. 방문객들은 '경계하면서 굳세고 강한 얼굴을 가진 인물들 옆에 서게 된다.' 방문객들은 인접해 있는 조용한 물웅덩이인 하얀 대리석 사각형을 따라 움직이다가 끝 지점에 이르러, 전쟁의 종말에 대하여 '조용하게 성찰하는 순간'을 맞게 된다. 사람들이 모이게 되는 공간은 고향을 재현한다. 조각들을 지나서 방문객들은

---

26 V. Burns Lucas, D.A. Leon, J.P.Lucas, E. Pennypacker Oberholtzer, *Design Statement of the Korean War Veterans Memorial*, National Capital Planning Commission, Report to the National Park Service and the American Battle Monuments Commission, 27 Jul. 1989, 13. National Capital Planning Commission, Commission Meeting, 27 Jul. 1989, minutes에 첨부된 문서; "Submissions and Reviews," records of CFA meeting of 26 Jul. 1989, 5, RCFA; 1993년 7월 30일 John Lucas와 필자의 인터뷰. 인터뷰 녹취는 필자가 소유하고 있다.

'기억의 장막'을 의미하는 벽을 지나게 된다. 마치 벽 뒤에 있는 것처럼 희미하게 새겨진 인물들이 나타난다. 기념공간에서의 이동은 '기념의 의례적 여행'으로 마무리될 것이다(Lucas et al. 1989).

디자인 원안은 석상이라는 점 외에 다른 특징들도 있다. 오거스틴 Augustine과 홉즈Hobbes의 전쟁과 평화에 대한 철학적 명문銘文, 두려운 전장의 풍경 이미지를 담은 매자나무와 심하게 부러진 플라타너스, 전쟁에서 평화로의 이행을 표상하는 거칠고 다음에는 부드럽게 흐르는 물, 복잡한 상징들이 있는 길 등을 만난다. 동-서 축의 행군선은 아마도 북한과 남한을 가르는 위도선과 공명하고, 기념물의 십자 형태는 랭스 대성당의 인테리어 구조를 닮아 있다. 이 디자인은 한쪽으로는 휘어진 울타리와 다른 한 쪽으로는 일렬로 늘어선 부러진 나무들로 감싸져 있다.

디자인의 모델(사진 2)은 AMBC가 만장일치로 지지하고 부시 George H. W. Bush 대통령이 환영하는 등 엄청난 찬사를 받으며 백악관 로즈가든에서 공개되었다.[27] 부시는 한국전쟁을 "거의 인정되지도 이해되지도 못한 미국의 승리"라고 설명하면서 한국전쟁이 "힘을 합쳐 공산주의를 봉쇄한 첫 번째 연합적 노력"이라고 평가했다. 한국전쟁과 전쟁에서 싸운 이들은 공식적으로 기억되지 못했다. "오늘 우리는 '더 이상은 안 된다'고 말한다. 이제는 기억할 때이다."[28] 그러나 디자인에

---

27   Benjamin Forgey, "For Korea's Rank and File," *Washington Post*, 1989
      년 6월 15일, C1.

28   George Bush, "Remarks at the Unveiling Ceremony for the Design of
      the Korean War Memorial," 14 Jun. 1989. Online by Gerhard Peters
      and John T. Woolley, *The American Presidency Project*. http://www.
      presidency.ucsb.edu/ws/?pid¼417147.

사진 2   루카스 등이 제출한 한국전쟁 참전용사 기념물의 디자인 원안 모델,
1989년 6월 제작.

대한 공식적인 찬사에도 불구하고, 초기의 평가들은 모호했고, 냉담한
평가들도 있었다. 영향력 있는 언론인으로 워싱턴 포스트에서 기념 부
분을 맡은 벤자민 포지Benjamin Forgey는 이 디자인이 "매우 나쁘다"고
평했다. 장군들은 성조기에 중점을 둔 디자인의 애국적 에토스를 선호
하기는 하겠지만, 능숙한 조각가라 할지라도 조각에 표현할 수 있는
"표현의 범위"가 "컨셉 때문에 지나치게 제한적"이라는 것이 그의 평가
였다.[29] 디자인을 선호하는 이들조차도 디자인팀에 조각가도 없고 조
각에 대한 특별한 준비가 없는 상황에서 디자인의 의도가 성공적으로
실현될 수 있을지 우려했다.

이후 자문단 위원들은 주로 조각상이 있다는 점 때문에 해당 디자

29   Benjamin Forgey, "How Many More Memorials?" *Washington Post*,
1989년 6월 17일, D1.

인을 선정했다고 밝혔다. 디자이너들은 참전용사들이 베트남 참전용사 기념물에 조각상 추가를 주장했다는 점을 인식하면서 참전용사들이 실제로 자신들의 디자인을 좋아할 것이라고 확신했다. 디자인팀의 페니팩커^{Pennypacker}는 한국전쟁에 대한 연구를 찾는 과정에서 덩컨의 사진들을 우연히 발견했고, 디자인팀은 "매우 사실적이고 실재적인 종류의 모양으로 간다면 [당선] 가능성이 크다"는 것을 깨달았다고 런던에게 설명했다(London 2012, 61). 디자인팀의 생각은 옳았다. 자문단은 공모전의 당선작을 선정할 때 "선정 근거"를 "임무에 따라 성조기를 가지고 전진하는 영웅적 크기의 조각상들의 종렬"이라고 밝혔다. 참전용사들은 "평화-전쟁-평화 주제와 연관된 명문^{銘文}과 풍경에 대해서는 피상적인 언급만 했다"고 말했다.³⁰ 환언하자면, 자문단은 디자이너들의 디테일과 철학을 간과했고, 디자이너들의 지적인 컨셉에는 전혀 신경 쓰지 않았다. 심사단장이었던 데이비스 장군은 "우리는 디자인을 매우 사실적인 차원에서만 받아들였고 디자이너들이 구상했던 상징주의에 다소 당황했다. 우리가 석상들을 전투 대형으로 본 데 반해, 디자이너들은 이를 시간의 경과로 보았다"고 논평했다(Johnson 1990, 70). 자문단은 병사들의 종렬을 좋아했을 뿐 "은유와 상징들에 대해서 별로 매혹되지 않았다"고 솔직하게 인정했다.³¹ 한 심사위원은 이들이 디자인을 선정할 때 자문위원들이 디자인을 어떻게 수정할지 이미 고

---

30 W. Kent Cooper, "An Analysis of Changes Made to the Concept Design for the Korean War Veterans Memorial in the Period April Thru September 1990," 4 Oct. 1990, RCFA에 인용된 Korean War Veterans Advisory Board, statement to the National Capital Planning Commission,

31 Advisory Board, *Final Report*, 19.

려하고 있었다고 말했다.[32] 심사위원이었던 마이크 맥케빗^{Mike McKevitt}
은 심사위원은 디자인을 고른 것이 아니라 '컨셉'만을 골랐다고 말했
고, 데이비스는 병사 행렬에서 묘사된 개전 당시의 혼란을 좋아하지
않았고, 이 잘못을 '즉시' 발견했다고 말했다.[33]

　미국의 군사 기념물과 관련하여 때때로 예술가들과 비평가들의 취
향과는 달리 참전용사들이 사실주의적 석상과 같은 '전통적' 디자인
을 선호하는 것은 오래된 역사를 가지고 있다. 커트 필러^{Kurt Piehler}는
건국 초기 참전용사들이 19세기 초의 오벨리스크와 같은 친숙한 디자
인을 선호했음을 밝히고 있다(Piehler 1995, 27). 19세기 초반에 좋은
인물상은 상당히 비쌌고, 앤드류 잭슨과 같은 유명인사의 기념에만 선
호되는 것으로 여겨졌다. 남북전쟁 이후 싸고 대량생산되는 병사들의
상들이 남과 북 모두에서 유행했고, 공화국 대육군회^{GAR: Grand Army}
^{of the Republic}와 같은 참전용사 조직들이 대부분 이 조각상들을 구매
했다(Ibid, 81). 그러나 이러한 기념물들을 좋아하고 생산하는 업자들
과 그리스, 로마, 르네상스의 예술 원리에 기초하여 순수미술 조각을
옹호하면서 대량생산되는 기념물을 비판했던 전문예술가, 조각가, 건
축가, 예술위원회와 단체들 간에는 긴장과 갈등이 발생했다.

　다음의 사례는 시사적이다. 1890년대 후반 GAR 뉴저지 지부는 육
해군 기념물 위원회^{Soldiers' and Sailors' Monument Committee}가 전미조각
가협회 소속의 전문가 심사단이 선정한 기념물을 세우지 못하도록 소

32　1995년 8월 8일, 자문단 위원 Rosemary McCarthy대령과 필자와의 인터뷰.
　　인터뷰 녹취는 필자가 소유하고 있다.

33　공공미술협회 회의록, 1990년 12월 13, RCFA. Kent Cooper and William
　　Lecky, "The Korean War Veterans Memorial[:] Some Thoughts from
　　the Designers," in Richman(1995, 249)도 참조.

송을 냈다. 이들은 승리의 여신상 알레고리가 '전투적 성격'을 결여했고, 충분히 '기념비적'이지 못해서 전투 경험을 재현하지 못한다고 주장했다. 여러 연구에 따르면, 1900년대 말 많은 이들이 "그들이 기념하고 싶어 하는 시간을 더 직설적으로 나타내는 디자인과 형상, 다른 말로 하자면 재현적 조각상들"을 알레고리적 형상보다 선호했고, 몇몇 군데에서는 병사상이 알레고리적 조각상을 대체하고 있었다(Piehler 1995, 83; Savage 1997, 183).

제2차 세계대전 후 지방의 기념물을 세웠던 이들은 도서관, 공원, 여타 도시개량을 위한 시설들과 같은 실용주의적 기념물들을 선호했다(Piehler 1995, 134). 그러나 순수미술위원회와 같은 영향력 있는 기관들은 그리스 혹은 로마 양식의 이상형적 조각과 같은 고전주의적 기념물들을 계속 선호했다(Ibid, 131). 순수미술위원회가 선호하는 알레고리적 조각상이 후원자들에게는 고상하고 웅장한 것으로 받아들여지지만 이를 처음 보는 관람객들은 대부분 당황스러워한다는 인식 속에서도 이러한 접근은 20세기 중반에서 지금까지도 자연스럽게 이어져왔다.

2011년 4월, 2시간 동안 나는 워싱턴 D.C.의 도시센터Municipal Center와 칼 뮬트라일 법원H. Carl Moultreil Courthouse 근처에서 병원을 표상하는 치유의 신인 아이스쿨라피우스와 위생국을 표상하는 건강의 여신 베스타 양각상인 "컬럼비아Columbia"와 "도시 생활Urban Life" 앞에서 행인들을 인터뷰한 적이 있는데, 여기를 지나간 20여 명 중에서 누구도 이 조각상들이 누구인지 무엇을 의미하는지 전혀 모르고 있었다. 오늘날, 20세기 초반에 지배적이었던 유사 고전주의, 예를 들면 로마 신화에서 '전기電氣'의 상징을 전용한 것과 같은 그런 고전주의는 시대에 뒤떨어진 것이 되었고, 이에 대한 옹호자들도 더 이상 남아 있지 않

다.[34]

　대중들은 실용주의적 조각 기념물이나 알레고리적 조각 기념물이 아니라 사실주의적 조각상을 선호했다. 커크 새비지Kirk Savage가 지적한 대로, 워싱턴 지역에는 1936년부터 1980년대까지 병사 기념물이 제작되지 않았고, 참전용사 조직들이 사랑했지만 순수미술협회나 비평가들은 조롱했던 '이오지마 기념물'을 제외하면, 대중들의 선호를 확인할 실질적 기회가 없었다(Savage 2009, 265). 그럼에도 불구하고, 1980년대 제작된 베트남 참전용사 기념물에서 나타난 흐름으로 판단해보면, 참전용사들은 펠릭스 드 웰든Felix De Weldon이 스리바치산에서 깃발을 올리고 있는 전쟁사진 같은 사실주의적 조각상을 선호했다.[35]

　자문단의 심사위원들에게 [대중들의 선호와 같은] 동시대적 근거가 제한되어 있었기 때문에 심사위원들이 BL3의 작품을 골랐을 때 이들이 무엇을 근거로 선정한 것인지 알기 어려웠다. 런던은 심사 과정이 대중들에게 공개되지 않았고, 디자이너와 컨설턴트 간의 협력도 없었다고 지적했다. 디테일이나 철학이 아니라 일반적인 컨셉으로 기념물을 골랐다고 말한 자문단의 사후적 평가는 이들과 BL3 디자인팀 간의 고조되던 갈등에 영향을 받은 것일지도 모른다. 건축가 로날드 님스Ronald Nims의 준우승작은 비록 추상적인 중앙 조각에 '곡선 석상'

34　의회 조각 및 Thales 조각에 대해서는 Goode(2008, 15, 240-241) 참조.

35　사진에 기초한 몇몇 조각들을 만든 베트남 참전용사 기념물의 한 예로는 1987년 새크라멘토에 완공된 캘리포니아 참전용사 기념물이 있다. 해당 기념물 및 베트남전쟁 기념물 조각의 대중성을 보여주는 기념물에 대해서는 Hagopian(2009, 272-290, 297-300, 347) 참조.

이라는 이름을 붙였지만, 풍경과 건축적 요소로 구성되었다.[36] 심사위원들은 이 "전면적이고 기념적인" 디자인이 "명백하게 영웅적이고 이목을 끈다"는 점에 매력을 느꼈다(Johnson 1990, 70). 글렉 블림Gleg Bleam과 낸시 다카하시Nancy Takahashi는 머리 위의 원과 교훈적인 이름과 설명들의 추상적 상징에 대해 높게 평가했다(Ibid, 71). 그렇기는 하지만, 공모전에서 높은 순위를 받은 작품들은 조각상과 여타 사실주의적 재현에 상당한 비중을 두었다. 조각가 마크 폰더스미드Mark Fondersmith의 3등 수상작에는 판초를 입은 병사 조각상이 있었는데, 최종적인 기념물의 조각상도 판초를 입게 되었다. 조경사 피터 던리비Peter Dunleavy와 찰스 스틱Charles Stick은 작품 중앙에 한국무덤뿐만 아니라 행군하고 작전을 수행 중인 군대를 묘사했다는 점을 높게 평가했다(Ibid, 71).

기념물의 가장 중요한 요소 중 하나는 기념물의 위치이다. 디자인 공모전이 열릴 때까지, 워싱턴 몰 중에서 베트남 참전용사 기념물 맞은 편 애시우드Ash Wood가 기념물이 위치할 장소로 선정되었다. 몰의 독립 거리Independence Avenue 쪽의 한국전쟁 기념물과 헌법 거리Constitution Avenue 쪽의 베트남전쟁 기념물 모두 링컨 기념물을 중심으로 같은 거리에 있었다. 한국전쟁 기념물과 베트남전쟁 기념물은 링컨 기념물에서 워싱턴 기념물로 이어지는 중심축을 가르는 '횡단축'을 만들어냈고, 네 개의 기념물은 십자형의 구조를 만들어냈다(사진 3).[37]

---

36 Korean War Veterans Memorial entry 27, National Archives, College Park, Still Picture Unit; 모든 디자인은 Alan London 제공.

37 United States Army Corps of Engineers and Cooper-Lecky Architects, *Korean War Veterans Memorial, Pre-Concept Report*, July 7, 1990, n.p.[Chapter D, "Project Design Progress"], RABMC.

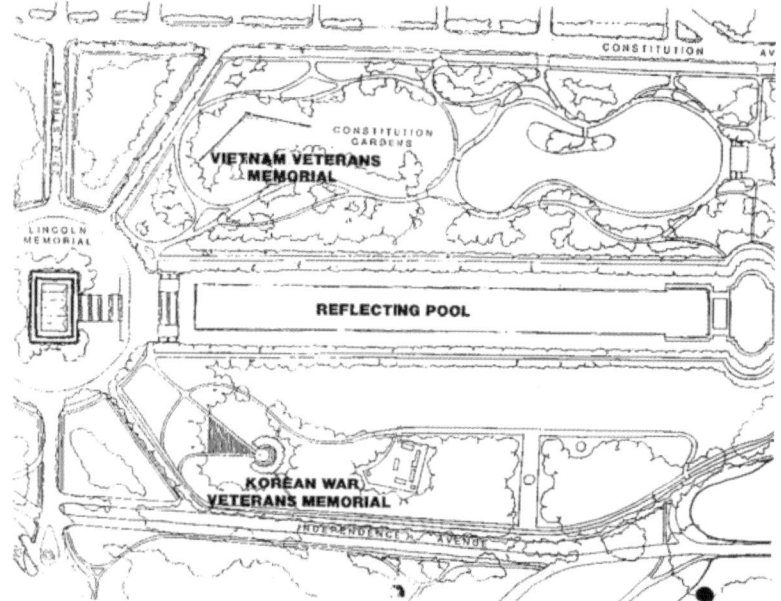

사진 3　베트남 참전용사 기념물과 한국전쟁 참전용사 기념물의 링컨 기념물과 관련된 위치를 보여주는 지도. 공공미술위원회 자료.

　측백나무 울타리로 장소를 고립시키는 방안에 대해서는 대부분의 디자인 평가들이 부정적 평가를 내렸지만, 공공미술위원회만은 가시적 장벽 뒤로 기념물을 배치하는 방안을 다른 안보다 높게 평가했다.[38] 공공미술위원회는 1989년 7월 26일 디자인에 대한 예비적 승인을 내

38　1989년 1월 20일 NCMC 회의 결과는 Ronald Wagner, Acting Director, National Capital Region, National Park Service, to J. Carter Brown, Chairman, Commission of Fine Arts, 17 Jul. 1989, RCFA; Historic Preservation Review Board, Staff Report on the Korean War Veterans Memorial, 19 Jul. 1989, attached to National Capital Planning Commis-sion, 27 Jul. 1989, minutes; NCPC, Report to the National Park Service and the American Battle Monuments Commission.에 요약되어 있음.

리면서도 몇 가지 수정을 요청했다.[39] 위원회는 다른 이들이 부정적으로 평가한 것과 달리 조각상들이 광장을 향해 행진하게 하는 것이 조용하면서 성찰적일 것이라고 평가했다.[40] 공공미술위원회가 디자인에 대해 꽤 긍정적으로 평가하기는 했지만, 다른 심사 의견에 동의하지 않았기 때문에 불확실한 문제가 생겨났다. ABMC와 디자이너들은 프로젝트를 진행하면서 어떤 단체의 의견에 주의를 기울여야 하는가? 기념물 제작법이 통과되기 이전에는 공공미술위원회가 다른 여러 감독 당국 중에 가장 주요한 주체였기 때문에 공공미술위원회의 의견이 다른 합의된 의견들보다 우위에 있었다. 궁극적으로 디자인의 평가와 수정의 마지막 과정까지 카터 브라운Carter Brown과 공공미술위원회는 워싱턴 몰의 기념물에 대한 감독과 관련하여서는 다른 평가기관보다 자신들이 주도적 위치에 있다고 주장했다.

자문단과 ABMC 모두 기념물의 디자인 수정과 관련하여 법적인 권한을 가지고 있지 않았다. 자문단은 자문단과 ABMC와의 관계를 법률이 자세히 규정하지는 않는다고 주장하며 자신의 역할을 확장하려고 했다. 그러나 법률에 따르면 디자인을 선정하고 난 뒤에는 자문단의 역할은 기념물 설립을 추진하고 재원을 모으는 것으로 한정되어 있었다. 그러나 자문단이 AMBC와 여러 해 동안 협력할 의사를 밝혔기 때문에, '상호간 협조'를 위한 절차와 두 조직의 상호적 역할에 대한 '분명한 서술'을 합의하는 메모를 작성할 것을 제안했다.[41] AMBC는 이에

39 Advisory Board, Final Report, 15.

40 J. Carter Brown to Robert Stanton, Regional Director, National Park Service, 9 Aug. 1989, RCFA.

41 Gen. R.G. Stilwell, Chairman, Korean War Veterans Memorial Advisory

동의했고 1988년 3월 이에 서명했다(Richman 1995, 203). 자문단의 관점에서는 4장 분량의 메모가 '책임 있는' 태도를 반영한 것이었지만, 의회에서 위임받은 역할을 넘어서는 첫 번째 움직임으로 비춰질 수도 있었다. 그러나 해당 메모는 자문단에 기념물의 디자인을 바꿀 어떠한 권한도 주지 못했다.[42]

1990년 4월, 자문단과 기념 관련 기관인 미육군공병대는 쿠퍼-렉키Cooper-Lecky사를 건축팀으로 고용했다. 자문단과 BL3 간의 의견이 완전히 달라졌을 때, 자문단은 베트남 참전용사 기념물의 기록 건축물을 맡았던 이들과 비공식적으로 함께 일을 시작했다. 불편한 기간 동안, 자문단은 두 종류의 전문가들이 같은 편으로 뭉치는 것을 두려워했다. BL3의 루카스는 1989년 12월 자문단과 회의를 가진 이후 윌리엄 렉키William Lecky에게 "어제 회의는 지금까지 토론들 중에서 이상한 것은 아니었다. 자문단 위원들은 완전히 재현적인 프로젝트 비전을 가진 것 같고, 우려스럽게도 이는 디자인과 배치된다"[43]고 말했다. 자문단은 전문가들이 참전용사들에 대항한 연합을 맺는 것을 두려워할 필요가 없었다. 쿠퍼-렉키사는 자문단을 AMBC에 디자인 개선을 추천할 '최우선적인 의뢰자'로 인식했고, 이들은 참전용사들과 연합하여 디자인 개선에 BL3가 의미있는 참여를 하지 못하도록 막았다.

Board, to Gen. Andrew Goodpaster, Chairman, American Battle Monuments Commission, 5 Nov. 1987, RKWVM, Minutes of Board Meetings and Related Records, 1987.95, Box 1, Folder: KWVMAB, 1987.

42 *Memorandum Opinion of Charles R. Richey, U.S. District Judge*, U.S. District Court for the District of Columbia, Civil Action 90.3072, 1991년 10월 24일, 2.

43 Advisory Board, *Final Report*, 13-14.

왜 조각상이 '절대적으로 사실주의적'이어야 하는지에 대한 질문에 대하여, 참전용사들은 '적절한 역사적 관점' 하에서 방문객들이 전쟁의 성격을 제대로 인식할 수 있기 때문이라고 주장했다. "한국전쟁은 잔인하고 피비린내 나는 병사 대 병사의 전쟁이었다. 각 조각상들이 운반하는 탄약과 무기의 종류를 보면 이 이야기를 이해하기 편할 것이다. 병사들은 생존에 필요한 모든 것들, 침낭, 물통, 야전용 삽, 탄약 기타 등등을 운반해야 했다. 하나의 물품이라도 잃어버리면 이는 곧 생사가 갈림을 의미했다."[44] 이들이 참전용사였기 때문에 해당 물품들에서 참전용사와 관련된 의미를 읽어낼 수 있었다. 침낭과 야전삽은 전장에 없던 이들에게도 같은 의미일 수는 없을 것이다. 조각들이 정확한 물품과 진실한 목록의 장비를 들게 하는 임무는 모든 전쟁마다 구성되는 국가적 경험을 보여주는 것이라기보다는 참전용사들의 인식과 통하는 기념의 특정한 관점을 보여주는 것이었다. 몇몇 베트남 참전용사들은 기념 조각상에 있는 무기와 장비에 대한 구체적 묘사에 대해 똑같은 집착을 보여주었다. 마치 장비에 대한 상세하고 충실한 묘사가 참전 경험의 살아 있는 현실성에 대한 조각상의 진실성을 보증하는 것인 듯. 결국 기념물이 참전 경험을 얼마나 존중하고 있는지 보여주는 것인 듯. 이는 '적절한 역사적 관점'을 드러내는 수단이었다(Hagopian 2009, 243).

그러나 한국전쟁은 단순히 '병사 대 병사'의 전쟁은 아니었다. 이는 한국 민간인들에게는 재앙이었다. 3년의 전쟁 동안 200만 명의 사상

---

44 Office of the Executive Director, Korean War Veterans Memorial Advisory Board, Memorandum, Subject Meeting Summary [of Meeting of 29 Dec. 1989], 5.6, RKWM

자가 발생했고, 이들 중 상당수는 미국과 연합군에 의한 피해자들이었다(Cumings 2010, 35). 비록 미국 정부가 미국이 저지른 최악의 잔학행위에 대한 정보가 퍼지는 것을 성공적으로 억압했지만, 노근리 철도 다리 아래에서의 대량학살 등 미국 군대가 저지른 잔학행위들은 1950년에는 "이웃 이발소의 탁자만큼이나 쉽게 볼 수 있는 것이었다." 그러나 1995년까지 한국 전쟁에 대한 이러한 기억은 집단기억에서 사라지고, 베트남에서만 유일하게 "미군의 개입으로 '미라이' 사건과 같은 집단학살이 발생한 것처럼 보였다"(Ibid, 168).[45] 한국전쟁 참전용사 기념물의 내용에서 이러한 사건들이 지워진 것은 그들의 싸움이 정당했다는 참전용사들의 특정한 관점만을 참조한 결과였다.

BL3은 자신들이 프로젝트의 컨설턴트이며 다양한 감독위원회의 제안들에 대해 건설적으로 응답함에도 불구하고 디자인 과정에 영향력이 거의 없다는 것을 알게 되었다. 고문위원회 참전용사들과 쿠퍼-렉키사는 디자인 원안과는 꽤 다른 기념물에 대한 다른 비전을 가지고 있었다. 이들과 자문단은 모두 한국전쟁을 확실한 승리로 보았고, 디자인 원안의 광범위한 상징주의를 존중할 생각이 없었다. 그들의 이데올로기적 동기는 자문단이 수정한 디자인이 제출된 NCMC의 공청회에서 한국전쟁을 '잊혀진 승리'라고 언급할 때 분명해졌다. 기록건축가는 이후에 같은 관점을 보여주었다.[46]

---

45 북한 도시 및 마을에 대한 미군 지상군과 공중폭격으로 발생한 수많은 민간인 사상자에 대한 설명으로는 Tirman(2011, 99-110) 참조.

46 Tim Weiner, "Changes in Korean War Memorial Approved Despite Designers' Plea," *Philadelphia Inquirer*, 1990년 11월 9일, A10. 이는 Kent Cooper가 필자와의 1994년 8월 11일 인터뷰에서 밝힌 내용과도 같다. 인터뷰 녹취는 필자가 소유하고 있다.

한국전쟁과 관련해서는 수많은 역사적 해석들이 존재했다(Levine 2001, 8; Stueck 2001, 188-195; Edwards 2000, 16). 지금까지 가장 빈번한 명칭은 한국전쟁이 '잊혀진 전쟁'이라는 것이지만, 기념 혹은 공공교육을 통해 전쟁을 기억하려고 할 때는 이 문구로 전쟁의 의미를 빛낼 수는 없다. 경합하는 해석들이 있었다. 한국전쟁은 내전인가 혹은 사회 및 경제 시스템 간의 갈등인가(Cumings 2007, 270; McCann 1998, 67). 전쟁의 결과는 교착인가, 공산주의에 대항하여 방어선을 지킨 '자유세계'의 승리인가, 아니면 전쟁에 참가하여 '서구의 연합군을 물리친' 중공의 도덕적 승리인가(Zhu, 1998:184). 전쟁의 개전과 종전 일자와 같은 기본적인 사실들에 관해서도 합의는 존재하지 않았다. 1950년 6월 북한의 남침으로 시작되었는가, 혹은 이보다 몇 년전인, 일본의 반도점령이 끝나고 경쟁하는 두 정권과 사회 시스템이 싸우기 시작했을 때, 즉 게릴라와 비정규전 또는 경계 부근의 충돌부터 시작된 것인가(Summers 1998, 173; Stone 1952, 43). 적대상황이 정전으로 끝났지만 평화조약이 체결되지 않았다는 점에서 전쟁은 끝났다고 할 수 있는가? 커밍스(Cumings 2007, 270, 276)는 이러한 기억 상실과 혼란 속에 우리 모두를 둘러싼 은밀한 실재가 놓여 있다고 주장한다. 그는 한국전쟁이 다른 어떤 사건보다도 미국의 국방 예산, 국가적 안보 상태, 전 세계적 십자군으로서의 냉전을 만들어낸 것이라고 지적한다. 한국은 "냉전이 가장 먼저 도착하여 절대 끝나지도 떠나지도 않은 장소"(Cummings 2010, 99)이다.

자문단과 쿠퍼-렉키사는 '잊혀진 승리' 컨셉으로 모든 불확실성을 종식시켰다. 레이건 대통령의 전직 고문이자 자문단의 수석위원이었던 리차드 스틸웰Richard Stilwell 장군은 기념물이 대중들에게 한국전쟁이 "방위와 대외정책의 시금석"이었으며, "지정학적 관점에서 냉정하게 우리가 이기고 그들이 패배한 마지막 승리"라고 묘사했다(May 2001, 111). 자문단과 기록 건축가는 그들이 선호하지 않았던 디자인 원안의 특성을 제거하기 위하여 서로 뭉쳐서 다른 단체들이 제안한 수정을 적극 지원했다. 1990년 8월, ABMC는 '즉각성'의 묘사를 선호하면서 '타임라인' 컨셉을 폐기하겠다고 결정했다.[47] '즉각성'과 '잊혀진 승리'라는 주제하에서 병사들은 공산주의적 공세와 싸우는 단호하고도 성공적인 노력에 동참했다는 관념을 보여주는 구성을 취했다.

원안을 낸 디자이너들은 디자인의 변경에 저항했고, 쿠퍼-렉키사, 자문단, 육군공병단을 연방법원에 고소하여 디자인 변경을 막으려고 했다. 그러나 자문단은 "대부분의 미국 공공 기념물 프로젝트는 의뢰자와 창작자의 공평한 협력물이다"라고 주장하면서 디자인 변경을 정당화하려고 했다.[48] 이들은 프렌치Daniel Chester French가 그의 의뢰자를 링컨 기념물의 '공동 제작자'로 불렀다는 점을 증거로 내세웠다. 그런데 자문단이 프렌치의 '의뢰자' 중 누구를 말한 것인지는 분명하지 않았다. 만약 프렌치가 '공동 제작자'로 링컨 기념물의 건축가였던 헨리 베이컨Henry Bacon을 말한 것이라면 기념물이 공동의 책임이라고 평가하는 것이 합리적이다. 그러나 베이컨은 유명한 건축가였다. 전직 군인들로 구성된 자문단이 기념물을 공동으로 디자인할 자격이 있는 것은 아니었다.[49]

---

47   Frederick Badger, ABMC, to Murray Geyer, US Army Corps of Engineers, 1990년 8월 2일, 2-3, RABMC.

48   Advisory Board, *Final Report*, 13.

49   Christopher Thomas(2002, 121)는 Bacon이 그들의 "협력"에 대해 언급함에도 불구하고 French가 링컨 기념물의 "공동 제작자"로 언급한 것이 누구인지 밝히지 않는다. 해당 문헌을 알려주신 Krik Savage에게 감사드린다.

법원의 결정은 결국 두 가지 주요한 질문에 달려 있었다. 첫째, 누가 디자인을 소유하는가? 공모전의 규칙은 공모전 우승자가 발표된 이후, 디자인의 소유권은 정부와 정부가 선정한 기관이 가지는 것이지 원작의 디자이너들이 가지는 것은 아니었다. 두 번째 문제는 디자인을 '선정'하는 것의 개념을 얼마나 확장해서 해석할 수 있으며, '선정'이 디자인 개선의 범위까지 포함하는가의 문제였다. 컬럼비아 지구의 미국 지방법원은 '선정'이라는 용어의 불명확성을 인식했다. 비록 이 단어는 적극적 수정을 방지하는 것처럼 보였지만, 법원은 디자인 수정은 의회의 법령에서 금지되지 않았으며 법률상 자문단이 디자인의 변경을 실행하지 못하도록 한 것은 아니라고 판결했다. 판결문은 자문단이 한국전쟁참전용사로 구성되었기 때문에 디자인 개선의 '적극적 역할'이 주어졌다고 보았다.[50] 1992년 2월, 미 연방청구법원은 BL3 사건을 기각하면서, 정부와 기관이 그들의 주장대로 디자인을 변경할 수 있다고 결정했고, BL3는 항소심에서도 패배했다. 재판에 지면서 원안의 디자이너들은 최종 기념물과 단절되었다.[51]

쿠퍼-렉키사가 가한 가장 중요한 변화는 군대의 주요 행렬 축을

자문단은 French의 견해에 대한 근거를 제시하지 못했다.

50 *Memorandum Opinion of Charles R. Richey*, 1991년 10월 24일, 6.8.

51 Veronica Burns Lucas, et al. v. U.S. Army Corps of Engineers, et al., U.S. District Court for the District of Columbia, 1991년 10월 24일; Veronica Burns Lucas et al. v. U.S. Army Corps of Engineers et al., U.S. Court of Appeals for the District of Columbia Circuit, Judgment Filed March 19, 1993. Case No. 91.5396; 90.3072. James R. Kerin Jr., "Monument as Metaphor: The Korean War Veterans Memorial," *Proceedings of the Center for the Study of the Korean War* 1.1 (2001): 113, 115.

옮긴 것이었다. 원안에는 군대는 동-서 측을 향하고 있었다. 그러나 이들은 디자인을 회전시켜서 군대의 후미가 북쪽을 향하게 하고, 선두는 남쪽을 향하게 하면서 축을 대각선으로 이동시키는 소위 '델타계획'을 실행시켰다. 이러한 이동은 마야 린의 벽이 링컨 기념물과 워싱턴 기념물을 가리키는 것과 같이 해당 기념물을 링컨 기념물과 제퍼슨 기념물의 방향과 나란히 만드는 것이었다(London 2012, 82). 이들은 기념물이 워싱턴 D.C.의 급진적 디자인 및 몰의 스키드모어^{Skidmore} 계획과 보조를 맞추게 한 것이라고 설명했다.[52] 광활한 광장 대신에 원형으로 포장된 공간에 초점이 주어졌다.

공간을 다시 디자인하면서 쿠퍼-렉키사는 위원회에 조각가를 참여시키려고 했다. 이들과 자문단은 조각상을 돌로 만들면 안 된다고 결정했다. 왜냐하면 돌로는 '턱끈, 라디오 안테나, 라이플 총통의 섬세한 디테일'을 표현할 수 없기 때문이다. 이들은 조각상을 주석으로 만들어야 한다는 것에 합의하고, 이 일을 맡을 수 있는 조각가들의 명단을 추렸다(Lecky 2012, 60). 세 명으로 후보를 압축한 후, 이들은 버몬트^{Vermont} 주의 바레^{Barre}에 거주하는 프랭크 게일로드^{Frank Gaylord}를 선정했다. 그는 제2차 세계대전 참전용사이자 전문조각가로 사진의 병사를 보고 찰흙으로 머리를 빠르게 빚어 자문단과 쿠퍼-렉키사를 감탄시켰다(London 2012, 84).

디자인 원안의 상징적 조각들보다는 사실적인 군대 무리에 대한 아이디어가 실행되자, 기록건축가와 참전용사들은 다른 문제에 부딪

---

52 Cooper, "Analysis of Changes." 그가 언급하는 계획은 1960년대 Skid-more, Owings, Merril의 건축 기업이 제안했던 워싱턴의 기념 중심의 디자인이었다. Longstreth(1991, 234-236), Plates 114-16 참조.

했다. 기념물에 포함되지 못했던 그룹들이 항의하여 베트남 전쟁기념물에 세 개의 사실적인 조각상이 추가되었던 일을 고려해야 했다. 처음에 하트^{Hart}상은 두 명의 백인과 한 명의 흑인 보병으로 구성되었다. 히스패닉 계열과 여성 참전용사들은 자신들이 빠졌다며 반대했다. 결과적으로 원안에는 북유럽 계통으로 디자인되었던 한 명의 백인상이 히스패닉 모델로 교체되었다. VVMF 회장이 히스패닉으로 지정된 조각상이 아프리카계 미국인을 제외한 모든 소수인종을 대표한다고 공표했지만, 아메리카원주민과 아시아인 등은 자신들이 제외되었다고 불만을 제기했다. 결국 여성 참전용사들의 문제제기에 따라 베트남 참전용사 기념물에 여성 기념물도 추가되었다.

이러한 종류의 문제는 베트남 참전용사들이 기념조각을 만들 때마다 되풀이되었다. 참전용사들은 여러 인구학적 집단들을 재현하기 위해 다양한 성격의 조각상들이 필요하다고 주장하거나, 1인상의 얼굴 부분을 통해 인종적으로 '모든 사람'을 표상하려고 했다(Hagopian 2009, 270-272). 유사하게 NCPC와 CFA는 1987년에 제작되어 워싱턴 미해군기념물의 가장 눈에 띄는 조각상이 된 '외로운 선원'이 '특정한 인종 집단을 별로' 닮지 않았을 때만 승인할 수 있다고 결정했다. 분노한 조각가는 각각의 인종집단의 얼굴 부분 조각을 만들고(누구든 간에), 이를 종이가방에 섞고, 이를 우연히 선택하는 대로(눈은 이 집단, 코는 다른 집단) 선원의 머리에 붙였다(Bleifeld 1996, 212). 이러한 최근 일을 고려하면 한국전쟁참전용사기념물에도 인구학적 대표의 원리가 적용되는 것은 역사적 정당성을 가지고 있었다. 한국전쟁은 트루먼 대통령이 1948년 군대에서의 인종차별을 철폐하는 행정명령을 내린 후 치른 첫 번째 전쟁이었다(Taylor 2012). 이 전쟁은 비록 몇몇 부대에서는 전쟁의 두 번째 해까지 통합되지 않기도 했지만, 백인과

흑인이 통합된 부대에서 싸운 20세기 첫 번째 전쟁이었다.

계획자들이 예상했던 다른 문제는 보병들 이외의 다른 병종들의 재현 요구였다. 기계화부대들에 복무했던 병사들, 항공대나 해군들은 베트남 참전용사 기념물에 추가된 프레드릭 하트의 조각상이 오직 보병부대만 묘사하고 있다고 비판했다. 이를 통해 자문단은 한국에서 복무했던 모든 병종과 병과를 만족시켜야 한다는 것을 깨달았다. NCPC가 "베트남 전쟁기념물의 경험 때문에 관계자들은 사실주의적 조각에 모두를 포괄하지 못하면 또 다른 추가 요구가 있을 것이라는 점을 우려하고 있다"고 밝혔다. NCPC 보고서는 38개의 상이 다양한 인종집단을 묘사하는 '충분한 기회'가 되겠지만, 모든 인물이 남성이라고 지적했다. NCPC는 기념벽의 장면과 명문銘文이 간호병, 해군과 공군 등의 역할을 묘사하면 좋겠다고 희망했다.[53]

이에 따라 자문단과 기록조각가들은 기념장소의 한쪽을 표현하는 벽이 다양한 얼굴 벽화를 제작하도록 결정했다. 원안에는 큰 크기로 적은 수만 제작될 예정이었지만, 모든 병종과 성별을 반영해야 된다는 요구에 따라 군대의 모든 하부집단들이 묘사될 수 있도록 다양한 얼굴과 인물들이 제작되었다. 위원회가 선정한 벽화예술가는 루이스 넬슨 Louis Nelson이었다. 그와 수석디자이너 제니퍼 스톨러Jennifer Stoller는 국립문서보관소와 스미소니언 우주항공박물관에서 수천 장의 사진을 살펴보았다. 멀리서 보면 어두운 화강암 벽에 모래로 분사된 이미지들은 먼 산의 파노라마를 닮아 있었다. 가까이 보면 얼굴들이 인식가능하며 다양한 인물들이 합쳐져 있다(Lecky 2012, 63).

---

53 NCPC, Report to the National Park Service and the American Battle Monuments Commission.

자문단의 승인 하에 쿠퍼-렉키사가 제안했던 계획의 수정은 이후의 승인과정에서 매우 복잡해졌다. CFA가 디자인 원안의 몇 가지 수정을 제안하긴 했었지만, 이들은 1991년 1월 그들이 제출한 수정안을 더 거부하고 싶어졌다. CFA 회장인 카터 브라운은 그들이 제안한 작전 중인 부대의 묘사 등을 '디즈니월드 접근'과 비교했다. 다른 위원들은 그들이 제안한 변화가 너무 과도해서 완전히 새로운 디자인이 되었다고 평가했다.[54] CFA가 디자인 원안에 제기했던 반대를 수용하는 것이 쿠퍼-렉키사의 수정안에 대한 CFA의 반대를 극복하는 것보다 훨씬 쉬워 보였다.[55]

CFA는 1990년안의 조각상 숫자와 배치에 대해 우려를 표했다.[56] 1991년 1월, CFA의 운영분과는 38개의 조각상이 지나치게 많으며 '청동의 바다'로 보일 뿐이라고 지적했고, 다음 달, NCPC는 38개는 너무 많다는 데 동의했다. 1991년 8월, CFA와 쿠퍼-렉키사의 인사들은 격렬한 토론을 통해 새로운 합의를 시작했다.[57] 1991년 6월과 1992년 1월 사이 CFA는 각각의 사례에 지속적인 수정을 요구하면서 새로운 디자인에 대해 승인하지 않았다. 마침내 1991년 1월 16일, CFA는 조각상의 숫자를 19개로 줄이는 안을 승인했다. 윤이 나는 벽에 비추어 2

---

54 공공미술위원회 회의록, 1990년 12월 13일.

55 공공미술위원회의 관점 요약에 대해서는 Brief of Appellants (Final), Ve-ronica Burns Lucas et al., v. U.S. Army Corps of Engineers, et al., U.S. Court of Appeals for the District of Columbia Circuit, oral arguments, 8 Mar. 1993, Record no. 91.5396, 9n 3. 참조.

56 William P.Lecky, Memorandum on Meeting No. 1, RE: The Commission of Fine Arts Design Review Comments, 1990년 5월 1일, RCFA.

57 Advisory Board, *Final Report*, 23.

배가 되면 총 38개가 된다는 것이 이유였다.[58] CFA의 브라운이 조각상 자체는 받아들이면서 조각상을 줄이는 아이디어를 제기하자, 자문단은 이 축소안을 받아들였다(Richman 1995, 231; Schwartz & Bayma 1999, 955). 조각상 수를 줄임에 따라 군사적 임무에 적합하게 조각상들의 간격을 더 넓힐 수 있게 되었다(Lecky 2012, 74). 모든 보병 지휘관들은 하나의 포탄에 여러 명이 피해를 입을 정도로 부대원들이 가까이 모이는 것을 피하기 때문이다. 1992년 3월, NCPC가 쿠퍼-렉키사의 수정 디자인을 받아들이면서 모든 규제의 장벽을 넘게 되었다.[59]

새로운 디자인에서 곡선의 벽은 직선화되었다. 매자나무와 심하게 부러진 플라타너스는 제거되었다. 조각상들은 더 이상 흐르는 물을 향해 걷지 않았다. 흐르는 물은 가둬진 얕은 웅덩이가 되었다. 길은 간단한 V자 모양으로 변화했다(사진 4). 철학적 명문들은 사라졌고, 전투의 원인은 좀 더 분명한 이데올로기적 설명으로 대체되었다. 연합군에 참여한 다른 국가들의 기여를 보여주기 위해 조각이 있는 뜰의 테두리에 있는 직각의 낮은 벽에 참전한 국가들과 총 전사자수를 적었다. 그리고 "자유는 공짜가 아니다"나 "우리 국민은 전혀 몰랐던 나라와 만나 보지도 못했던 사람들을 지키기 위한 소명에 응했던 우리의 아들, 딸들을 존경합니다"라는 애국적 명문이 추가되었다. 이 명문들은 회고

---

58 고통스러웠던 승인 과정에 대한 요약은 American Battle Monuments Commission, Korean War Veterans Memorial, Mar. 1993, 3, RABMC 참조. 관련 응답 및 회의 기록은 RCFA에 있다.

59 National Capital Planning Commission, Report to the National Park Service and the American Battle Monuments Commission, 1992년 5월 5일, the National Capital Planning Commission [이후로는 RNCPC로 표기] 기록.

적으로 군대의 희생
과 이타정신을 강조했
다. 이들은 한국전쟁의
특정한 이야기는 전혀
설명하지 않는, 일반적
이고 이데올로기적인
표준안이었다. 미국의
대량학살이나 공산군
의 민간인 학대 같은
전쟁 당사자들이 행한
잔학행위 등의 부정적
측면은 묘사되지 않았
다. 전쟁 2년차에 50퍼
센트의 미국 대중들이
한국전쟁이 실수였다
고 생각하면서 환멸과
국내적 갈등이 나타났

사진 4 　쿠퍼-렉케사의 한국전쟁 참전용사 기념물의 수정 디자인 모델, 미국립문서보관소, 스틸사진보관부.

고, 이 갈등이 트루먼 대통령의 대중적 지지를 급격하게 하락시켰지만, 이 점 또한 무시되었다(May 2001, 111; Junghyo 1998, 163-164; Cumings 2010, 149).

　명문은 한국전쟁이 제2차 세계대전 이후 최초로 유엔이 공인한 군사작전이라는 역사적 의미도 표현하지 않는다. 1991년 걸프전 직후 한국전쟁 기념물이 헌정되고, 미국이 이라크에 대한 작전이 유엔 안전보장위원회 결의에 따른 것을 강조했다는 점을 고려할 때, 이는 오래된 실수였다. 유엔의 깃발 아래 군사작전은 기념물이 만들어진 역사적 맥락 속에 남아 있었다. 구 유고슬라비아의 유엔방어군은 1992년 3월부터 파견되어, 마지막 규제 장벽이 극복되었다. 그러나 한국에서의 22개 유엔 연합군의 목록과 사상자를 제외하고 해당 기념물은 유엔에 대해 언급하거나 최근 유엔 작전에 대해 언급하지 않았다.[60] 병사들이 접근하고 있는 금속으로 표현된 깃발은 성조기이지, 유엔기가 아니다.

이러한 매우 편리하고 긍정적인 방식의 애국적 의미에 대한 회고는 한국전쟁에 대한 어떤 성찰도 지금은 잊혀진 것이라는 점을 역설적으로 확인해준다. 심지어 한국전쟁을 승리한 전쟁 노력이라고 주장했던 자문단조차 전쟁의 마지막 2년을 휴전에 서명하기 전의 "정치적으로 제한된 산만한 전쟁이자 일반적인 교착"이라고 언급했지만, 이러한 부정적이고 불명확한 해석은 기념물의 구성요소 어디에서도 찾아볼 수 없다.[61] 기념물은 또한 결과적으로 자본주의적 민주주의의 경제적 성공 모델로 부상한 남한에 대해 어떤 직접적 언급도 하지 않는다. '만나보지 못했던 사람들'은 추상적으로 남아 있다.

포괄적인 명문보다 많은 의미를 전달하는 기념물의 구성요소는 주강으로 만든 허장성세적인 조각상들이다. 자문단의 요구를 받은 조각가 프랭크 게일로드, 몇몇 내용적인 지점에서 그와 논쟁하고 조각의 배후에 있던 건축가 윌리암 렉키, 중요한 개입을 한 카터 브라운이 조각 배치에 대한 조정안을 지지한 주역들이었다.

중요한 결정이 더 이루어졌다. 조각상들이 있는 삼각형의 뜰에 지

---

60 유엔 연합의 참가한 나라의 숫자는 세는 방법에 따라 달라질 수 있다. 실제로는 27개국 정도이다. 사상자의 대부분은 남한인들이며, 재정 부담의 96퍼센트는 미국이 졌다. Edwards(2000, 103).

61 Advisory Board, *Final Report*, 30.

지대와 쇠줄을 쳐서 관람객들이 들어오는 것을 막고 뜰에는 가시 많은 향나무 관목들을 심기로 했다. '타임라인' 컨셉이 포기됨에 따라 원안에서 조각상 무리를 가로지르는 빨간 선은 의미가 없어지고 제거되었다(London 2012, 82, 112, 114).

군인상에 판초를 입힌 것도 또 다른 중요한 결정이었다. 어떤 부대가 포함되고 배제되느냐는 곤란한 질문을 피하기 위해 부대 마크를 가리게 된 것이다. 이는 또한 부대가 겪었던 고난을 떠올리게 해주었다.[62] 판초는 바람을 연상하게 하는데, 이는 기상적인 특징이자 군대 주변의 혼란을 표현주의적으로 드러내는 수단이었다. 1992년 획기적인 기념식 프로그램에서 부시 대통령은 군대가 뒤에서 불어오는 바람과 함께 "깃발을 넘어서 운명을 향해 점차 강렬하게 나아간다"고 말했다.[63] 렉키는 판초를 입은 인물들을 표현한 첫 번째 버전에서 폭풍의 강렬함이 축소되었다고 주장하면서 이 인물들이 평균적으로 19~20살 정도였을 한국전쟁에서의 미군 보병들보다 더 늙어 보인다는 점을 고려했다. 게일로드가 만든 병사의 얼굴은 엄격하게 사실주의적이라기보다는 표현주의적이었고, 근심걱정으로 생긴 주름은 실제 나이보다 전투 스트레스를 떠올리게 하려는 것이었지만, 렉키는 이를 중년의 얼굴로 보았다. 게일로드는 얼굴을 바꾸기는 거부했지만, 렉키가 "병사들의 대략적인 연령을 낮추려는 노력으로 주름과 피부 표면을" 주물로 채우기에 앞서 밀납형을 살펴보는 것은 허락했다. 렉키는 그가 생각했

---

62 Richman(1995:236)에 인용된 CFA 1991sus 1월 17일 회의에서의 CFA 회원 Rober Peck의 발언 참조.

63 George Bush, "Remarks at the Groundbreaking Ceremony for the Korean War Veterans Memorial," 1992년 7월 14일. *The American Presidency Project*, http://www.presidency.ucsb.edu/ws/?pid¼21080

던 것보다 조각상들을 더 높은 연령대로 표현한 게일로드나 자문단과는 다르게 생각했다. 그는 마치 베트남 전쟁기념물 중 하트의 조각상이 베트남에서 싸웠던 매우 어린 병사들을 특징으로 한 것처럼, 젊은 병사들의 군 복무를 이데올로기적으로 해석했다. 두 경우 모두, 나라가 고등학교를 갓 졸업하고 지리도 전혀 모르던 청년들을 전쟁을 위해 지구 반대편으로 보낸 것으로 해석한 반면, 제2차 세계대전 참전용사였던 게일로드는 분명히 어린 병사의 신화보다는 치열한 현실을 표현하는 데 목표를 두고 있었다(Lecky 2012, 77-79).[64]

자문단, 쿠퍼-렉키사, 게일로드는 이 조각상들에 대해 토론하면서 여러 가지로 개입했다. 어떤 단계에서 조각상들 중 한 명은 적의 탄환에 맞는 순간을 보여주려고 했다. 이 인물은 겁에 질려 안전을 도모하고 있었기 때문에 디자인에서 제외되었다. 병사가 치명적인 부상을 당

---

64 한국전쟁에서의 미국 군대의 평균적 연령에 대한 렉키의 생각은 ABMC와 자문단으로부터 구두로 전달받았다. 2012년 7월 8일, 필자에게 보내온 이메일 참조. 전쟁의 사상자들의 연령을 전쟁에 복무한 이들 연령 대신 사용하고 한국전쟁 사상자 파일로부터 육군 데이터(1950년 1월 1일~1957년 2월 7일, http://aad.archives.gov/aad/fielded-search.jsp?dt¼194&cat¼WR27&t-f¼F&bc¼, sl)를 이용하면서 필자는 육군 사상자의 평균 연령이 21세 정도임을 알아낼 수 있었다. 19개의 조각에 적용된 숫자는 사실이 아닌 것으로 밝혀진 베트남전쟁에서의 숫자를 옮긴 것일 수 있다. Michael Kelley, "Myths and Misconceptions: Vietnam War Folklore", 1998. http://www.deanza.edu/faculty/swensson/essays_mikekelley_myths.html(2012년 7월 30일 접속) 참조. 게일로드의 반대에도 불구하고 자문단이 검토한 조각들의 평균연령은 23.8세로 조각들은 19세에서 30세까지 걸쳐 있다. Gen. Ray Davis, Memorandum to Distribution [List], 1994년 5월 12일, Subj. Ad Hoc Design Committee, Continuing Responsibilities, RKWVM, Correspondence of the Executive Director, 1991.95, Box 2.

하는 순간을 보여주는 것은 '시간 속의 순간' 아이디어를 급격히 과장하면서, 전쟁의 비용에 관심을 기울이게 하고 자문단이 피하기로 결정했던 '희생자' 테마를 떠올리게 했다. 마치 배우처럼 공포에 떠는 인물을 보여주자는 아이디어는 디자인을 너무 멜로드라마처럼 만들 수 있었다. 실제 디자인에서는 군대가 서로에게 손과 눈을 향하는 태도를 보여주면서 위험의 현존을 암시하면서도 상호간 관계의 복잡한 기하학을 보여주었다(사진 5). 경계성이라는 주제는 현재와 미래의 지속적인 경계의 필요성을 함축하기 위해 "자유는 공짜가 아니다"라는 중요한 명문과 연결되었다(Hagopian 2009, 281). 이 주제는 또한 10년 전 시기에 베트남 참전용사 리더십 프로그램이 추진한 베트남 전쟁참전용사 기념물에서도 나타난 것이었다. 이는 한국전쟁이 발생한 냉전이라는 세계사적 상황이 끝났음에도 불구하고 세계는 여전히 군사력이

사진 5 디자인 쿠퍼-렉키사, 조각 프랭크 게일로드. 한국전쟁 참전용사 기념물. 1995년 6월 27일 완공. 주물, 화강암, 초목, 물웅덩이, 깃대. 필자 사진, 2011년 9월.

필요한 위험한 장소라는 점을 나타냈다.

게일로드는 차라리 군대의 선두에 서 있는 인물, 즉 도착 최종지점
인 깃발에서 가장 가까이서 이를 향하고 있는 병사를 화려하게 꾸밀
계획이었다. 그는 선두에 서 있는 병사가 기뻐서 어쩔 줄 모르며 승리
의 행동으로 자신의 팔을 공중으로 뻗게 하는 모습을 시험해본 적도
있었다. 쿠퍼-렉키사는 사람들이 '자축하는' 인물과 공격의 위험에 처
한 병사들을 조화시킬 수 없을 것이라고 풍자적으로 비판했다.[65] 쭈그
리는 자세가 고려되었다가 폐기된 이후, 선두의 인물은 일어서 있는
자세로 변경되었고, 앞으로 나아가기 보다는 무리 중에 유일하게 서서
마치 도착이나 사색의 순간을 담고 있는 것처럼 보인다(사진 6). 켄트

사진 6　프랭크 게일로드, 한국전쟁 참전용사 기념물 조각들. 1995년 6월 27일
완공. 주물. 필자 사진. 2011년 9월.

65　Cooper-Lecky Architects, 비망록, "8차회의 회의록," 1990년 9월 28일,
　　RCFA.

쿠퍼$^{Kent\ Cooper}$는 이 병사가 완벽한 군사적 대비태세라는 테마를 드러내면서 "마치 싸움을 갈망하는 젊은 권투선수와 같은 모습으로" 자랑스럽고 단호하게 서 있다고 묘사했다.[66]

19명의 인물들은 충분히 많은 숫자여서 14명의 육군, 3명의 해병대, 1명의 해군 위생병, 그리고 1명의 공군항공정찰대 등 여러 병종들을 나타낼 수 있었다(사진 7). 해병대 병사들은 헬멧의 커버와 턱끈이 조여져 있는 것으로 식별된다. 자문단은 주요 병종 4개를 모두 표상할 수 있기 위해 '부대 통일성'을 포기했다고 밝혔다. 각각의 병종 중 최소 1명을 포함시키려는 노력은 일리가 있었다. 해군 병사는 보병에서 존재할 수 없었던 통신장교나 화부는 아니었다. 그러나 해병대와 육군 부대가 섞여 있는 것은 실제 전쟁이라면 군사적 역전이나 패배로 인해 군대 조직이 와해되었음을 보여주는 것이다.

사진 7　프랭크 게일로드, 공군항공정찰대, 한국전쟁 참전용사 기념물. 주석. 필자 사진, 1996년 10월.

66　1994년 8월 11일, Kent Cooper of Cooper-Lecky와 필자의 인터뷰. 인터뷰 녹취는 필자가 소유하고 있다.

기도하고 승리를 축하하며 감정을 표출하는 인물을 제거하기로 한 것은 작전 중 '균질화된 부대'를 만들려고 한 결정이었지만, 이 원칙은 절대적인 것은 아니었고, 모든 병종이 묘사되어야 한다는 요구에 굴복하고 말았다. 이 병사 무리들은 또한 BL3이 계획했던 코카시안, 아프리카계 미국인, 히스패닉, 아시아인, 미국선주민 등의 '모든 인종'을 포함한다.[67] 얼마나 많은 숫자의 인종 및 병종이 재현되어야 하는가를 둘러싸고 수년간 협상과 논쟁들이 있었다. 한국에서 복무한 각 인종집단과 병종의 비율은 어떠했는가, 흑인과 백인이 함께 복무했는가, 해병대, 육군, 다른 병종의 군사적 기여는 상대적으로 어떠했는가 등의 질문이 제기되었다.[68] 여기에 미군과 함께 싸우고 미국인들보다 훨씬 많이 죽은 한국군 조각상 하나가 포함되었다.[69]

심사위원이었던 로즈매리 매카시Rosemary McCarthy 대령이 디자인 원안 디자이너들과 가졌던 첫 번째 회의에서 불만을 제기한 것처럼 조

---

67 Korean War Veterans Memorial Dedication Official Program, 24.

68 예를 들어 다음을 참고할 것. Gen. R.G. Stilwell, Memorandum to Korean War Veterans Memorial Advisory Board, Subj. Composition, etc., of Column of Men, 18 Dec. 1989; Stilwell, "Memorandum for the Record," 2 Mar. 1990. RKWVM, Minutes of Board Meetings and Related Records, Box 4. See also the complaint by the Chief of Naval Operations about the inadequate representation of the Navy's contributions. Admiral C.A.H. Trost to Stilwell, 17 Nov. 1989, RKWVM, Minutes of Board Meetings and Related Records, Box 2; Gen. Ray Davis, Memorandum to Distribution [List], 12 May 1994, Subj.Ad Hoc Design Committee, Continuing Responsibilities.

69 남한군은 20만명 이상 전사했으며 이들 중 상당수는 KATUSA로 근무했다. Edwards(2000:104).

각상에 여성은 없었다.[70] 그러나 여성이 없다는 점은 디자인 원안에서 추가된 벽화를 새긴 벽에 루이스 넬슨이 보병전투부대에는 소속되지 않고 싸운 육해공 및 지원부대들(사진 8)뿐만 아니라 간호병들(사진 9), 그리고 미국인들과 함께 싸운 카투사들을 사진처럼 새기는 것으로 보완되었다(Fehrenbach 2008, 149). 여기에 다른 유엔군은 묘사되지 않았다. 유엔 연합군을 무시한 결정과 대립되면서 미군의 각 분과를 완전하게 재현하려는 노력이 두드러져 보였다. 기념물은 전쟁의 국제적 성격이 아니라 국가적 성격을 강조했다.

몇몇 비평가들은 수정된 디자인에 대해 냉담하게 반응했다. 포지는 이를 '불만족스러운 합의'로 묘사했다. 새로운 디자인은 부대 패치와 같은 디테일을 제거했기 때문에 '포괄성이라는 다루기 괴로운 문제를 피하여 오래 지속될 것'이라는 점은 좋게 평가했다. 그러나 이는 '물질적이고 감정적으로 한창 때가 지난 것'으로 남아 있었다.[71] 예술사가인 빈센트 스컬리Vincent Scully는 더 비판적이었다. "우리는 병사들이 무엇을 하는지, 어디로 가고 있는지, 왜 바람이 그들 뒤에서 부는지, 왜 그들이 깃발을 향해 가는지, 왜 전장은 삼각형이고 웅덩이는 둥근지 알 수가 없다"고 말하면서 기념물은 개념적으로 오류라고 말했다. 많은 비평가들처럼 스컬리는 새로운 디자인이 BL3 디자인의 개선이라고 보지 않았다. "디자인 원안에서는 두 열의 병사들이 길을 따라 목적지 없이 걷는 것을 통해 불명확성을 드러냈다면, 수정안은 임의적으로 선택한 원과 삼각형에 집중하고 부풀어 오른 망토를 통해 바로크식 연

---

70 McCarthy와의 인터뷰.

71 Benjamin Forgey, "Like the War Itself, an Unsatisfying Compromise," *Washington Post*, 1992년 1월 17일자: C1.

사진 8　디자인 디자인 루이스 넬스, 제니퍼 스톨러. 벽화. 한국전쟁 참전용사 기념물, 탱크 수송선에서 내리는 탱크와 보병대. 1995년 7월 27일 완공. 화강암에 새김, 산화모래로 샌드블라스트(sandblast) 기법 사용. 필자 사진, 1996년 10월.

사진 9　디자인 루이스 넬스, 제니퍼 스톨러. 벽화. 한국전쟁 참전용사 기념물, 간호사와 기타 여성 및 남성 지원병력들. 1995년 7월 27일 완공. 화강암에 새김, 산화모래로 샌드블라스트(sandblast) 기법 사용. 필자 사진, 1996년 10월.

극으로 수정된 것에 불과하다."[72] 스컬리는 의심할 여지없이 무의식적으로, 러시아 건축가 리시츠키[El Lissitzky]가 디자인한 〈붉은 쐐기로 적들을 쳐부셔라[Beat the Whites with the Red Wedge]〉와 공명하는 '삼각형이 관통하는 원' 모티프의 사용이 표현하려고 하는 부지불식간의 역설을 알아볼 수 없게 만들었다고 보았다.[73] 또한 그는 부시 대통령이 바람과 군대의 관계에 대해 시적으로 의미를 부여했던 지점, 즉 바람이 군대를 "점차 강렬하게" "그들이 복무하는 깃발 너머의 운명"을 향하여 나아가게 한다는 것도 이해하지 못했다.

벤자민은 얼굴은 과거를 향하고 있고 그의 등 뒤에서, 그는 바라볼 수 없는 미래를 향해 불어오는 강렬한 폭풍에 날개를 펼 수 없는 역사의 천사를 상상했다. 기념물에 대한 부시의 평가에서는 우주의 바람이 끝날 줄 모르는 시간의 힘으로 광대하고 특징 없는 전망을 향해 모든 것을 묶어두고 밀어낸다. 냉전으로 세계가 나누어져 있을 때 정치적·지정학적으로 얽매여 병사가 지키려고 했던 '자유'는 위와 같이 상상된 미래에서는 국가와 깃발을 초월하여 보편적인 것이 된다. 다양한 가능성을 가진 기억의 전장을 넘어서 빛나는 '자유'에 복무하면서 아직 알려지지 않은 적들과의 싸움에 대한 군대의 영원한 대비가 역사를 초월한 영원한 것이다(Benjamin 1969, 257-258).

스컬리와 달리 다른 비평가들은 부시의 시적인 과대망상과는 다르

---

72 Scully to Glen T. Urquhart, Chairman, NCPC, Feb. 4, 1992, RNCPC. 반대 및 옹호의견들은 London(2012:95-96)에 인용되어 있다.

73 기념물을 묘사하는 국립공원안내리플렛은 디자인 계획이 "삼각형이 관통하는 원"이라고 밝히고 있다. Lissitzky의 자주 활용되는 포스터는 http://www.redwedgemeetsblacksquare.info/constructivism.html (2012년 7월 13일 접속)에서 볼 수 있다.

게 기념물에 호의적으로 반응했다. 어떤 비평가는 "굉장히 강력한 충격이다. 방문객들은 국가의 수도에서 실제로 움직이는 병사들과 마치 함께 있는 것처럼 느낄 것이다"(Finn 1998, 22)고 평했다. 기념물에 방문객들이 참여한다는 것은 대중들의 공감을 보여준다.[74] 이 비평가는 지난 20년간의 수많은 방문들을 관찰했을 때, 관람객들이 베트남 참전용사 기념관으로 내려오면서 경외심과 존경심 속에서 숨죽이는 것은 아니라는 점을 언급했다. 그러나 마야 린의 벽과 같은 힘을 지닌 기념물은 거의 없다. 만약 몇몇 방문객들이 한국전쟁 기념물을 감정이나 역사적 상상의 가치가 없는 것으로 받아들인다면, 이는 이들에게 기념물이 그저 우연히 존재하는 무언가에 불과하기 때문이다.

한국전쟁 참전용사 기념물에서도 베트남 전쟁기념물에 사실주의적 조각상들을 추가하려고 했을 때 발생했던 똑같은 몇몇 문제들이 반복되었다. 마야 린의 벽이 모든 인종집단, 모든 성별, 모든 병종을 포괄한다는 의미로 전쟁에 죽은 모든 이들의 이름을 담으려고 시도했음에도 불구하고, 이에 만족하지 못하고 조각상을 추가하려고 하자 포괄적 재현 원칙은 붕괴했다. 이제 모든 집단들이 자신들도 나타나길 바랐고 만약 분명하게 재현되지 않는다면 자신들이 하찮게 다루어졌다고 생각했다.

주정부 청사 앞의 보병상이나 워싱턴 스퀘어의 기병상이 미군의 과거를 재현한다고 할 수 있었다는 점을 생각하면 시간의 경과를 슬퍼할 수는 없다. 다양한 경쟁적 지지자들로 분할된 국가에서 국가의 역

---

74 더 적절하지만 일반적인 긍정적 평가에 대해서는 London(2012) 참조. 필자는 '놀랍도록 선명한 효과'의 증거로 가족들의 기념물 방문을 언급한 익명의 심사자에게 감사드린다.

사를 한 명의 남성 백인으로 단순히 축소하는 것은 다문화주의 시대에서는 충분하지 않다. 군사력의 통합은 남성 백인만으로는 더 이상 되지 않는다.[75] 한국전쟁 참전용사 기념물에서 채택된 할당제도는 기념의 관점에서 보면 당혹스러운 것이었고, 승리와 경계라는 주제를 통해 전쟁을 상징화하는 결정보다 더 이상 이데올로기적이지 않은 순수한 주제로 보이지도 않았다. 모든 인종 그룹과 병종을 표상해야한다는 점을 인식하게 되면, 기념물에서 전략적으로 배제된 안보국가의 부상, 한국전쟁이 강화한 매카시즘, 민간인 사상자들과 국제적 차원의 갈등 등에 관심을 기울이게 된다. 누군가 강요된 국가주의와 군사주의의 위험을 보여주는 기념물을 디자인하는 위원회를 맡게 된다면, 한국전쟁 기념물의 조각상은 훌륭하게 그 임무를 수행한 것이다. 그러나 교조적 애국주의에 저항감을 가지는 관찰자만이 그것이 갖는 역설적 의미를 제시할 수 있을 것이다.

만약 인구학적 포괄성을 담으려는 시도가 결국 과도한 것이 되고 알레고리를 사용하는 것 또한 너무 분명하거나 불분명해지는 표현이 되는 것이라면, 바람직한 방향은 단편적 파편들의 구성체가 아닌 공동체를 인식하고애국주의적 통일체를 주장하는 권위주의적, 반민주주의적 주장에 저항하는 의견불일치, 갈등, 모호성과 같은 개념들을 구체와 할 수 있는 새로운 상상을 마련하는 것이다.

최수희는 국가적 기념물 일반에 적용될 수 있는 한국전쟁 기념물에 대한 분석을 진행하면서, 참전용사의 기억이 과거를 신화화하는 데 활용되어 역사적으로 논쟁적인 것이 가치를 잃어버리는 방식에 대해

---

75 파편화, '발칸인화'와 정체성, 정치에 관한 논의에 대해서는 Heartney(1991, 23-25), Rodgers(2011, 138-143) 참조.

이야기한다(Choi 2012, 62). 한국전쟁 기념물과 관련하여서뿐만 아니라 기념 일반에서 참전용사들은 모든 논쟁을 무화시키는 기념의 주체이자 기념의 수단이라는 점에서 이 분석은 적절한 것으로 보인다. 최수희는 이 과정을 기억의 탈정치화라고 언급하지만, 한국전쟁 참전용사 기념물의 경우 이 과정은 탈정치화라기보다는 이익집단의 정치와 공식적 이데올로기의 부과 과정으로 보인다. 기념물에는 다양한 참전용사집단의 요구, 정체성 정치의 시대에 동등한 인구학적 표상의 요구가 반영되었고, 국군의 과거를 규정할 수 있는 참전용사들의 도덕적 자격이 존중되었으며, "자유는 공짜가 아니다" 같은 이데올로기적 관용구들이 반복되었다. 이러한 언급과 재현은 참전용사들의 희망을 표현한 것일 수도 있겠지만 이는 오늘날 국가 공인 이데올로기가 만들어 낸 인공물일 뿐, 비판적이고 역사적인 지식의 수단이 될 수 없다. 오히려 역사적 지식의 대상이다.

한국전쟁 참전용사 기념물은 과거에 대한 공적인 교육이라는 기념의 한 가지 임무를 수행했지만 강요된 국가주의를 되살려내고 이데올로기적으로는 공격적 군사주의를 기념했다. 뒤편은 폭풍에 휩싸인 채, 역사의 천사는 앞을 향하면서도 뒤를 흘끔 바라보며 과거 모든 시기로부터 온 경고인 지속적 경계의 요구를 따를 수밖에 없다.

Ashabranner, Brent. 2001. *Remembering Korea: The Korean War Veterans Memorial*. Brookfield, Connecticut: Twenty-First Century Books.

Benjamin, Walter. 1969. "Theses on the Philosophy of History," in *Illuminations*, ed. and trans. Hannah Arendt. New York: Schocken Books.

Bleifeld, Stanley. 1996. "'The Lone Sailor' and 'The Homecoming,'" in *"Remove Not the Ancient Landmark": Public Monuments and Public Values*, ed. Donald Martin Reynolds. Amsterdam: Gordon and Breach.

Cawley, Leo. 1990. "The War about the War," in *From Hanoi to Hollywood*, ed. Linda Dittmar and Gene Michaud. New Brunswick: Rutgers University Press, 1990.

Choi, Suhi. 2012. "Mythologizing Memories: A Critique of the Utah Korean War Memorial," *The Public Historian* 34.

Cumings, Bruce. 2007. "The Korean War: What Is It that We Are Remembering to Forget?" in *Ruptured Histories: War, Memory, and the Post-Cold War in Asia*, ed. Sheila Miyoshi Jager and Rana Mitter. Cambridge, Massachusetts: Harvard University Press.

Cumings, Bruce. 2010. *The Korean War: A History*. New York: The Modern Library.

Duncan, David Douglas. 1990. *This Is War! A Photo-Narrative of the Korean War, with a foreword* by Harrison Salisbury. Boston: Little, Brown.

Edwards, Paul M. 2000. *To Acknowledge a War: The Korean War in American Memory.* Westport, Connecticut: Green-wood Press.

Fehrenbach, T.R. 2008. *This Kind of War.* Dulles, Virginia: Poto-mac Books.

Finn, David. 1998. "Korean War Veterans Memorial," *Sculpture Review* 46.

Goode, James M. 2008. *Washington Sculpture: A Cultural History of Outdoor Sculpture* in the Nation's Capital. Baltimore: Johns Hopkins University Press.

Hagopian, Patrick. 2008. "The 'Frustrated Hawks, ' Tet 1968, and the Transformation of American Politics," *European Journal of American Studies* 3:2,

Hagopian, Patrick. 2009. *The Vietnam War in American Mem-ory: Veterans, Memorials, and the Politics of Healing.* Amherst, Massachusetts: University of Massachusetts Press.

Halberstam, David. 2007. *The Coldest Winter: America and the Korean War.* New York: Hyperion.

Heartney, Eleanor. 1991. "The New Word Order," *New Art Exam-iner*(Apr. 1991).

Highsmith, Carol M. & Ted Landphair. 1995. *Forgotten No More: The Korean War Veterans Memorial Story.* Washington,

DC: Chelsea Publishing.

Jager, Sheila Miyoshi & Jiyul Kim. 2007. "The Korean War after the Cold War: Commemorating the Armistice Agreement in South Korea" in *Ruptured Histories: War, Memory, and the Post-Cold War in Asia*, ed. Sheila Miyoshi Jager and Rana Mitter. Cambridge, Massachusetts: Harvard University Press.

Johnson, Jory. 1990. "Granite Platoon," *Landscape Architecture*, 80.

Junghyo, Ahn. 1998. "A Double Exposure of the War," in *America's Wars in Asia: A Cultural Approach to History and Memory*, ed. Philip West, Steven I. Levine, and Jackie Hiltz. Armonk, New York: M.E. Sharpe.

Lecky, William P.2012. *Designing for Remembrance: An Architectural Memoir*. USA: LDS Publishing.

Levine, Steven I. 2001. "Some Reflections on the Korean War," in *Remembering the "Forgotten War": The Korean War through Literature and Art*, ed. Philip West and Suh Ji-Moon. Armonk, New York: M.E. Sharpe.

London, Alan E. 2012. *A Space for Soldiers on the Mall: The Narrative Landscape of the Korean War Veterans Memorial*. M.A. Thesis, Chatham University.

Longstreth, Richard ed., 1991. *The Mall in Washington, 1791-1991*. Hanover and London: National Gallery of Art.

Lucas, V. Burns, D.A. Leon, J.P.Lucas, E. Pennypacker Oberholtzer. 1989. Design Statement of the Korean War Veterans Memorial, National Capital Planning Commission. Report to the National Park Service and the American Battle Monuments Commission, 27 Jul. 1989.

May, Lary. 2001. "Reluctant Crusaders: Korean War Films and the Lost Audience," in *Remembering the "Forgotten War": The Korean War through Literature and Art*, ed. Philip West and Suh Ji-Moon. Armonk, New York: M.E. Sharpe.

McCann, David R. 1998. "Our Forgotten War: The Korean War in Korean and American Popular Culture," in *America's Wars in Asia: A Cultural Approach to History and Memory*, ed. Philip West, Steven I. Levine, and Jackie Hiltz. Armonk, New York: M.E. Sharpe.

Piehler, G. Kurt. 1995. *Remembering War the American Way*. Washington, DC: Smithsonian Books.

Reps, John W. 1967. *Monumental Washington: The Planning and Development of the Capital Center*. Princeton: Princeton University Press.

Richman, Michael. 1995. *Korean War Veterans Memorial: A Tribute to Those Who Served*. Paducah, Kentucky: Turner Publishing Company, 1995

Rodgers, Daniel T. 2011. *Age of Fracture*. Cambridge, Massachusetts: Harvard University Press.

Savage, Kirk. 1997. *Standing Soldiers, Kneeling Slaves: Race,*

War, and Monument in Nineteenth-Century America. Princeton: Princeton University Press.

Savage, Kirk. 2009. Monument Wars: Washington, D.C., *the National Mall, and the Transformation of the Memorial Landscape.* Berkeley: University of California Press.

Schwartz, Barry & Scott Bayma. 1999. "Commemoration and the Politics of Recognition: The Korean War Veterans Memorial," *American Behavioral Scientist* : 42.

Scruggs, Jan & Joel Swerdlow. 1985. *To Heal a Nation.* New York: Harper and Row.

Stone, I.F. 1952. *The Hidden History of the Korean War.* New York and London: Monthly Review Press.

Stueck, William. 2001. "In Search of Essences: Labeling the Korean War," in *Remembering the "Forgotten War": The Korean War through Literature and Art,* ed. Philip West and Suh Ji-Moon. Armonk, New York: M.E. Sharpe.

Summers, Harry. 1998. "Through American Eyes: Combat Experiences and Memories of Korea and Vietnam," in *America's Wars in Asia: A Cultural Approach to History and Memory,* ed. Philip West, Steven I. Levine, and Jackie Hiltz. Armonk, New York: M.E. Sharpe.

Taylor, Jon E. 2012. *Freedom to Serve: Truman, Civil Rights, and Executive Order* 9981. New York: Routledge.

Thomas, Christopher. 2002. *The Lincoln Memorial and American Life.* Princeton: Princeton University Press.

Tirman, John. 2011. *The Deaths of Others: The Fate of Civilians in America's Wars*. New York: Oxford University Press.

Pauken, Tom. 1995. *The Thirty Years War: The Politics of the Sixties Generation*. Ottawa, Illinois: Jameson Books.

Zhu, Pingchao. 1998. "The Korean War at the Dinner Table," in *America's Wars in Asia: A Cultural Approach to History and Memory*, ed. Philip West, Steven I. Levine, and Jackie Hiltz. Armonk, New York: M.E. Sharpe.

중국의 한국전쟁기억과 기념: 항미원조기념관을 중심으로

정근식

한국전쟁은 동아시아 냉전과 분단을 결정지운 역사적 사건이다. 이를 통해 남북한과 중국과 대만(양안)을 가로지르는 분단선이 공고화되었고, 동아시아는 여러 적대적 관계가 중첩되고 복합된 두 진영간의 본격적인 냉전을 겪었다. 전쟁이 남긴 상처는 말할 수 없이 커서, 정전이 이루어진지 20년이 지나서야 비로소 전쟁의 중심 축이었던 미국과 중국은 대화를 시작하면서 제1차적 탈냉전의 길을 걸었고, 40년이 지난

1992년 또 하나의 적대국이었던 한국과 중국은 관계를 정상화하여 제 2차적 탈냉전을 이루었다. 그러나 정전 60주년이 지난 현재까지도 마지막 남은 적대적 파트너들, 즉 북한과 미국, 그리고 북한과 한국의 관계는 정상화되지 못한 채 그대로 남아 있다.

유럽과는 달리 동아시아에서 탈냉전이 완성되지 못하고 대립과 갈등이 지속되는 이유는 여러 가지가 있겠지만, 한국전쟁의 기억이 매우 깊게 미국을 포함한 전쟁 당사자들에게 남아있기 때문인 것으로 보인다. 적대와 동맹이라는 두가지 요소로 구성된 한국전쟁의 복합적 기억은 대부분 전쟁에 참여한 각 국가들의 입장을 옹호하고 정당화하는 방향으로 구성되어 왔고, 이후 전개된 동아시아의 냉전에서 중요한 이념적 문화적 자원으로 활용되었다.

전쟁기억이 가장 집약적으로 표현되고, 또 그것을 재생산하는 공간적 장소가 전쟁기념관이다. 전쟁기념관은 전쟁기억의 재현 매체 중에서 가장 구체적인 서사를 재현할 뿐 아니라 상대적으로 많은 비용이 소요되는 거대 프로젝트이다. 따라서 대부분의 전쟁기념관은 전쟁참가자들의 의지와 전문가들의 기획을 수반하는 국가프로젝트로 만들어지며, 일단 한번 건설되면, 쉽게 변화하지 않는 '하드'하면서 '느린' 매체일 뿐 아니라 전시를 통하여 국민들의 전쟁기억을 균질화하고 타 국가와의 '적대'나 '우호'를 조절하는 장치이다.[1]

한국전쟁의 물질화된 기억의 재현과 재생산의 공간으로서의 전쟁기념관은 남북한 뿐 아니라 중국에도 만들어졌고, 미국에는 기념공원

---

1 여문환은 한·중·일 3국에 관련된 전쟁경험이 각각의 국가에서 서로 다르게 구성되어 있을 뿐 아니라 상호 모순적인 방식으로 표현된다는 점에서, 이를 동아시아 '지역 기억 복합체(regional memory complex)'라고 불렀다. 여문환, 『동아시아 전쟁기억의 정치와 국가정체성』, 경기대 박사논문, 2008.

이 만들어졌으며, 유엔군으로 참전한 여러 국가들에는 기념비가 존재한다. 한국전쟁의 기억을 담은 전쟁기념관은, 1953년 정전협정의 체결과 함께 북한에서 최초로 '조국해방전쟁기념관'이라는 이름으로 세워졌고, 이어 중국의 인민지원군이 귀환한 1958년 국경도시 안동(현재의 단동)에 '항미원조기념관'이라는 이름으로 세워졌다.

그러나 한국전쟁의 기억을 둘러싼 본격적인 문화정치는 정전 40주년이던 1993년 7월, 단동의 항미원조기념관이 대규모로 확장 개관하면서부터 시작되었다고 할 수 있다. 이때 북한의 평양에서는 '조국해방전쟁승리기념관'(전승관) 맞은 편에 '조국해방전쟁승리기념탑'(전승탑)이 세워졌다. 이로부터 1년 후인 1994년 6월, 서울의 전쟁기념관이 개관했고, 또 1년 후인 1995년 7월에는 워싱턴에 한국전쟁 추모공원Korean War Veterans Memorial이 만들어졌다. 한국전쟁의 핵심 당사국들 모두에서 마치 전쟁기억이 기억전쟁으로 전환되고 있다고 말할 수 있을 정도로, 서로 다른 시각을 가진 전쟁기념관들이 연이어 출현했고, 새로운 기억의 정치가 전개되었다. 이 때 형성된 한국전쟁의 기억과 기념의 구조적 틀은 현재까지도 크게 변화하지 않고 지속되면서 동아시아의 현실정치와 공존하고 있다. 따라서 여러 한국전쟁 기념관들이 만들어내는 기억의 정치를 이해하는 것은 현재의 동아시아의 정치문화를 이해하는 기초일 뿐 아니라 이 지역의 질서를 보다 평화로운 것으로 만들어가는데 있어서 염두에 두어야 할 중요한 과제라고 할 수 있다.

이 글은 동아시아 냉전의 한 축이었던 중국의 '항미원조'의 기억이 어떻게 형성되고 1990년대 초반에 재구성되었으며, 또 이후의 동아시아의 사회변동에 의해 어떤 도전을 받고 있는가를 단동의 '항미원조기념관'을 중심으로 살피려는 것이다. 특히 중국이 한국과의 수교를

한 직후에 왜 '항미원조'의 기억을 재구성한 전쟁기념관을 개관했으며, 중국적인 '항미원조'의 전시가 동맹자였던 북한이나 적대자였지만 협력의 파트너가 된 한국으로부터 어떤 반응을 이끌어냈는가를 질문하려고 한다.

근래에 서구학계를 중심으로 동아시아의 전쟁기억에 관한 연구가 많이 진전되었는데(S. M. Jager & R. Mitter, 2007), 한국전쟁의 기억 중에서 중국의 '항미원조전쟁'의 기억에 대한 연구는 상대적으로 부진하다. 중국학계에서는 1990년대 이후 한국전쟁을 둘러싼 신냉전사연구가 급속히 발전했지만, 항미원조나 그 기억에 관한 연구는 그것이 가진 정치적 민감성 때문에 매우 신중하게 진행되는 것으로 보인다. 한국에서 이루어진 중국의 전쟁기념관에 관한 연구로, 박경석의 연구(2009)와 김정현의 연구(2009)를 들 수 있는데, 이들은 모두 항일전쟁기념관의 애국주의와 평화문제를 다루고 있지만,[2] 항미원조기념관은 다루지 않고 있다.

중국에서 '항미원조'에 관한 기억은 사진(1958년 인민해방군 사진화보집), 다큐멘터리, 영화, 문학 등의 비공간적 재현물과 묘지, 기념비와 기념관, 기타 전쟁유적 등과 같은 공간적 장치들을 통하여 재생산되고 있다. 중국의 항미원조와 관련된 중요한 '기억의 터', 또는 '순망치한'의 관계를 증명하는 공간은 국경도시 단동丹東에 있는 '항미원조기념관', 요녕성의 성도인 심양沈陽에 있는 중국인민지원군 묘지와 기념관, 그리고 북경 중국인민혁명군사박물관 내의 항미원조전쟁기념

---

2   중국의 애국주의 교육은 1990년대 중반, 개혁개방의 진전에 따라 사회주의 이념의 사회통합능력이 약화되면서부터라고 한다. 이에 관해서는 윤휘탁(2002) 참조.

관이다.[3] 이 중에서도 단동의 항미원조기념관은 국제적으로는 중국의 한국전쟁관을 대변할 뿐 아니라 중국 국내적으로는 항미원조의 기억을 수집하고 체계화하여 전시하는 중심적 공간이다.

나는 이 연구를 위하여 2010년과 2011년, 2014년 세 차례 항미원조기념관의 전시를 관찰하고, 관련 자료를 수집했으며, 심양이나 북경의 관련시설들을 답사했다.

중국의 '항미원조'의 기억과 기념관

냉전하의 항미원조기억의 공간화

일반적으로 전쟁기억은 참전 중에 사망한 병사들의 묘지를 통해 회상된다. 병사들의 묘지는 베네딕트 앤더슨(2002)이나 다카하시 데쓰야(2008)가 말한 것처럼, 전쟁의 필연적 산물이 파괴와 죽음이라는 것을 깨우칠 뿐 아니라 그것이 상상의 공동체로서의 국가를 위한 것이었음을 상기시킴으로써 고귀한 희생담론을 만들어낸다. 병사들의 묘지는 전선을 따라 임시적으로 만들어지지만, 전쟁이 끝난 후 재정비되며, 국가는 그 묘지를 국립화하거나 공공적인 추모의 공간으로 만들고 기념비를 세운다. 이 장소는 기념의례와 결합되어 국가적 성지로 전환되는 경향이 있다.

---

3 연변조선족자치주의 연길에도 혁명열사릉과 여기에 딸려 있는 열사기념관이 있는데, 혁명열사의 범주에 항일열사, 해방열사, 항미원조열사를 모두 포함시키고 있다.

한국전쟁에 참여한 중국인민지원군은 18만 여명이 사망했고, 이들의 묘지들은 주요 전장이었던 북한지역 200여 곳에 산재해 있었다.[4] 특별히 사단급 간부나 1급이상의 전투영웅은 중국의 심양에, 그 이하의 간부들은 중국의 안동에 묘지를 조성하여 안장하는 것을 원칙으로 했다. 국경도시 안동安東, 현재의 단동은 압록강을 경계로 북한의 신의주와 마주 보고 있는 쌍둥이 도시로, 인민지원군의 참전경로상에 있는 결절점에 위치하고 있다. 이런 장소성 때문에 항미원조전쟁 초기에 사망한 중국군의 유해가 일부 운구되어 1951년 5월, 단동시내에 인민지원군 열사묘지와 기념탑이 조성되었다.[5] 심양은 중국 요녕성의 중심도시로 1951년 8월, 여기에 인민지원군 1급영웅을 포함하여 사단급 간부를 안장했는데, 최종적으로 123명의 묘지가 조성되었다.[6] 중국 지원군의 부상자들은 중국 동북지방의 여러 도시로 후송되어 치료받았는데, 그들 중에서 사망한 경우, 현지에 묘지를 만들고 기념비를 세웠다.[7]

---

4   특히 중국 인민지원군 사령부가 있었던 회창이나 1차전역이 있었던 운산, 2차전역이 있었던 개천이나 장진호, 그리고 개성, 치열한 마지막 전투가 일어난 상감령과 금성 등에 비교적 큰 규모의 묘지가 있었다. 1973년 김일성의 지시로 이들 중 8곳이 인민지원군 열사묘로 정비되었다.

5   단동의 항미원조열사능원은 1971년 단동시정부가 중수를 시작하여 1984년 완공했다. 1987년 요녕성 중점 열사기념건축물로 지정되었고, 2001년 중수하면서 추념비가 건립되었다.

6   최근 한국에서 반환된 유해가 이곳으로 옮겨져 묘지가 추가되었다.

7   嫩江(눈강), 肇州(조주), 大連(대련), 牧丹江(목단강), 녕안(寧安), 勃利(발리), 磐石(반석) 등에 항미원조기념탑이 있는데, 예컨대 조주의 경우, 묘지 내에 1952년 항미원조열사기념비 세웠으며, 목단강의 기념비는 1957년 10월에 세웠고, 눈강 기념비는 1976년에 세웠다.(Tian Zhi He, Beilingdezhenhan, 田

중국 인민지원군의 묘지 및 기념비의 조성원칙에 중요한 계기가
마련된 것은 마오쩌둥毛澤東 주석의 아들인 마오안잉毛岸英의 죽음과
그의 유해의 처리문제였다. 마오안잉은 중국군의 참전이 이루어진 불
과 한달만인 1950년 11월 25일, 당시 중국군 사령부가 있던 평북 동
창군 대유동에서 미군 폭격으로 사망했다. 중국군 총사령부는 1951
년 회창으로 이동했다. 중국군의 묘지 조성을 담당했던 류슈펑의 회고
(2003)에 따르면, [8] 1953년 7월 정전시 마오안잉의 묘지를 회창으로
이전했는데, 당시 중국 인민지원군은 마오안잉의 묘지를 심양이나 북
경 팔보산에 이전할 것을 고려했으나 마오쩌둥이 회창에 둘 것을 결
정했다고 한다.[9] 회창의 묘지는 원래 일제의 신사가 있던 곳이었다. 중
국정부는 1955년 심양의 인민지원군 묘지를 열사능원으로 지정했고,
1962년 여기에 항미원조열사기념비를 건립했다.[10]

중국의 항미원조에 대한 기억의 정치가 본격화된 것은 1958년 2
월, 중국인민지원군이 북한에서 철수를 결정하면서부터이다. 이를 계
기로 평양에 '중국인민지원군 우의탑'을 세우기로 중국과 북한이 합의

志和, 碑陵的震撼, 吉林人民出版社, 2009. pp.382-391).

8   그의 회고는《세계를 진감한 천날(震撼世界一千天)》이라는 항미원조참가자
     회상기모음집에 실려 있다. 劉秀峰, "籌建 志願軍烈士陵園始末", 林源森 等
     主編, 震撼世界一千天:志願軍壯士朝鮮戰場實錄, 北京:中國社會科學出版社,
     2003. pp.798-801.

9   마오안잉의 부인인 류쑹린(劉松林)은 1959년 평안북도 회창군 지원군 열사릉
     을 참배했고, 2006년 5월 남편이 전사한 현장인 평북 동창군 대유동을 참배했
     다(인민일보 2006.5.27; 경향신문 2006.5.28).

10   이 기념비는 1957년 팽더화이가 헌정한 중국과 조선 양국 인민의 공동노력으
     로 제국주의 침략에 몸으로 저항하여 영원한 우의를 맺었다는 문장을 새겼다.

했다. 중국에서의 소련군 철수처럼,[11] 북한에서의 중국군 철수는 양국의 우의를 나타내는 기념비 건립의 계기를 마련해준 셈이다. 북한은 각 지방정부로 하여금 인민지원군 열사묘의 영구보존과 관리를 담당하게 하고, 교육문화상은 지원군의 활동에 관한 다큐멘터리를 제작하며, 1958년 10월을 조중 우호의 달로 지정했다.[12] 이런 결정에 따라 중조 우의비가 1959년 모란봉에 건립되었다.[13] 이 우의비는 소련군을 기념하는 해방탑과 함께 북한의 중소관계를 대표하는 상징물이 되었다.

평양에서의 우의비 건설과 함께 중국의 안동에는 '안동 항미원조기념관'이 개관했다. 항미원조기념관의 연혁을 소개한 자료(石善福·宋群基·唐庚雄 編, 2000)에 따르면,[14] 원래 이 기념관은 1953년 8월

---

11 1945년 8월 중국 동북지역을 점령한 소련군은 1955년, 최종적으로 뤼순과 대련에서 철수했다. 중국정부는 이를 기념하여 뤼순에 1945년의 전쟁승리를 기념하는 승리탑과 소련과의 우의를 기념하는 우의탑을 세웠다.

12 중국인민지원군 항미원조전쟁 정치공작경험 총결편위원회, 『중국인민지원군항미원조전쟁정치공작』, 해방군출판사, 1985에 있는 북한내각결정 (1958.2.27) 자료 pp.272-275.

13 류슈펑의 회고(2003)에 따르면, 평양 우의비는 최초에는 중국군이 나름대로의 상징성이 있는 지방도시인 신의주, 원산, 개성 등에 만들 계획이었으나 조선의 국토의 크기를 감안하여 평양에 하나만 건립하는 것으로 결정했다. 최종적으로는 북한정부가 이를 건립하고, 중국 인민지원군은 회창의 지원군 묘지건설을 담당하기로 결정했다. 1984년 중조 우의탑의 높이는 30m로, 소련군을 기념하여 1947년에 평양에 세운 해방탑과 동일하게 조성되었다. 북한은 이 시기부터 중국과 소련 사이에서 균형을 잡으려는 정책을 시행했음을 알 수 있다.

14 石善福·宋群基·唐庚雄 編, 『抗美援朝紀念館』, 北京:台海出版社, 2000. 이 책은 중국 정치협상회의 부주석이며 조선족 출신으로 중국군 최고위 인사

세워진 '요동성 지지地志박물관'을 기원으로 한다. 1954년 요동성과 요서성이 합쳐져 요녕성이 되자 이 박물관은 안동시 역사문물진열관으로 바뀌었다. 1957년 7월, 이 진열관은 12개의 진열실을 두었는데, 그 중 하나가 '항미원조기념실'이었다. 1958년, 지원군이 단동을 거쳐 중국으로 귀환할 때, 그들이 소지하고 있던 물품들의 상당수를 현지에 그대로 남겨 두었으며, 이 자료들을 박물관이 소장하게 되었다. 1958년 9월, 이 박물관은 '안동 항미원조기념관'으로 개칭되었고, 1959년 10월 정식으로 개관했다. 이 때 최초로 항미원조전쟁의 과정이 단계별로 정리되어, 중국판 한국전쟁사의 원형prototype이 마련되었으며, 지방사의 맥락에서 항미원조운동이 정리되었다. 1960년에는 항미원조기념탑을 세울 것을 결정했다.

1963년 안동 항미원조기념관은 북경의 중국인민지원군사박물관의 항조원조에 관한 진열내용을 참조하여 그 전시내용을 수정했다. 이에 따라 전쟁의 진열을 시간 순서에 따라 배치하고, 항미원조운동의 내용을 지방적인 것을 넘어서서 전국적인 것으로 확대했다. 특히 한국전쟁을 미국의 한국에 대한 침략에 의해 시작된 것으로 정의함으로써 미국과 중국의 적대적 관계를 그대로 드러냈다. 1965년 안동이 단동으로 명칭이 바뀌자 기념관의 명칭도 바뀌었다.

그러나 1966년 문화혁명이 발생하고, 항미원조전쟁을 지휘했던 팽더화이와 주요 지휘관들이 비판대상이 되면서 항미원조에 대한 전시가 곤란해졌고, 결국 이 기념관은 폐쇄되었다. 1969년 이 기념관과 시 도서관, 시 문화관등이 합쳐져 공농병문화관으로 바뀌어 계급의식을

────

였던 조남기(趙南起)가 쓴 서문과 함께, 연혁, 설립과정, 전시내용 등을 정리하고, 관계 문헌자료들을 싣고 있다.

고취하는 장소가 되었다.

1972년 단동시위원회는 단동항미원조기념관을 복구하기로 결정하고 진열품들을 정리했지만, 다시 개관하지 못했다. 중국이 미국과의 관계를 정상화하고 개혁개방을 선언한 1979년 단동시는 항미원조에 관련된 물품을 새롭게 진열했지만, 공개적 전시로 이어지지 못했다. 이런 실패의 가장 큰 요인은 펑더화이와 관련한 전시내용을 결정하기 어려웠고,[15] 또 기념관의 장소를 결정하지 못했기 때문이다.

항미원조기념관이 다시 건립될 수 있었던 계기는 한국전쟁 정전 30주년이던 1983년을 맞이해서이다. 이 해 8월, 전 지원군 부사령원 홍쉐즈洪學智가 이끄는 중국인민우호대표단이 북한을 방문한 후 귀환하는 과정에서 단동에 들러 이의 재건립에 관한 논의를 했다. 단동시 정부는 이를 재건립할 것을 요녕성 정부에 요청했다. 이 때 기념관 건립은 애국주의, 국제주의, 혁명영웅주의, 그리고 교육주의에 기초하여야 한다고 합의했다.

1984년 3월, 중국공산당과 국무원에서 이 기념관을 애국주의, 국제주의, 중조우의교육에 입각하여 확대 건립할 것을 동의했다. 이에 따라 단동시와 요녕성은 도원산英华山에 있는 지원군 지휘소를 기념관 부지로 하고, 평양의 조중 우의탑과 같은 규모의 항미원조기념탑을 세울 것을 제안했다.

이후 홍쉐즈 등 군 원로등이 참여하는 고문위원회가 구성되고, 단동시는 건립위원회를 발족했다. 이후 지속적으로 중국 및 북한에서 자

---

15 중국 인민지원군 사령관 펑더화이는 1959년 8월 여산 당회의에서 비판을 받고 실각했고 문화혁명 당시 홍위병의 투쟁대상이었다. 그는 1974년 사망했다. 1978년 등소평에 의해 펑더화이가 복권된 후, 1984년 항미원조 정치공작에 관한 자료 정리사업이 비준되었다.

료를 확보하고 건립을 위한 모금이 진행되었다. 1989년 8월, 국방부장이 중국 군사대표단을 이끌고 북한을 방문한 후 돌아오는 길에 단동을 방문하여 기념관 건립의 어려움을 논의한 후, 군사위원회를 소집하여 이 문제를 논의했다.

기념관 설계방안은 1984년부터 시작되어 1985년 기념관과 기념탑, 전경화를 아우르는 설계안을 논의했으나 여의치 않았다. 1990년 기념관 설계공모가 이루어져 총 6개안이 제출되었는데, 이 중에서 하얼빈건축학원의 등림한鄧林翰교수의 설계안이 군 원로들과 중앙군사위원회 위원들에 의해 채택되었다. 건축은 현대적 풍격과 민족형식을 조화시킬 것이 강조되었다. 이 설계안은 최종적으로 국가주석과 중앙군사위원회 부주석이 검토할 정도로 중요한 관심사였다. 이들은 기념관 진열 내용을 결정했고, 기념관의 장소성 또한 중요한 검토사항이었다. 기념관 부지는 중국 인민지원군 제13병단 총사령부가 있던 곳으로, 단동시내뿐 아니라 압록강, 그리고 북한의 국경도시 신의주를 바라볼 수 있

사진 1   항미원조기념탑

고, 또 잘 보이는 곳이다.

1990년 10월 24일, 중앙대표단이 단동에 와서 기념관 터닦이(기초)행사에 참석했는데, 여기에서 홍세즈가 축사를 했다.[16]

1991년 기념관 기공식을 하고, 이어 기념탑의 명칭을 '항미원조기념탑'으로 정하여 덩샤오핑이 그 명칭을 글씨로 썼다. 이 기간에 기념관에 전시할 자료와 물품을 대대적으로 수집하는 작업이 진행되었다. 과거 군 지휘관이 사용한 장비나 훈장, 북한에서 사용한 각종 설계도, 정전담판에서 사용한 물건, 포로들이 사용한 물건 등 귀중한 자료를 많이 수집했다.

이후 약 2년간에 걸친 공사 끝에 1993년 7월 25일, '단동'이라는 도시명칭을 뗀 '항미원조기념관'의 개관식이 이루어졌다. 이 기념관은 중국 유일의 한국전쟁 단일 주제 기념관이었다. 개관일은 항미원조전쟁 '승리' 40주년을 기념하는 의미에서 정전일로 결정되었지만, 동일한 행사를 북한에서 개최하고, 중국이 이 행사에 참여하려고 했으므로, 개관일을 이틀 앞당긴 것이었다. 이때 중국공산당 정치국 서기 후진타오(胡錦濤)가 개관식에 참석하여 기념사를 했고, 이어 중국공산당 대표단을 이끌고 평양을 방문하여 7월 27일 '전승절' 기념행사에 참여했다.

---

16 홍쉐즈(洪學智)는 1913년 안후이성[安徽省] 출생으로, 옌안[延安]에서 항일군정대학을 졸업하고 장정(長征)에 참가했다. 1950년 중공군 제16병단 정치위원, 광둥성[廣東省] 인민정부 위원, '항미원조지원군(抗美援朝支援軍)' 후근부(後勤部) 사령원으로 6·25전쟁에도 참가했다. 1956년 당 제8기 중앙위후보위원, 중공군 총후근부장(總後勤部長)을 역임한 후, 1959년 '펑[彭:彭德懷]·황[黃:黃克誠] 반당집단' 사건에 관련되어 면직되었으나 1977년 국방공업판공실 주임으로 복귀하여 1979년 당 제11기 중앙위원, 1980년 국가중앙군사위원, 1983년 군 총후근부장, 1990년 정치협상회의 부주석이 되었다. 2006년 11월 20일 사망했다.

사진 2   단동 항미원조기념관

　항미원조기념관은 기념탑과 진열관(전시관), 全景畵館(대형 파노
라마그림관)으로 구성되었고, 기념관부지는 18만 평방미터, 건평은
13,790 평방미터이다. 기념탑은 1953년 정전을 상징적으로 기념하여
53미터 높이로 만들어졌고,[17] 기단은 출병일을 기념하여 10.25m로 설
계되었으며, 전투기간을 상징하여 1,014개의 돌을 사용했다. 또한 5개
의 중요한 전투를 상징하여 기단부는 5개의 계단으로 구성했고, 기념
탑의 하단에는 '위대한 항미원조정신'이라는 표현이 중국어와 한국어
로 쓰여져 있다. 또한 탑 위의 패루牌樓는 지원군의 개선을 나타내는
것으로 의미를 부여했다.

　기념탑의 전면은 평화, 승리, 우의를 표현하고, 뒷면은 지원군의 공
적을 칭하는 탑문을 새겼다. 기념탑의 양 측면은 항미원조 기념장記念

17　기념하는 시간을 공간화하는 방식은 1955년에 뤼순에 조성한 승리탑에서
　　도 발견된다. 중국은 1945년의 소련군의 승리를 기념하기 위하여 45m로 기
　　념탑을 만들었다. 소련군 승리탑에 새겨진 시간의 공간화라는 건축원리가
　　1993년 항미원조기념탑에서 재생산되었다고 할 수 있다.

草과 평화만세 기념장을 새겼다. 1993년 7월 당시, 이 탑문에 새긴 내용을 둘러싸고 논란이 있었는데, 그것은 1950년 6월, 한국전쟁 발발과 함께 즉각적으로 취해진 미군 7함대의 대만해협 봉쇄에 관한 표현이었다. 미군의 행위를 '침입'으로 쓸 것인가, '진입'으로 쓸 것인가를 둘러싸고 논란을 벌였는데, 이는 중국의 최고 지도자 장쩌민의 관심사로, 그는 이를 원칙 문제로 보았고, 곧 바로 수정하지 않으면, 후에는 외교문제로 비화될 수 있다고 경고했다. 결국 그 표현은 '침입'으로 결정되었다.

진열관은 지하 1층, 지상 2층, 총 3층으로 이루어졌으며, 10개의 전시실에 역사사진 500장과 1,000여건의 물품들이 전시되어 있다. 전경화관은 원주형 건축으로 직경 44m, 높이 24m로 건축되었다. 이 전경화관은 당시 중국 최대로, 실내의 위층에는 높이 18m, 길이 132m의 전경화가 있고, 아래 층에는 공군관이 배치되었다.

지금까지 살펴보았듯이 중국의 항미원조의 기억을 공간화하는 프로젝트는 1958년부터 1966년까지의 '지방사적 기념관'으로부터 출발하여 문화혁명에 의한 폐쇄기를 거쳐 1984년 재건 결정에 의한 전국적 기념관으로 확대발전하는 경로를 거쳤다. 흥미로운 사실은 첫째, 항미원조기념관이 냉전시기에 매우 중요한 의미를 갖고 있었음에도 불구하고 이 전쟁의 최고 지휘관 펑더화이의 실각과 문화혁명에 의해 정치적 선전장치로서 충분히 작동하지 않았으며, 둘째, 그것이 탈냉전기에 개관했지만, 실질적인 건립여부와 전시내용은 미국과의 수교이후, 그리고 한국과의 수교이전이라는 중간적 냉전기에 결정되었는데, 미국의 제국주의적 침략을 비난하는 전쟁 당시의 입장을 그대로 드러내고 있다는 점이다. 이것은 항미원조기념관 건립이라는 프로젝트가 무엇보다도 중국의 국가형성과 국민형성이라는 맥락에 놓여 있으며 한국전쟁의 기억이 독자적인 주기에 따라 소환되는 문화정치의 맥락에 놓여 있고, 국제 정치로부터 상대적으로 자율적인 영역에 위치하고 있다는 점을 보여준다.

항미원조기념관의 전시와 그 변화

전쟁기념관은 국가정체성을 반영하는 장치이기도 하고, 국민형성의 수단이기도 하다. 전쟁기념관은 현실정치와 상대적으로 독립된 문화정치에 활용되며, 국가간 경쟁과 협상의 복합적 재현의 장이다. 장기지속적인 건축과 기념비가 주로 전자에 대응한다면, 당면하고 있는 현실에 대한 정치적 의미를 생산하는 전시와 이벤트는 주로 후자와 관련을 맺고 있다.

항미원조기념관의 전시는 보다 구체적으로 한국전쟁 뿐 아니라 중국 근대사에 관한 자신의 관점을 보여준다는 점에서 흥미롭다. 항미원조기념관의 전시는 기념탑 내부의 작은 전시공간과 진열관의 대형 전시공간을 통해 이루어지는데, 일반관람자는 주요 동선에서 제외되어 있는 기념탑 내부의 전시를 간과하기 쉽다. 그러나 이 작은 공간에는 아편전쟁 이후 중국이 맺은 불평등조약들이 열거되어 있다. 1842년 남경조약으로부터, 아이훈조약, 북경조약, 1895년 마관조약, 신축화약, 1919년 파리화약, 1931년 중일조약에 이르기까지 7개 조약이 모두 중국이 수치스럽게 여기는 불평등조약이다. 이 불평등조약의 역사를 종식시킨 것이 1953년의 한국 군사정전협정이다. 항미원조전쟁은 서구와의 불평등조약으로 점철된 중국근대사의 오욕을 극복한 역사적 사건이라는 사실이 강조되고 있다.

기념관의 중심이라고 할 수 있는 전시관(진열관)은 항미원조를 바라보는 중국의 시각을 담은 입구 전시실, 항미원조 전쟁관, 항미원조운동관, 중조 우의관, 전쟁영웅관, 공군관 등으로 구성되어 있다. 이런 구성은 '항미원조'가 한국에서 전개된 전쟁일 뿐 아니라 중국 내전 후의 사회문제들을 해결해가는 국내의 대중동원의 이념이었음을 잘 드러내고 있으며, 북한과의 '혈맹'을 강조함으로써 국제관계를 관리하는 상징적 장임을 보여준다.

기념관의 입구 정면에는 마오쩌둥과 팽더화이의 악수하는 동상이 있고, 그 뒤에는 지원군들을 그린 부조가 있으며, 이 부조 상반부에 '항미원조 보가위국'이라고 마오쩌둥이 쓴 글씨가 새겨져 있다. 그리고 중국인민지원군 조성명령Order of the Formation of the Chinese Peoples Volunteers과 각 민주당파선언Joint Declarement of Democratic Parties이 걸려있다. 전자는 항미원조전쟁을, 후자는 항미원조운동의 시작을 상징한다.[18]

사진 3   항미원조기념관 입구에 위치한 마오쩌둥과 팽더화이의 악수하는 동상(좌), 인민지원군의 영웅주의를 나타내는 최고의 호칭인 '가장 사랑스러운 사람'에게 바치다(우)

18   중국의 참전은 1950년 11월 4일 '각 민주당파'의 모임에서 공식 발표되었고, 그 표어가 바로 '항미원조 보가위국'이었다. 참전하는 중공군인들에게는 두 개의 주제에 선서하도록 시켰다. 즉, 첫째로는 '미제국주의의 죄악'에 대한 학습이었고, 또 하나는 중국 혁명에 '조선인'의 역할을 높이 평가하여 6개 항목에 달하는 "조선 정부를 존중하고, 조선 인민을 애호한다"는 원조(援朝)가 특히 강조되었다.

전쟁관의 전시내용은 중국에서 한국전쟁의 전개과정을 어떻게 설명하고 있는가를 구체적으로 보여준다. 항미원조운동을 책임졌던 중국인민항미원조총회가 1954년 출판한 '위대한 항미원조운동'이라는 책에서 1950년 6월 25일의 전쟁발발을 미국지시에 의한 한국의 38선 이북으로의 전면적인 진공으로 규정함으로써 사실과 부합하지 않는 관점의 출발을 알렸다(黃金麟 2014: 243).

그 후 중국정부는 중국지원군이 북한에서 완전히 철수한 1958년에 한국전쟁의 폭발배경을, 미국 제국주의의 조선침략 및 북한 군민의 저항으로 규정하고, 중국의 참전배경을, 압록강변으로의 미군의 육박, 중국의 평화건설에 대한 위협, 당 중앙의 결정, 인민지원군 참전이라는 순서와 논리로 구성했는데, 이 때 만들어진 전쟁설명 도식은 1993년에 개관된 새 기념관에도 그대로 관철되었다.

전시의 서론으로 항미원조를 결정하지 않을 수 없었던 상황에 대한 설명Forced to make a decision of resisting U.S. Aggression and Aiding Korea이 있다. 이에 따르면, 1949년 10월 신중국 선포이후 중국이 당면했던 전쟁폐허의 극복과 국민경제의 회복 등 각종 국내외 문제들에도 불구하고 불가피하게 참전하게 된 배경을 세가지로 쓰고 있다. 미군을 비롯한 연합군의 38선 월경과 북한 침공, 조중 국경으로의 진격, 단동지역에 대한 폭격과 중국의 안전에 대한 위협이 중국군 참전의 가장 중요한 원인이며, 두 번째로는 미군의 대만해협으로의 진입开进과 중국통일전쟁에의 무력간섭, 세 번째로는 북한의 출병지원 요청을 들고 있다. 특히 1950년 6월 6일부터 9일까지 이루어진 중국공산당의 경제회복에 관한 결정을 강조함으로써 우회적으로 전쟁참전에 관한 책임을 최소화하고 있다. 전쟁개입의 명분에서 세 번째로 제시한 북한의 지원요청의 증거로 1950년 10월 1일의 북한 김일성과 박헌영이 서명한 편지를 전시하고 있다.

항미원조 기념관들에서 공통적으로 전쟁개입 결정을 '결책'으로 개념화하고 이 광경을 보여주는 그림을 전시하고 있다. 중국에서 한국전쟁에 대한 개입은 7월 7일부터 논의되기 시작했고, 이 과정을 표로 만들어 제시하고 있다. 중국군은 선발대를 보내 교통로를 조사했고, 10월 19일 북한으로 이동했지만, 중국군의 참전의 모습을 보여주는 압록강 도강의 모습을 담은 전형적인 사진은 1951년 2월에 촬영한 연출사진이다.

중국은 인민지원군의 전쟁과정을 1단계 기동전(Maneuver warfare 1-5차 전역)과 2단계 진지전(Position warfare 휴전회담, 공방전, 심리전, 포로), 그리고 휴전회담과 협정(승리)으로 나누고 있다. 기동전은 운동전mobile war로 표현하기도 하는데, 이것은 1950년 10월부터 1951년 6월까지로 이 때 이른바 5차례의 전역campaign을 치루었다. 전시는 각 전역별로 세분하여 작전시간, 작전지점, 참전부대, 작전결과를 설명하고 있다. 이런 전쟁사는 미국이나 한국의 한국전쟁사 서술과 다르고, 북한의 서술과도 다른 것이다.

항미원조기념관은 미국에 대한 중국 지원군의 특무활동이나 인민지원군에 대한 정치교육자료 등 당시에 사용된 자료도 전시하고 있다. 또한 각 전역별 전투지도와 참전부대의 지휘계통 및 지휘관들도 상세히 보여준다. 한국군으로부터 노획한 부대기도 전시되고 있다. 정전담판Korean Armistice Negotiation의 시작과 진행과정도 상세히 설명하고 있다.

항미원조전시관의 전시 기법은 사진과 문장을 기초로 충실한 내러티브를 만들어내는 '아날로그형 최대전시'라고 할 수 있다. 여기에서 각종 도표와 통계는 역사적 사실을 진정성있는 것으로 만들어내는 고전적 수단들이며, 최신의 테크놀로지나 미디어의 활용은 자제되어 있다. 이런 전시기법은 항미원조운동관과 우의관에서도 그대로 연장되고 있다. 당시 만들어진 깃발이나 페넌트는 중요한 전시수단들이다.

특기할만한 것으로 미군의 세균전, 미군포로들의 반전요구 등을 자세히 전시하고 있다는 점이다. 특히 북한 뿐 아니라 만주지역에서도 실시되었다고 주장하는 세균전에 관련된 많은 증거자료를 제시하고 있다. 세균전에 관한 전시는 1993년에 새롭게 이루어진 것이 아니라 1950년대부터 시작된 것이다.

항미원조 운동관Museum of the movement to resist U.S. aggression and Aid Korea은 항미원조를 명분으로 한 대중동원을 보여준다. 중국의 미국에 대한 관념은 2차대전의 연합군 형성기의 崇美로부터, 국공내전기의 恐美를 거쳐 한국전쟁기의 抗美로의 전환이 이루어졌는데, 이런 전환이 매우 짧은 시기에 이루어졌기 때문에 중국 당국은 대중들의 설득에 많은 어려움을 겪었다. 따라서 젊은이를 군대에 입대시키고, 전장에 투입하기 위하여, 대중적 교육을 강화하여 각오를 높이는intensified education and increased awareness방향으로 캠페인이 전개되었다. '항미원조'는 국가형성과 국민형성을 위한 이념적 자원으로 활용되었다. 당시 중국 정부는 이른바 3반운동, 즉 부패와 낭비, 관료주의에 대한 반대운동을 통해 내전의 후유증을 털어내고 국가권력의 기반을 공고히 하려고 했는데(허지시엔 2013; 허하오 2013), 기념관은 이를 자세히 소개하고 있다(中國紀監察報 20010.6.22).

중조인민 우의관Museum of the friendship between the Chinese and Korean People은 중국과 북한 인민의 우의를 전시하고 있다. 이것은 중국군과 북한군 사이의 공동작전으로서의 병견을 넘어서서 중국인 병사와 북한 주민간의 우의를 의미하는데, 이들은 기념 페넌트, 사진과 회화 등으로 표현되고 있다. 중조우의의 가장 전형적인 모습은 아들로서의 중국인 병사와 어머니로서의 북한 노년 여성이라는 틀이다. 여기에

는 국가간 관계, 세대간 관계, 젠더관계가 복합되어 있으며, 상호성보
다는 일방성이 두드러진다.

마지막으로 지원군 영웅관Museum of the Heroes of Chinese people's
volunteers이 설치되어 있다. 여기에는 북한에서 지정한 영웅과 중국에
서 지정한 특급 영웅 2인을 비롯하여, 일급 영웅, 일급 모범 등의 명단
과 흉상이 전시되어 있다. 그렇지만, 영웅관의 주인공은 마오쩌둥의
아들 마오안잉毛岸英이다. 그의 흉상이 영웅들의 가운데에 전시되어 있
다.[19] 이 밖에 특별히 중국인민지원군 공군관Air Force Museum이 있다.

---

19 마오안잉의 죽음에 관해서는 정협 연변조선족자치주 문사자료위원회 편,
『돌아보는 력사』, 료녕민족출판사, 2002. 이 책은 항미원조 출병 51주년을 기
념하여 항미원조전쟁을 기억하고 있는 노인들의 구술을 받아서 정리했다.
여기에 조선족 출신의 중국군 장성인 조남기의 한국전쟁기억을 다루고 있
다. 조남기는 팽더화이를 따라 한국전쟁에 참전하여 사령부에서 일했는데,
1950년 11월 25일, 마오쩌둥의 아들 마오안잉이 미공군의 폭격에 의해 사
망했을 때 같이 있었고, 그의 죽음의 경위를 상세히 밝히고 있다. 조남기는
1950년 10월 19일 지원군 첫 참전부대의 일원으로 팽더화이를 따라 참전했
고, 지원군 총사령부가 있던 회창 대수동에서 마오안잉과 같이 생활하다가
11월 25일 오전 10시경 미군의 폭격을 받았음을 밝히고 있다. 이 때 마오안
잉과 고서흔이 사망했다. 1954년 12월 북한정부는 "회창에 열사릉원을 수
건하고 조선 각지에 매장되어 있는 지원군렬사들의 유체를 륙속 열사릉원
에 옮겨왔다. 그 때 마오안잉의 유체를 중국으로 옮길 것을 건의했으나 "팽
더화이는 중조관계와 국내외 영향을 고려하여 주은래에게 편지로 마오안잉
의 유체를 조선에 안장하고 지원군사령부 혹은 지원군 사령원의 명의로 기
념비를 새길 것을 건의"(p.17)하여, 마오쩌둥이 이를 받아들였다고 한다. 이
후 조남기는 군사과학원에 근무하면서 그 전쟁이 역사와 미래에 미친 영향
을 연구했고, "대형 문헌 드라마 〈겨룸(較量)〉의 촬영을 주도했다. 최근 그는
〈북위 38도선〉 책에 직접 서언을 썼고 이 책이 영화로 촬영되는 것을 지지했
다."(pp.24-25).

중국은 전쟁 참전의 과정에서 공군력의 부재로 많은 고통을 겪었고, 소련공군의 지원에 의존했다. 전쟁과정에서 비로소 공군이 육성되었으므로 중국 공군의 역사에서 항미원조전쟁은 출발점이 된다.

전시의 결론으로 항미원조전쟁의 의미를 다음과 같이 쓰고 있다.

> 항미원조전쟁은 승리했다. 미국의 조선내정간섭의 망동과 전체 조선의 병탄 기도를 분쇄하고, 조선민주주의인민공화국의 독립을 보위했다. 또한 신중국의 안전을 지키고, 신중국의 경제회복과 건설의 순리적인 진행을 보장했다. 아시아와 세계의 평화를 지키고, 미국 제국주의의 '종이호랑이'의 면목을 폭로했다. 중국인민의 자존심을 증강시키고, 세계인민의 세계평화와 침략반대의 의지와 결심을 고무했다. 중국의 국위와 군위를 뽐내고 신중국의 국제적 지위를 제고했고, 중국군의 현대화를 달성했다.
> 항미원조 기간에 중국 국내에서 애국주의와 국제주의 교육이 전개되어 청년들이 참가하고 전국 인민들이 궐기하여 증산절약운동과 의연금 운동이 전개되어, 전쟁지원 뿐 아니라 국민경제의 회복과 발전, 사회개혁운동을 촉진시켰다.

전경화관에는 청천강전투 장면을 그린 원형 그림이 전시되어 있다. 이것은 단순한 회화가 아니라 실제 전투장면을 재현하기 위하여 음향장치를 갖추고 파노라마형 전시로 설계되었다. 이런 360도의 전경화나 180도의 반경화는 사회주의국가들의 전쟁 전시에서 나타나는 중요한 특징의 하나이다.

1993년 항미원조기념관이 개관한 후에도 이 기념관은 지속적으로 자료를 수집하고 또 기증을 받는 활동을 했다. 특히 1994년 11월, 한 미국인이 미군병사가 사용하던 장비나 물건을 기증한 것이 이채롭다. 그는 그 후에도 몇 차례에 걸쳐 자료를 더 기증했다. 1997년에는 중국의 인민미술가 古元의 부인이 그가 그린 항미원조 시기에 사진 스케치를 기증했고, 이 작품들은 전경화관의 입구에 전시되었다.

1998년, 기념관 입구에는 "가장 사랑스러운 사람에게 바치다$^{To the}$ $^{most lovable person}$"라는 헌사가 새롭게 추가되었다. '가장 사랑스러운 사람'은 누구이며, 이런 표현의 연원은 어디인가? 1950년 10월, 중국의 인민지원군의 참전이후 많은 종군작가들이 북한에 왔는데, 그 중 한사람이 위외魏巍이다. 그는 해방군 총정치부의 명령에 따라 1950년 12월 북한을 방문했고, 1951년 4월 11일 인민일보에 '누가 가장 사랑스러운 사람인가'를 발표했다.[20] 이를 읽은 마오쩌둥이 이 기고문을 전군에 배포하라고 지시했다, 이를 통해 '가장 사랑스러운 사람最可愛的 人'은 인민지원군의 영웅주의를 나타내는 최고의 호칭이 되었다.

아마도 항미원조기념관이 새롭게 개관한 이후 가장 큰 변화는 2004년에 이루어진 변화일 것이다. 요녕성 정부는 2002년 '3館 1府 정책', 즉 요심전역기념관, 9.18기념관, 장씨帥府[21]와 함께 항미원조기념관을 요녕성의 중요한 문화시설로 지정하여 육성하려는 정책을 채택했고, 이에 따라 항미원조기념관의 전시를 보강하고 주변 환경을 정비하는 작업을 진행했다. 이 작업은 1993년 군사위원회가 심사한 진열의 기본 원칙과 내용에 입각하면서 새롭게 간행된 〈항미원조전쟁사〉에 의거하고, 군사과학원의 전문가들이 내용을 검토한 것이었다. 또한

---

20 魏巍(위외), 誰是最可愛的人(1951.4.1) 林源森 等 主編, 震撼世界一千天:志願軍壯士朝鮮戰場實錄, 北京:中國社會科學出版社, 2003. pp.48-52.

21 요심전역기념관은 1948년 심양부근에서 이루어진 중국내전에서의 공산군의 승리를 기념하며, 9.18기념관은 1931년 일본군의 만주침략전쟁의 시발점이 된 노구교사건을 기념하며, 장씨수부는 1920년대 만주지역을 실질적으로 지배한 장학량을 기념하는 시설이다.

항미원조에 참여한 원로들의 의견을 반영했다. 이 중에서 가장 중요한 것은 소련공군의 참전을 인정하고 이에 관한 역사자료를 전시한 것이다. 또한 1949년 신중국 성립 후의 국내외 정세에 관한 내용을 보강했으며 새로운 자료에 입각하여 통계표를 작성하고 전시했다. 1990년대에 진전된 중국의 항미원조전쟁에 관한 연구를 반영하여 전시를 보다 객관적이고 진실에 가깝게 수정했다.

또한 기념관은 근래에 발전한 소리, 빛, 전자기술을 활용하여 전시 기법을 바꾸었는데, 이 과정에서 '백호부대 기습공격', 갱도전, 강철운수전, 전쟁영웅 구소운, 상감령 전투 등 5가지 장면의 모형을 만들어 전시했다.[22]

항미원조기념관은 전쟁과정에서의 중국인들의 피해를 조사하고 통계를 작성하는 기능도 가지고 있다. 항미원조 기념관은 2003년 7월, 항미원조 50주년에 '항미원조열사 인명록'을 발간했다. 기념관은 2000년부터 피해조사를 새롭게 실시하여 2006년 항미원조전쟁에서의 사망자수를 171,669명으로부터 183,108명으로 수정 집계했다. 이에 기초하여 중국정부는 2010년 6월 26일 항미원조 중국인민지원군 사망자 수를 새롭게 발표했는데, 이에 따르면, "항미원조전쟁 중 중국인민지원군 전장 사망수는 11여만명이고, 전쟁참가자중 부상과 기타 원인으로 인한 사망자 수를 합하면 18만 여명"에 이른다(Shanghai Archive, 2010.No.11; 흑룡강신문, 2010.10.26.).

---

22 중국의 박물관 전시에서 사용되는 개념이 복원전시와 창의전시인데, 전자는 원래의 모습을 재현하는 것이고 후자는 상상력을 가미하여 장면을 창출하는 것이다. 위 5개의 장면중에서 갱도전 장면은 복원진열이고 나머지는 창의진열이었다. 朱進, 傳承歷史的豊碑:記抗美援朝紀念館, Archive and Construction, 2011.12.

항미원조 기념의 확산

1993년 항미원조기념관의 확대 재건은 심양의 항미원조열사능원에도 영향을 미쳤다. 이 묘지에 부설되어 있는 열사기념관은 건물 외부 벽면에 '항미원조전쟁 승리기념화권'이 새겨져 있다. 전시장 입구에 지원군들이 경례하는 장면을 그린 부조가 설치되었고, 1993년 7월, 장쩌민이 쓴 '지원군의 애국주의, 국제주의, 혁명영웅주의 정신'을 칭송하는 문구도 새겨졌다. 새롭게 정리된 항미원조기념관의 전쟁서사는 심양 항미원조열사기념관에서 요약 형태로 반복되고 있다. 여기에서는 한반도의 분단과 38선의 유래를 소개하고, 조선내전 폭발, 항미원조 보가위국의 결정의 배경으로서의 미 7함대의 대만해협 봉쇄, 마오쩌둥의 중국인민지원군 조성 명령(1950.10.8), 5戰溫定戰局(1-5차 전역), 정전회담과 지구전, 공군작전과 철도운수선, 최후 전투로서의 상감령전투, 정전 승리 등이 차례로 전시되었다. 후반부에는 전쟁통계와 지원군 서열표, 군가, 전쟁영웅들이 전시되고 있다. 이 열사기념관은 '전쟁영웅들의 묘지와 함께 있으며, 단둥의 기념관에 비하여 규모가 훨씬 적고, 북중 우호에 관한 내용이 별로 없다는 특징이 있다. 이 전시관은 2013년 다시 한번 전시가 수정되었다.

1993년 개관한 항미원조기념관에서 재현된 항미원조에 관한 중국인들의 기억은 수도인 북경으로 확산되었다. 2000년, 중국인민혁명군사박물관(약칭 군사박물관)에 항미원조기념관이 추가로 설치되었다. 중국인민혁명군사박물관은 1958년에 건축되었고, 1959년 3월 12일, 중국공산당 중앙군사위원회의 허가를 받아 정식으로 중국인민혁명군사박물관이라고 명명했다. 마오쩌둥주석이 현판을 쓰고, 주은라이周恩來 등 당과 국가 그리고 군 지도자들이 여러 차례 전시내용을 심사했다. 1960년 "8.1"건군절부터 정식으로 일반인에게 공개했다.[23] 그 후 군사박물관은 국가교육위원회, 총정치부 등 6부위원회에 의해 "전국 중소학교애국주의교육기지"로 명명 받았고, 선전부에 의해 "백 개 애국주의 교육 시범기지"로, 북경시에 의해 청소년교육기지선진 단위로 평가받았다. 군사박물관은 중국의 사회주의정신문명건설과 국방교육에서 중요한 작용을 발휘했다.

군사박물관의 전시는 기본진열과 임시전람으로 구분되고, 기본진열에는 토지혁명전쟁관, 항일전쟁관, 전국해방전쟁관, 항미원조전쟁관, 고대전쟁관, 근대전쟁관, 병기관, 예품관 등이 있다. 항미원조전쟁관은 전람건물의 동쪽 3층에 위치하여 있고, 2000년에 만들어졌다.

항미원조전쟁관 진열면적은 $1,300m^2$이고 역사사진 300장, 주요 자료 900여 점이 전시되어 있는데, 그중에는 마오쩌둥, 김일성, 팽더화이 등 지도자들의 문건들과 물품, 구소운, 황계광 등 '영웅'들이 남긴 자료 등이 포함되어 있다. 전시는 "전장 환경과 진열환경을 하나로 융합시키는 새로운 개념을 추구하고, 사진과 문물 및 진열형식을 교묘하게 결합"시키고 있다. 또한 저명한 예술가들이 창작한 '결책출병', '준

---

23 군사박물관은 중국의 유일한 대형종합성적인 군사역사박물관이고, 면적은 8만여 평방미터에 달하고, 건축면적은 6만여 평방미터에 달하며, 진열면적은 4만여 평방미터에 달한다. 주요건물은 94.7미터이고, 중앙은 7층으로, 양측은 4층으로 되었다. 건물 윗부분의 둥근 탑은 직경이 6미터의 도금한 중국인민해방군을 상징하는 "八一"표시를 떠받치고 있다. 4.9미터에 달하는 동으로 된 문은 복건성의 전선에 참전한 부대에서 직접 보내온 포탄 탄피를 녹여서 만든 것이다. 박물관에는 22개 전시홀, 2개 진열광장이 있고, 전시홀은 그 길이가 12공리(12km) 가까이 된다. 국가개혁과 건설의 발전에 따라 그 주변에는 중화세기단(中華世紀壇)등 건물들이 있다.

비출격' 등 9개의 유화와 조각상들을 전시하고 있다.

군사박물관이 출판한 〈중국인민혁명 군사박물관에 대하여〉에는 항미원조전쟁관에 관한 자세한 소개가 포함되어 있다(pp.291-349). 이 항미원조전쟁관은 1995년부터 준비하기 시작하여 1999년 10월에 완공했고 내부에서 먼저 전람을 시작했다. 2000년 10월, 중국인민지원군의 '출국작전' 50주년 기념을 맞이하면서 일반인들에게 정식으로 전람을 하게 했다. 항미원조전쟁관은 1950년 10월부터 1953년 7월까지 중국인민지원군이 "중공 중앙의 '항미원조 보가위국' 구호에 맞춰 평화와 정의의 기치를 세우고 압록강을 건너 조선인민과 함께 미국침략자와 대항하여, 2년 9개월간의 간고(艱難辛苦)한 투쟁을 거쳐 끝내 열악한 장비로 현대적 장비를 갖춘 미국을 우두머리로 하는 '연합국가'를 물리친 역사를 보여주고 있다"고 쓰고, 그 과정을 '결책출병'^{決策出兵}, '운동섬적'^{運動殲敵}, '변타변담'^{邊打邊談}, '승리귀국'^{勝利歸國} 등 4개 단원으로 구분했다.

북경 군사박물관 내의 항미원조전쟁관은 단동의 항미원조기념관과 전시의 기본 개념은 동일하나 〈중국인민지원군 압록강을 넘어〉라는 도상화된 사진[24]과 〈중국인민지원군전가〉가 만들어지는 과정에 대

---

24 〈중국인민지원군 압록강을 넘어〉라는 사진은 지원군 정치부 촬영기자 黎民이 찍은 것으로, 〈중국인민지원군전가〉와 함께 위대한 항미원조전쟁의 상징적인 표지(표식)이다. 이 사진은 1951년 2월 단동 구련성 지역에서 압록강을 넘어 조선전쟁으로 출동하는 지원군의 모습을 찍은 것이다. 려민은 렌즈의 초점을 행진하고 있는 부대대오에 맞추고, "용두"가 금방 조선의 삼천리 강산에 첫 발자국을 내디딘 순간, 그리고 "용미"가 아직 조국의 대지에 머물고 있을 때 사진기의 셔터를 눌렀다고 한다. 려민은 이 사진 필름을 조심스럽게 포장하여 해방군화보사로 보냈다. 얼마 뒤 려민은 해방군화보사로부터 사진을 채용했다는 통지를 받게 되며 그 제목은 〈중국인민지원군이 압록강

한 설명이 자세하게 이루어지고 있다. 〈중국인민지원군전가〉의 수고
는 1950년 10월 중국인민지원군을 편성하고, 이들에게 "항미원조 보
가위국"의 의의를 인식할 수 있도록 사상교육을 했을 때, 지원군 포병
지도원 마부요麻扶搖가 쓴 출정시의 초고이다.[25] 이외에 배우 상향옥常
香玉이 1951년 8월부터 1952년 2월까지 중국의 6개 지방을 순회하면
서 인민지원군으로 지원할 것을 권유한 공연기록물, 당시 사용한 위문
통, 피리와 트럼펫, 훈장, 건설공작기구, 영웅깃발과 일기, 작전도, 노
획한 미군 및 한국군 부대기, 권총 등에 관한 자세한 설명을 하고 있다
(『軍事博物館』, 2008, pp.298-349). 이 사진과 자료들은 전쟁 이미지
의 도상화과정, 항미원조 운동의 전개과정을 보여주는데, 우리는 이를
통해 전쟁의 대중적 이미지는 역사적 사실과 상당한 거리가 있으며,
국민형성의 중요한 수단임을 알게 된다.

북경 군사박물관에 항미원조기념관이 설치되었다는 것은 항미원
조의 기억이 변경도시에 머물지 않고 수도에서 활용될 필요성이 있었
다는 것을 의미하며, 동시에 그것의 초점이 '원조'로부터 '항미'로 이동
할 가능성을 내포하는 것이어서 미중관계의 맥락에서는 중요한 사건
이라고 할 수 있다. 이것은 중국정부와 미국정부 모두에게 정치적 부
담으로 작용할 수 있다. 특히 '항미'에서 미군의 윤리적 취약점인 세균

을 건너다〉이다.

25 이 시를 신화사(新華社) 통신 기자 진백견(陳伯堅)이 기록하고, 후에 약간
    수정했다. 1950년 11월 26일, 작곡가 주외치(周巍峙)가 〈인민일보〉에 실려
    있는 시를 보고 곡을 썼다. 1951년 4월 10일 〈인민일보〉는 〈중국인민지원군
    전가〉를 제목으로 또 한 번 이 노래를 발표했다. 그 뒤로 이 노래는 전군에 보
    급되었다.

전에 관한 전시가 포함되어 있어서 그런 부담은 배가된다.[26]

  항미원조의 기념공간이 2000년에 지방 국경도시 단동으로부터 수도 북경으로 확산되었다면, 중국의 또 다른 세계도시 상하이는 아무런 영향을 받지 않았는가? 2013년, 중국의 소규모정당인 민주당의 토대를 이루는 경제인들의 조직인 민진회民建會는 3년간의 자료수집을 거쳐 2013년 10월 25일, 상하이항미원조기념관을 개관했다. 이 기념관은 주로 상하이 출신의 항미원조지원군 참가여 약 1.8만명과 희생자 1,800명을 기념하는 것을 목표로 삼았으며, 개관기념식에는 500명이 참석했다(團結報 2013.10.31.). 북경이나 상하이의 경우에서 볼 수 있듯이 오늘날 중국에서 항미원조기념관은 폐쇄되거나 감소하지 않고 오히려 경제성장과 지방적 정체성 확립의 맥락에서 더 증가될 가능성이 있다.

항미원조기념관에 대한 반응과 도전들

북한과의 긴장 또는 갈등

1993년 항미원조기념관의 개관은 중국의 국내적인 맥락 뿐 아니라 국제적인 맥락, 특히 전통적인 동맹국이었던 북한과 새롭게 관계를 정상화한 한국과의 관계의 재정립의 맥락 속에서 그 의미가 재해석될 필요

---

26 세균전의 증거물로, 당시 미군이 투하했다는 세균폭탄, 공산주의 국가 및 제 3세계 인사로 구성됐던 세균전 조사단의 사진, 세균전에 참가했다는 미군 전쟁포로의 진술서 등이 제시되고 있다.

가 있다.

　오늘날의 공식적인 북중관계는 1949년 10월 6일 외교관계 수립으로부터 시작된다. 북한은 중화인민공화국의 성립 선포직후 제일 빨리 외교관계를 설정한 나라들 중의 하나이다. 중국은 참전을 통한 지원뿐 아니라 전후 경제복구건설을 통해 북한을 적극 원조했다. 1953년 11월 중국과 북한은 경제문화협조에 관한 협정을 체결했고, 1959년에는 평양에 우의탑을 건설했으며, 1961년 7월 "중조 우호, 협조 및 호상 원조에 관한 조약"을 체결했다. 그러나 북한과 중국 사이에는 이미 전쟁기간 중에 군사적 지휘권을 둘러싼 갈등이 심했고, 1956년에는 이른바 '8월 종파사건'으로 연안파가 숙청되었으며, 1960년대 초반, 북한에서 이른바 주체사상이 확립되면서부터 양자간 한국전쟁을 바라보는 관점의 차이가 두드러지기 시작했다.

　북한의 한국전쟁에 대한 기억의 정치는 휴전 직후인 1953년 8월에 개관한 조국해방전쟁기념관으로 시작되었다. 북한은 한국전쟁을 조국해방전쟁으로 정의했는데, 전쟁기억의 중요한 전환점은 1974년 4월, 전쟁기념관을 대규모로 확대 이전하면서 그 명칭을 '조국해방전쟁승리기념관(약칭 전승관)'으로 개칭한 것으로부터 시작된다. 북한은 이때부터 전쟁의 결과를 '승리'로 선전하기 시작했다.[27] 또한 북한의 전

27　북한의 전승기념관은 1953년 8월 17일 평양시 중구역 해방산동에 '조국해방전쟁기념관'으로 문을 열었다가 1974년 4월 현재 위치인 서성구역 보통강변에 현대식으로 재건축됐다. 기념관은 총서관, 항일무장투쟁시기관, 민주주의혁명시기관, 작전관, 군종병종관, 승리관, 중국인민지원군관, 후방인민투쟁관, 미제만행관 등 80여 개의 전시실로 나눠져 있다. 70년대 말에는 미24사단장인 딘(William F. Dean) 소장을 생포했던 작전을 부각시킨 대전해방 작전관을 원형 건물로 추가 건축했다. 「조국해방전쟁 승리기념관」은

쟁서술에서 중국 인민지원군의 참전과 지원에 관한 내용이 축소되었으며, 이는 1983년 출간된 전쟁사에 반영되었다.

1992년 이루어진 중국과 한국의 수교는 북한에게 큰 충격이었다. 북한은 이에 대한 불만으로, 교과서에서 중국 인민지원군의 참전사실을 삭제하고, 한국전쟁에서 북한 인민의 단결된 힘으로 '미제'를 격퇴했다고 수정했다(이상수, 한겨레신문, 2006.10.25.). 이런 상황에서 1993년에 개관한 항미원조기념관의 의미를 북한이 어떻게 인식했는가를 정확하게 이해하는 것은 매우 어려운 일이다. 왜냐하면 그 시기는 매우 국제적으로 미묘한 국면이었고, 사건들의 인과관계가 복합적으로 얽혀 있었기 때문이다. 다만 1993년 7월에 이루어진 중국과 북한의 정전협정 체결 기념행사에서 원래의 기념일인 7월 27일을 중국이 북한에게 양보한 것은 당시 중국이 북한의 불만을 감안한 것임에 틀림없다.

북한은 자신들의 주장대로 1993년 7월 27일을 '민족적 명절'로 지정하고(정연식, 연합뉴스, 1999.7.21.), 전승관 맞은 편에 초대형 기념비들을 건립하면서 기억의 정치를 강화했다.[28] 이 전승기념비 제막식에는 김일성과 김정일이 참석했고, 1,500명이 참관했다(연합뉴스 1993.7.26). 여기에는 중국의 인사들도 참여했다. 그러나 1993년 7월 27일의 북중 공동기념행사에도 불구하고 원래의 관계는 회복되지 않았다. 중국은 1993년 10월, 항미원조전쟁에서 또 하나의 중요한 중국

1993년까지 모두 1,500만명의 주민이 참관했으며 외국인 방문객 수는 23만명에 이른다고 보도했다(연합뉴스 1993.8.17).

28 이 '조국해방전쟁 승리기념비' 건립은 한국 언론도 큰 관심을 가지고 보도했다(연합뉴스, 1992.6.2; 1993.2.5).

군 도강지점인 창뎬허커우長甸河口에 펑더화이의 동상을 세웠다.

북한은 1993년 '조국해방전쟁 승리기념탑'을 만들면서, '조국해방전쟁사'를 3권으로 새롭게 출판했는데, 여기에서는 전쟁의 제1계단을 1950.6.25-9.15일, 제2계단을 9.16-10.24일, 제3계단을 1950.10.25-1951.6.10일로 설정했다. 10.25일부터로 설정된 제3계단은 실질적으로 중국 인민지원군의 참전을 의미하고 있으나 '아군련합부대'라고 쓰고, 이후의 전쟁전략 또한 김일성이 제시한 전략적 방침에 의한 것으로 표현하고 있다.[29] 제4계단을 진지전으로의 전환과 정전담판으로 설정하고, 제3권의 마지막 장인 제10장의 제목을 '정전협정의 체결, 조국해방전쟁의 위대한 승리, 전쟁승리의 요인과 력사적 의의'로 설정하고 있다.[30] 1993년판의 한국전쟁사에서 '중국 지원군'에 관한 언급은 매우 소략한데, 이는 1983년판 한국전쟁사 서술과 유사하다. 따라서 중국 인민지원군에 관한 서술의 간략화가 북한의 주체사상의 반영인 것은 분명하나, 이를 1992년의 한중수교에 대한 반발이라고 해석하는 것은 무리한 주장이다.

북한은 1993년 건립된 항미원조기념관에 대하여 별다른 언급을 하지 않았지만, 북한의 입장에서 볼 때 '항미원조'라는 개념은 그렇게 달가운 것이 아니었다. '항미'는 공통의 가치이지만, '원조'는 일방적인 것이기 때문이다. 이후 북한은 북중관계가 불편할 때마다 중국 건국이전의 중국 공산당에 대한 지원, 즉 중국 내전초기인 1946년부터 1947년 사이에 국민당의 공세에 몰린 공산군을 자신들이 지원한 사실을 강

---

29 강석희, 『위대한 수령 김일성동지께서 령도하신 조선인민의 정의의 조국해방전쟁사(2): 조국해방전쟁승리 40돐기념』, 과학백과사전출판사, 1993.

30 박태호, 『위대한 수령 김일성동지께서 령도하신 조선인민의 정의의 조국해방전쟁사(3): 조국해방전쟁승리 40돐기념』, 과학백과사전출판사, 1993.

조함으로써 불만을 표출했다. 북한의 입장에서 볼 때, 중국이 내세우는 '원조'는 북한의 중국에 대한 지원에 대한 당연한 응답이다. 북한의 중국에 대한 지원은 일본 제국주의에 대한 공동의 연대투쟁 이외에 1946년부터 1947년까지의 북중국(만주)에서의 중국 공산당의 위기국면에서 북한이 제공한 지원을 말한다. 이종석에 따르면, 북한이 국공내전시기에 중공을 지원했다는 사실을 공개한 것은 1992년부터 출판되기 시작한 〈김일성전집〉에서였다(이종석, 2000, p.72). 1946년 하반기에 수만명의 중공군 병력과 군속들이 국민당의 공격을 피하여 북한지역으로 들어왔다가 1946년말부터 1947년 초에 다시 중국으로 돌아갔으며, 1947년 상반기에 5천명이상의 병력이 대련에서 해로를 통해 북한으로 들어와 만주로 이동했다(이종석, 2000, pp.74-75). 이런 새로운 사실의 공개는 한중수교에 대한 북한의 유감을 표현한 것으로 해석되었다.

북한의 중국에 대한 불만은 한국의 언론기사에서도 잘 나타난다.

북한은 "중국도 중국혁명 과정에서 조선의 지원을 제대로 밝히지 않고 있다"고 반박한다. "중국은 조선의 중국혁명 지원을 잊어버렸지만 조선은 교과서에만 싣지 않을 뿐 문학작품이나 영화에서 중국의 지원 사실을 그대로 묘사하고 있고 또 평양의 우의탑 등 기념물을 통해 학생들에게 이 사실을 가르치고 있다. 은혜를 잊은 나라는 오히려 중국이다." 겉보기에 북-중 우호의 상징처럼 보이는 단둥의 항미원조기념관이 되레 두 나라 갈등의 산물이라는 사실은 역사의 아이러니다. (이상수, 한겨레신문, 2006.10.25).

여기에서 언급되듯이, 중국의 항미원조기념관은 1993년 확장개관 때부터 이 전쟁을 바라보는 시각의 차이 때문에 북한과의 긴장을 초래

했다. 보다 구체적으로 중국과 북한의 한국전쟁기억에 대한 균열의 지점들은 어디인가?

평양의 조국해방전쟁승리기념관이 한국전쟁의 발발을 한국의 북침에 대한 반격으로 규정하고, 전쟁의 주도권을 북한 인민군이 가지고 있었던 것으로 해석하면서 중국 인민지원군의 참전과 지원 사실을 최소화하고 있다는 점에서 항미원조기념관의 관점과 상당한 차이가 있다. '항미원조'에서의 '원조'의 일방성 때문에 북한으로부터의 잠재적 도전과 비판이 항상적으로 존재하며, 북중관계가 개선되면 그 이견은 노출되지 않고 잠복하지만, 관계가 악화되면 그 이견이 갈등으로 전화된다. 1995년 김복록 등이 편찬한 『영광의 50년』(조선화보사, 1995)이라는 화보집에는 이에 대한 반발이 투영되어 있다. 이 화보집에는 조국해방전쟁과 관련한 사진 27매와 이를 기념하는 기념물 2점(조국해방전쟁 승리기념탑과 그 전경) 등 총 29매의 사진이 실려 있는데, 중국 인민지원군을 담고 있는 사진은 한 장도 없다.[31]

중국지도부의 입장에서 볼 때, 항미원조의 기억을 되새기는 공간은 단동의 항미원조기념관과 평양에 있는 '우의탑'[32] 또는 회창에 있는

---

31   이 사진첩은 조선로동당의 역사적 뿌리(1926-45), 조선로동당의 창건과 새 조국건설(1945-1950), 전쟁을 승리에로 령도한 위대한 당(1950-53), 사회주의건설과 당의 통일단결(1953-60), 사회주의의 전면적 건설을 위한 당의 투쟁(1961-70), 온 사회의 주체사상화와 3대혁명(1970-80), 일심단결과 사회주의의 완전한 승리를 위한 투쟁(1980-) 등 7개 시기로 구분하고 있다.

32   이 탑의 원형은 1955년의 소련군의 대련 철군 2년 뒤에 뤼순에 세운 중소우의탑이다. 중국인민지원군은 그로부터 2년 후에 평양에 이와 유사한 기념탑을 세웠다고 할 수 있다. 물론 중소우의탑은 중국이 조중 우의탑은 북한이 주도적으로 세웠다. 평양의 우의탑에 대한 북한 측의 자세한 설명은 오

'중국인민지원군 열사능원'이다. 중국인들은 평양의 우의탑과 회창의 인민열사릉은 즐겨 찾지만, 조국해방전쟁승리기념관(전승관)은 잘 찾지 않는다. 이와 마찬가지로 북한인들은 단둥의 항미원조기념관을 잘 찾지 않는다. 중국과 북한 지도자들은 협력과 동맹이 필요한 경우, 북한에 있는 동맹의 기억 공간을 자주 방문하지만,[33] 항미원조기념관이나 전승관을 함께 방문하는 경우는 거의 없다.

그러나 북중관계가 호전되거나 북한이 중국의 정치경제적 지원을 필요로 할 때면, 기존의 혈맹관계가 다시 강조된다. 항미원조기념관의 자료에 따르면, 1996년 3월과 1999년 9월, 신의주의 당과 인민위원회의 간부들이 이 기념관을 방문하여 관람했다. 2000년 남북 정상회담을 한 달 앞둔 5월 김정일 국방위원장의 방중을 시작으로 북중관계는 약간 회복되어 양국 지도자들의 상호방문이 빈번하게 이루어졌다. 이후 한중관계와 북중관계는 롤러코스트를 탔다. 2005년에는 북중 양국 모두 10월 25일의 참전기념일 행사를 성대하게 치루었고, 후진타오 중국 국가 주석이 북한을 방문했다. 그러나 2006년 북한의 미사일 발사와 핵실험으로 다시 양국관계가 악화되자 이 행사는 축소되었다.

대형·하경호, 『당의 령도밑에 창작 건립된 대기념비들의 사상예술성』, 평양: 조선미술출판사, 1989를 참조할 것. 중국과 북한의 우의에 관해서는 권헌익의 글을 참조할 것. Heonik Kwon, The Korean War and Sino-North Korean Friendship, *The Asia-Pacific Journal*, Vol. 11, Issue 32, No. 4, August 12, 2013.

33 평양 우의탑 방문의 대표적인 사례로, 후진타오의 1993년 7월의 참배, 2001년 9월 장쩌민(江澤民) 국가주석의 헌화, 북한 핵 문제로 복잡했던 2005년 7월의 탕자쉬안(唐家璇) 국무위원의 헌화 등이 있다. 2009년 10월 원자바오(溫家寶) 총리는 회창 열사릉원을 방문하여 모안영의 묘 앞에서 "이제 조국은 강대국이 되었다"고 말했다고 한다.

2007년, 중화TV는 한국전쟁 발발 57주년을 맞아 4부작 특집다큐멘터리 '압록강의 기억'을 방영했다.

　미국과 한국의 북한에 대한 압박이 강화되던 2009년은 '조중 친선의 해'였다. 이를 뒷받침하듯이 2009년에 북한에서 출판된 『조중친선은 세기를 이어: 조중외교관계설정 60돐에 즈음하여』(외국문출판사, 2009)는 김일성과 마오쩌둥, 김정일과 후진타오의 사진을 시작으로 '반제공동전선에서 맺어진 불패의 전선'이 강조되었다. 중국의 해방전쟁에서의 조선인의 활동, 그리고 항미원조의 기치하에서의 중국의 북한 지원의 사진들을 싣고 있다.[34] 이 책은 북중 우호 뿐 아니라 지원의 상호성을 강조하는 의미가 담겨 있다.[35]

34　이 책에는 마오안잉의 묘(p.67) 사진이 실려 있고, 우의탑, 중국인민지원군 열사추모탑, 조국해방전쟁 승리기념탑의 사진이 실려 있다(p.68). 또한 1985년 10월 설립된 중국인민지원군 철도부대 열사기념비 제막식 사진(p.153)이 실려 있다.

35　그러나 이 책에 실린 사실들은 완전한 고증을 거친 것이라고 믿기 어렵다. 이 책에는 '조선인민혁명군과 중국항일부대의 연합작전지역 약도'와 함께, '중국인민의 해방전쟁을 도와'라는 제목 하에 강건과 김일성이 함께 찍은 사진(1946.4, p.30)을 제시하고 있다. 더 중요한 것은 1945년 11월, 국민당군과 공산당군간의 전투에서 위기에 빠진 공산당하 료동군구 사령원 소화가 김일성에게 도움을 요청하여 김일성은 11월 29일 안동으로 가서 회의한 후 도와주기로 결정했다는 사실, 그리고 1946년 봄 중공 동북국 서기 진운이 무기지원 요청을 하자 '대용단'이라는 제하(p.37)에 김일성은 동북민주련군에 10만여정의 무기와 탄약을 제공했다고 밝히고 있다. 이를 뒷받침하는 '중국인민의 해방전쟁 지원 약도'(p.38)와 '비밀통로'의 존재를 제시하고 있다. 이에 따르면, 1946-48년 기간에 중국 공산당 인원과 물자가 북한 경내를 경유하여 이동하도록 조치하여 동북지역에서 공산당이 승리하도록 하는 도움을 주었다는 것이다.

2000년 이후 북중 친선은 2010년에 정점에 달했다. 이 해 3월 26일 발생한 천안함 사건으로 대북 경제협력을 단절한 이명박 정부의 5·24 조치가 이루어지자 북중 경제협력이 강화되고, 북한은 북중혈맹의 상징인 '특급영웅 황계광'을 대대적으로 선전했다.[36] 또한 북한은 2010년 10월 25일 평양체육관에서 약 3만명이 참가한 성대한 집회를 열어 중국인민지원군 입조참전 60주년을 성대히 기념했다.[37] 그러나 2011년 12월의 김정일 사망과 2013년 2월의 북한의 3차 핵실험이후 북중관계는 다시 소원해졌다.

한국 언론과 시민들의 반응

1993년 7월, 항미원조기념관이 건립되었을 때, 바로 1년전에 중국과 수교한 한국은 어떻게 반응했는가? 한국의 통신회사인 연합뉴스는, 7월 25일 열린 기념관 개관행사에서 후진타오가 '항미원조전쟁'을 '반침략정의反侵略正義전쟁'이라고 주장한 사실을 처음으로 보도했다(연합뉴스 1993.7.26). 그리고 중국의 고위 대표단이 북한의 '조국해방전쟁

---

36 2010년 10월, 중국인민지원군 전쟁 참전 60주년을 기념하기 위해 평양 대동문 영화관에서 '중국영화주간'을 개막했다. 북한국가영화위원회와 중국주북한대사관이 공동으로 주최하는 이 행사에서는 중국의 우수 혁명영화〈네온사인아래의 보초병(霓虹灯下的哨兵)〉,〈철혈대동맥(铁血大动脉)〉등 세 작품을 상영했다.

37 이 집회에는 북한 최고지도자들과 중국의 고급군사대표단, 지원군 노전사대표단과 해방군 문예대표단, 조선주재 중국대사 류홍재 및 조선주재기구인원들이 참가했다(중국 인민일보, 2010.10.26.). 장춘 조선족 지원군 출신의 노인들도 항미원조전쟁 60돐 기념으로 좌담회를 가졌다.

승리 40주년'행사에 참여한 배경에 대한 보다 상세한 분석기사가 이어졌다. 이에 따르면, 중국은 한편으로는 북한의 미국과의 협상을 고무하고, 다른 한편으로는 대만과의 관계를 회복하려는 한국에 대한 견제의 필요가 있었다는 것이다. 이와 함께 중국과 한국의 수교 당시에 이루어진 한국의 중국에 대한 한국전쟁관의 수정요구에 대한 우회적인 거부의 뜻이 있다고 분석했다.

한국전쟁에 대한 중국과 북한의 일치된 인식과 입장을 거듭 확인, 혈맹의 우의를 국내외에 과시함으로써 최근 한국에서 대두되고 있는 6.25전쟁에 대한 중국의 왜곡된 시각 교정 요구에 사전 쐐기를 박겠다는 의도를 짙게 풍기고 있다. 따라서 "중국내 초.중.고 역사교과서등에 문제가 있다면 모두 수정하겠다"고 한 당초 약속과는 달리, 중국측은 여전히 6.25전쟁 왜곡기술 등에 관한 기존입장을 되풀이 부각시킴으로써 이 문제를 둘러싼 한-중 양국간의 협의과정에서 적지 않은 진통이 따를 것으로 예상된다(구범회, 연합뉴스 1993.7.27).

이런 분석은 1992년 8월의 한국과 중국의 수교 당시에 한국전쟁에서의 적대적 관계를 어떻게 정리할 것인가를 논의했고, 그 결과로 중국 교과서의 수정이 비공식적으로 합의되었다는 것을 암시한다.[38] 또한 한중수교는 이전까지의 중국과 북한 관계, 그리고 한국과 대만 관계를 근본적으로 변화시키는 것이었으며. 이런 복수의 양자관계들이 서로 연동되어 있음을 보여준다. 남북한의 분단과 양안의 분단은 동아시아 냉전구조의 중요한 축이었다. 1993년 7월에 이루어진 중국 대표단의 북한방문과 정전 기념행사, 그리고 한국과 대만의 민간대표부의 상호 교환설치 등은 동북아시아 탈냉전의 복잡한 끌고 당김의 구조를

---

38   한중 수교당시 어떤 문제들이 논의되었는가는 현재까지 충분히 공개되지 않았다.

보여준다.

당시 주중 한국대사관은 중국이 7월 25일 항미원조기념관 개관행사를 하고, 북한의 '조국해방전쟁 승전 40돌' 기념행사에 대규모 당정 대표를 보내 축하한 것에 대한 항의"를 했다(동아일보 1993.7.29; 경향신문 1993.7.29.). 그러나 그 항의는 다분히 의례적인 것이었다. 당시 한국의 여론 또한 중국의 항미원조기념관 건립에 대해 부정적인 태도를 보였지만,[39] 그 기념관의 건립 구상이 한중수교 이전에 이루어졌고, 개관이 한중수교 이후인 1993년에 이루어졌다는 점은 한중수교와 항미원조기념관 건립이 직접적인 인과관계에 있지 않으며, 동시에 한중수교에도 불구하고 중국의 한국전쟁관은 쉽사리 바뀌는 것이 아님을 보여주는 것이다.

1990년대 초반에 이루어진 항미원조기념관에 대한 반응이 주로 언론이나 정부측 인사들로 나왔다면, 2000년 이후에는 관광 목적으로 단동을 방문했다가 이곳을 관람한 시민들로부터 나오기 시작했다. 한국인들이 근래에 항미원조기념관을 관람하고 인터넷에 쓴 감상들을 분석해보면, 이들은 대체로 이 기념관의 전시를 받아들이기도 하나 상

---

39 한국의 유력한 신문의 하나인 동아일보(1993.8.6)는 한국전쟁에 관한 역사의 진실, 즉 "김일성의 남침"이 증명되고, "중국 측도 최근 중국교과서에 실린 6.25 왜곡내용을 시정해나가겠다고 우리 측에 약속"했으며, 한중수교 시에 '한국전쟁은 후세 역사의 평가에 미루자'고 한 중국이 수교 1년을 맞아 '항미원조기념관'을 세우고 북한의 장단에 발맞추는 저의는 무엇일까"를 질문하고 있다. 한국의 국가연구기관인 외교안보연구원의 연구원 박두복은 "중국의 '한국전쟁 신사고' 유감"이라는 신문칼럼에서 항미원조기념관 건립을 "한국전쟁으로 심화된 중국과 북한간 혈맹적 특수관계를 영속화시키는 상징적 행위"로 해석했다(매일경제 1993.8.10).

당수의 관광객은 기념관의 전시에서 김일성-박헌영의 편지와 한국군 부대기(백호기)를 가장 많이 주목하고 이에 대한 비판적 소감을 밝히고 있다. 전자가 주로 북한의 전쟁책임론과 함께 반공주의 또는 국민주의적 반응을 낳는 원천이라면, 후자는 한국군의 명예와 연관지우는 대표적인 항목으로 민족주의적 수치감을 낳는 원천이라고 할 수 있다. 이와 관련하여 2008년 7월, 정전협정 체결 55주년에 보도된 한국의 언론을 보자.

> 중국인민지원군이 노획한 국군 수도사단 백호연대기는 지금도 기념관의 중요 전시물 중 하나로 꼽힌다. 중국인민지원군 제68군 203사 정찰대 부대장이었던 양위차이(楊育才)는 1953년 7월13일 금성전투에서 치열한 전투를 벌인 국군의 정예부대 수도사단 소속 백호연대에 침입해 이승만 대통령이 직접 하사한 부대의 상징인 백호기를 빼앗아오는 '전공'을 올렸다. 지금 백호기는 바탕이 누렇게 빛이 바래있었지만 깃발 중앙에 그려진 백호의 모습만은 여전히 생생한 기운을 뿜어내고 있었다. 언제쯤 다시 한국으로 돌아갈 수 있을지 이 백호기의 운명에 대해서는 누구도 장담을 하지 못했다. (조계창, 연합뉴스, 2008.7.27)

이런 지적은 중국의 '전투 승리'의 전시가 한국인들의 민족주의적 정서를 자극하고 있음을 보여준다. 이 보도는 한중관계가 발전하면, 백호기가 한국으로 반환되어야 한다는 함의를 가지고 있으며, 이것은 나아가 과거의 적대의 기억을 현재주의적 방식으로 재구성해야 한다는 요구가 배태되고 있음을 시사한다. 이런 한국인들의 반응은 항미원조기념관의 관람자성spectatorship에 대한 보다 자세한 분석을 유도한다.

국경관광의 활성화와 세계화된 관람자성

2000년 이후 단동은 중국의 다른 도시들 못지않게 빠른 속도로 도시 규모가 확대되고, 재개발이 진행되고 있다. 단동은 북중 국경무역의 중심도시로 중국이나 한국, 그리고 북한의 사업가나 관광객이 크게 증가하고 있고, 단동시 정부는 이른바 국경관광 진흥을 통해 관광산업을 육성하기 위한 노력을 하고 있다. 이를 통해 전쟁유적들이 정비되고, 항미원조기념관은 단순한 전쟁기억의 장소를 넘어서서 전장관광 battle-field tourism 네트워크의 중심이 되었고, 단동시 또한 국경여행과 전장여행을 겸하는 장소가 되었다. 과거의 전쟁기억을 가장 많이 가진 노병들이나 북한에 연고를 둔 조선족의 방문 뿐 아니라 중국의 젊은 세대들과 한국의 관광객들의 방문도 크게 증가했다.

중국당안보糖案報(2000.9.7)에 따르면, 1993년부터 2000년 초반까지의 항미원조기념관을 찾은 관람객은 70여만 명이었는데, 여기에서 거론된 외국인은 북한, 한국, 미국, 일본, 루마니아인들이었다. 중국정부의 입장에서는 이를 중요한 애국주의교육의 기지로 보지만, 지방정부는 점차 국경관광과 전장관광의 관점에서 바라보기 시작했고, 이런 단동시의 입장은 2002년 항미원조기념관의 재구성에 많이 반영되었다. 당시 기념관은 2002년 전시를 재구성하면서 전시의 원칙으로 사상성, 예술성, 과학성, 교육성 외에 관상성과 취미성을 부가하여 강렬한 느낌과 흡인력을 가져야 한다고 강조했으며, 여행사들과의 협의를 통해 관광객의 입장을 적극 고려하기 시작했다. 기념관은 내부 전시뿐 아니라 외부도 여행과 휴가를 위한 공간으로 바꾸기 시작했다. 이런 변화는 2008년에 마무리되었다. 단동시는 이를 통해 도시의 문화산업능력과 대외 영향력을 증진하려고 했다(丹東日報 2014.7.28).

항미원조기념관의 전시와 환경의 변화는 관람자의 변화에 기초하고 있다. 항미원조기념관의 관람자들은 1990년대까지는 중국의 학생들이나 군인들이 주류였지만, 2000년 이후 국제적인 관광객, 특히 한국, 일본, 미국 등지에서 온 관람객들이 증가했다. 기념관의 자료에 따르면 대만의 인사들이 1995년 방문했고, 2005년에는 일본과 한국의 기업인이나 학자들이 다수 방문했다. 이런 관람객의 변화는 전시 뿐 아니라 운영 프로그램에 영향을 미쳐, 체험중심의 관광이 강조되고, 또한 전시의 시각에 대해 도전하는 사례가 증가했다.

항미원조기념관은 개관후 1995년 단동시 애국주의교육기지로 지정되었는데, 1996년에는 전국 중소학 애국주의 교육기지, 1998년 요녕 국방교육기지가 되었다. 2004년 새롭게 확대된 항미원조기념관은 이때부터 3년간 '홍색관광'구역으로 지정되어 집중 개발되어, 2006년 전국 100대 홍색관광지구에 포함되었고, 2007년에는 국가 4A급 관광구, 2009년에는 국가 1급박물관으로 지정되었으며(王殊男, 2009), 이때부터 무료관람이 이루어졌다.

단동시의 관광진흥정책은 항미원조기념관에 머무르지 않고, 시내의 다른 전쟁유적을 주목하는 것으로 나아갔다. 이 경우 초점이 되는 장소의 하나가 압록강 단교이다. 이 다리는 원래 1909년 일제에 의해 건설된 압록강 철교로, 중국군의 참전이 확인된 1950년 11월 8일, 미 공군은 B-29 폭격기로 이를 파괴했다.[40] 이 단교는 방치되어 있다가 1988년 시급 보호문물이 되었고, 1993년 정비되어 관관용으로 개방되면서 1994년 국방교육기지, 1995년 애국주의교육기지가 되었다. 2004년에는 전국 100대 홍색관광지구로 지정되었다.

2006년은 단동의 국경관광의 중요한 전환점이다. 단동시는 개항

---

40 1951년 4월 이 다리 옆에 제2 다리가 건설되었다.

100주년을 맞아 '압록강 국제관광절' 행사를 하면서 7월, 압록강 단교를 새롭게 정비했다. 단교 입구에 있던 기념품 가게를 철거하고, 펑더화이가 인민지원군을 끌고 압록강을 건너는 장면을 그린 군상부조와 최초의 출병일인 10월 19일을 상징하는 캘린더 모양의 조각을 조성했다.[41]

　새로 건립된 기념비에 '항미원조 보가위국(抗美援朝 保家衛國)' 대신 '평화를 위하여(爲了和平)'라는 네 글자를 새겼다. 이를 단둥시의 한 관계자는 "새 기념비는 단둥시를 평화를 상징하는 도시로 만들겠다는 염원을 담고 있다"고 설명했다. 새 기념비는 혈맹관계의 틀을 벗어나 북한과의 새로운 관계를 모색하려는 중국의 변화된 인식을 반영하는 상징물처럼 비쳐지고 있다. 특히 중국이 2006년 7월 북한의 미사일 발사 이후 유엔 안보리 대북결의안에 찬성표를 던진 데 이어 제2차 핵실험에 따른 대북제재 결의안에도 거부권을 행사하지 않음으로써 북중 양국 간의 전통적인 동맹관계는 완전히 해소된 것이 아니냐는 관측이 제기되고 있기 때문이다(조계창, 연합뉴스 2006.10.15).

사진 4　　펑더화이가 인민지원군을 끌고 압록강을 건너는 군상부조(좌). 최초 출병인 10월 19일을 상징하는 캘린더 모양의 조각(우)

41　단동 평화상은 압록강단교 끝 지점에 2006년 9월 제막되었다. 심양의 노신 미술학원 진승정(陳繩正)이 설계했는데, 펑더화이를 중심으로 하여 압록강을 넘은 26만명의 지원군을 대표하는 26명의 인물상을 조각했다(田志和, 2009:387).

여기에서 주목할만한 것이 새로 새겨진 '평화'의 의미이다. 팽더화이와 인민지원군들의 발 앞에 새겨진 '평화를 위하여$^{For Peace}$'라는 표현은 과거형인지 미래형인지, 그리고 누구의 평화인지 불분명하다. 이들이 위험스러운 평화로 보이는 것은, 다리의 출발지점에서, 언제든지 한반도에 다시 들어올 수 있다는 자세로 서 있기 때문이다.

인민지원군의 압록강 도하지점은 현재의 압록강 단교 뿐만 아니라 동북쪽으로 거슬러 올라간 지점에 있는 압록강 부교, 그리고 압록강 상류로 60km 올라간 지점에 있는 청성교 등이다. 압록강 부교는 전쟁 당시 동북군 공병부대에 의해 1951년 5월 30일 건설되었다. 나무로 만든 것이어서 잔해만 남았는데, 단동시는 2005년 이를 시급 보호문물로 지정했고, 여기에 2010년 6월 '告別祖國', '送別親人'이라는 이름의 지원군 군상을 제작·설치했다.

청성교는 만주족자치현 창뎬허커우(관전현 하구촌)에 있다. 이 다리는 1951년 3월 29일 미군의 폭격으로 북한쪽 절반이 파괴되어 단교로 남아 있어서 제2의 압록강 단교로 불린다. 이 다리의 입구에 말을

사진 5   압록강 부근의 부교 잔해

타고 있는 팽더화이의 동상이 1993년 세워졌으며, 마오안잉의 흉상이 2010년에 세워졌다(길림신문, 2010.6.6.).

단둥시의 국경관광과 전장관광을 위한 노력은 항미원조기념관의 위상강화에도 나타난다. 중국혁명관광망中國紅色旅游網이 중국공산당 중앙선전부에서 발행하는 잡지 '당젠黨建'과 공산당 직속의 홍치紅旗출판사와 공동으로 네티즌 설문조사를 실시한 결과, 단둥의 항미원조기념관이 8번째로 높은 점수를 얻어 2006년 10대혁명관광지로 선정됐다. "이는 관광도시로서 단둥시를 빛나게 만들었다."(연합뉴스 2006.12.25).

그런데, 단둥시의 국경관광이 발전하고 기념관의 위상강화가 이루어질수록, 이에 대한 도전 또한 커진다는 역설이 존재한다. 항미원조전쟁기념관의 관람객 통계는 정확하지 않지만, 애국교육기지로 지정된 후, 2008년부터 무료참관을 실행해오면서 연(?) 100여 만명의 참관자들이 답사했다고 한다(길림신문, 2009.9.23.). 그렇다면 이들 모두가 중국의 애국주의 교육을 그대로 수용하는가? 중국의 시민들이 이 기념관을 관람하고 난 소감에 관한 자료가 존재하는지 알 수 없지만, 최근의 중국의 젊은이들은 남북한 뿐 아니라 과거의 전쟁이나 집단주의문화에 대하여 노인들과는 다른 생각을 갖고 있는 것이 확실하다.[42]

중국 청소년층의 역사인식이 기념관과 전쟁경험세대에 대한 국내적 도전이라면, 기념관의 세계화된 관람자성globalized spectatorship은 현재 이 기념관이 직면하고 있는 더 중요한 도전이다. 기념관의 전시

42　북한의 집단체조 아리랑을 본 후의 중국인들의 세대간 반응의 차이에 관하여 쓰마핑방(司馬平邦), 「항미원조-조중우의 60년:조선을 대하는 중국인들의 두 마음」, 『민족 21』 No.117, 2010.

는 과거에는 주로 중국인들을 향한 것이었으나, 근래에는 세계화된 관광객들의 시선을 의식하지 않을 수 없다. 한국 뿐 아니라 미국이나 일본의 관광객들도 기념관을 많이 방문하고 있고, 전시의 객관성에 의문을 던지는 경우가 증가하고 있다.[43]

중국정부가 '항미'의 전시에서 미국의 시선을 의식하고 있다는 것은 1994년에도 나타난 바가 있는데,[44] 보다 본격적인 반응은 2008년 북경올림픽을 앞두고 북경 군사박물관의 항미원조기념관을 잠정 폐쇄한 조치에서 잘 드러난다. 당시 군사박물관은 항미원조전쟁관을 2008년 초에 잠정 폐쇄하고, 대신 중국서화전 전시를 했으며, 7월부터는 손자병법전과 중국 고대 군사문물 정품전을 열었다. 박물관은 "수리 때문"에 폐쇄했다고 말했지만(유강문, 한겨레신문, 2008.9.19), 항미원조전쟁관과는 달리 항일전쟁기념관은 여전히 전시를 계속하고 있었기 때문에, 이를 "베이징 올림픽을 전후해 중국을 방문하는 외국인에게 중국의 반미주의가 부각되는 것을 피하려고 폐쇄한 것"으로 해석(김청중, 세계일보 2008.9.20.)하는 것을 피할 수 없었다. 그러나 같은 시기에 단동의 기념관에서는 '항미원조 승리 55주년'을 기념하는 전시가 열리고 있었다(조계창, 연합뉴스. 2008.7.27). 이는 동일한 전쟁기억이 지역에 따라 다르게 활용될 수 있다는 것을 알려준다.

---

43 이런 현상은 서울의 전쟁기념관을 방문한 중국인 관광객에게서도 발견된다. 이들은 한국전쟁의 책임이 마오쩌둥에게도 있다는 전시에 대해 질문을 던진다.

44 동아일보의 임채청은 중국에서 미국과의 관계를 고려하여 항미원조기념관의 명칭에서 '항미'를 삭제해야 하다는 여론이 있음을 지적했다(1994.6.20).

평화를 위한 전쟁기념관은 가능한가?

한국전쟁의 핵심당사국들에 설립되어 있는 전쟁기념비나 전쟁기념관
은 '현실세계에 존재하는 과거'이며, 이에 대한 공식적 방문이나 잠정
적 폐쇄는 현실정치에서 과거를 소환하는 방식들의 하나이다. 전쟁 당
시의 국제적인 적대나 동맹을 상기하는 것은 현재의 국가간 견제나 협
력, 그리고 국내적인 사회통합을 이끌어내는 문화정치의 일부이다. 각 국
가는 전쟁기념관이라는 하드한 매체나 또 여기서의 각종 이벤트나 전
시라는 소프트한 수단을 동원하여 다양한 역사적 문화정치를 수행한다.

한국전쟁의 기억의 정치는 정전 40주년이던 1993년부터 1995년
시기에 세계적으로 활성화되었다. 한국전쟁의 주요 당사국들은 전쟁
기억을 재현한 기념관이나 기념물을 차례로 만들었다. 전쟁기념을 통
한 문화냉전이 탈냉전의 국면에서 오히려 활성화되었다는 것은 역사
의 아이러니이다. 이런 프로젝트들은 적대의 해소와 화해보다는 국가
적 정체성을 강화하는 방향으로 전개되었다.

동아시아에서는 상당히 오래전부터 탈냉전이후의 유럽이 성취한
것처럼, 지역공동체를 만들어가야 한다는 목소리가 커져왔다. 그러나
일본식민주의와 냉전의 유산, 그리고 근대 민족국가형성 프로젝트의
지속성에 의해 역사적 연대, 이념적 연대, 그리고 자본주의적 발전을
위한 경제적 연대가 서로 상충하고 착종됨으로써, 평화로운 지역공동
체는 성취되지 않았다.

중국의 항미원조기념관은 한국전쟁에 관한 중국인의 시각과 경험
에 기초하여 구성된 것으로, 오늘날 항미원조기념관은 국경 전장관광
의 논리와 세계화된 관람자성, 또는 소수자적 관점 등에 의해 도전을
받고 있는 이념적 장치가 되었다. '평화'는 매우 추상적이고 모호하게

제시되고 있으며, 과거의 적대를 해소하고 화해를 달성하려는 적극적인 노력은 아직 나타나지 않고 있다.

동아시아에서 평화적 지역공동체의 수립을 위해서는 한국전쟁 정전체제를 평화체제로 전환해야 한다는 요구가 강력하게 존재한다. 이를 위해서는 적대와 동맹의 전쟁기억을 비판적으로 재구성해야한다. 이를 전쟁기념관에 적용한다면, 관점의 상호교환을 통해 자국중심적인 전쟁기억을 뛰어 넘어야 하고, 공존가능한 해석틀을 발전시켜야 한다는 요구가 될 것이다.[45] 이에 상응하는 문제로, '항미'라는 표현이 유엔의 문제를 희석시키고, [46] 또한 '원조'라는 표현은 일방성과 모호함을 가진다는 점을 지적할 수 있다.[47]

그렇지만, 항미원조기념관과 그 전시내용에 대한 본질적인 비판은 이 기념관이 한국전쟁에 관한 객관적 사실들을 얼마나 충실하게 반영하고 있는가라는 질문으로부터 시작된다. 항미원조기념관이 새롭게

---

45 중국과 한국은 국교정상화 당시 한국전쟁의 적대적 기억을 의도적 회피의 영역으로 두는 것을 양해했지만, 이후 '전략적 동반자' 관계로 불릴 정도로 발전된 경제적 협력과 상호의존의 심화는 항미원조기념관의 이념성을 수정해야할 부담을 증가시키고 있다.

46 중국과 유엔의 관계는 매우 미묘하다, 한국전쟁에서 중국은 미국을 포함한 국제연합군과 싸웠고, 휴전협정도 이들과 체결했다. 1970년대에 중국은 미국과 화해를 하면서, 적대자로서의 국제연합에 대해서는 아무런 조치가 없이 국제연합에 가입했다. 또한 미국이 유엔을 내세워 그렇게 신속하게 한국전쟁에 개입할 것을 마오쩌둥이 예상하지 못했다는 점도 지적하지 않고 있다.

47 '항미원조'의 영문 표현에서 '조'는 Korea로 표기되는데, 그것은 북한을 의미한다. 영문 표현은 Chosun으로 하지 않고, Korea로 함으로써, 한국의 존재는 자연스럽게 간과된다. 이런 부정확한 표현은 의도적인 것으로 해석해야 한다.

개관한 1993년은 한국전쟁에 관한 연구가 소련의 문서고의 개방으로 인하여 급속하게 발전하던 시기였다.[48] 항미원조기념관은 개관 이후 전시를 여러 차례 수정하면서 새로운 연구성과를 반영했다고 주장하지만, 충분하지 않다. 전쟁을 바라보는 기본적인 시각과 전쟁의 원인에 관한 설명은 바뀌지 않았다. 특히 북한의 전쟁 시작과 중국의 참전이 가능하게 된 배경에서 1950년 2월 체결된 중소우호동맹호조조약을 언급하고 있지 않다. 이 조약은 1945년 8월 체결된 중소우호동맹조약을 대체한 것으로,[49] 신중국의 역사에서 매우 중요한 것이며, 이 조약의 체결이 한국전쟁 발발의 실질적 배경이 되었다는 것이 오늘날 중국의 한국전쟁연구의 중요한 성과이다.[50]

---

48 이 시기에 이루어진 대표적인 연구성과의 하나로 세르게이 곤차로프-존 루이스-쉐리타이 등의 연구(1993)을 들 수 있다.

49 1945년 8월 14일 스탈린과 장제스 사이에 체결된 조약은 제정 러시아와 청의 조약처럼, 불평등성을 내포하고 있었다. 여순과 대련의 30년 조차와 장춘철도의 사용권 등 1904년 러일전쟁으로 인하여 러시아와 상실했던 만주에서의 이권을 부활시킨 것이다. 장제스는 2차대전 막바지에 일본과의 전쟁 및 국공 갈등상황에서 불리한 위치에 있었으므로, 소련군의 도움을 얻기 위하여 스탈린의 요구를 수용했다. 그러나 국공내전에서 승리하고 신중국을 선포한 마오쩌둥을 이를 인정하지 않고 소련과 대등한 조약을 맺을 것을 요구했다.

50 沈志華,『毛澤東, 斯大林與朝鮮戰爭: Mao, Stalin and Korean War』, 廣東人民出版社, 2003/2007 (션즈화, 최만원 역,『마오쩌뚱 스탈린과 조선전쟁』, 선인, 2010). 션즈화는 한국어판 책의 서문에서 "대다수 한국인들은 한국전쟁에 대한 중국인들의 시각이 어떻게 변했는지 모르고 있었다"고 말했지만, 변화된 중국인의 시각을 항미원조기념관이 얼마나 반영하고 있는지를 되물을 수 있다.

또한 항미원조기념관이 가진 '한국전쟁 내전론'과 중국인민지원군의 참전배경에 대한 설명도 비판의 대상이 된다. 이 기념관은 한국전쟁 발발이전에 이루어진 조선인 병사들의 입북, 김일성-스탈린-마오쩌둥의 협의, 그리고 '결책'과정에서의 중국인 지도자들의 참전반대 의견들이 다수 존재했다는 사실을 충분히 보여주지 않기 때문이다.[51] 전투과정에서 발생한 북중간 지휘권 문제, 포로교환 당시에 발생한 반공포로문제와 대만으로의 송환에 관한 언급이 없다는 점도 전시의 한계로 지적될 수 있다.

2014년 한국정부는 한국에 있던 중국인민지원군 유해 437구를 중국으로 돌려보냈고, 이 유해들은 심양 열사능원에 안장되었다. 이런 조치들은 동아시아에서 한국전쟁의 기억들이 함축하고 있는 적대성을 완화시키는 인도주의적 노력의 일환인데, 이런 화해의 노력들이 한국전쟁을 둘러싼 근본적인 시각을 바꾸기까지에는 더 많은 시간을 필요로 하는 것으로 생각된다.

---

51 당시 적극적인 참전론자는 마오쩌둥 뿐이었으며, 다수가 참전반대론자였는데, 그들의 논리는 한계론, 국내 우선론, 위험론, 패전론, 신중론 등이었다.

:::참고문헌

강석희,『위대한 수령 김일성동지께서 령도하신 조선인민의 정의의 조
　　　국해방전쟁사(2): 조국해방전쟁승리 40돐기념』, 과학백과사
　　　전출판사, 1993.

김복록 외,『영광의 50년』, 평양:조선화보사, 1995.

김정현,「중국의 항일전쟁기념관의 애국주의와 평화문제」,『역사학연
　　　구』, 2009.

김형곤,「한국전쟁의 공식기억과 전쟁기념관」,『한국언론정보학보』,
　　　2007.

동북군정대학 길림분교 학교력사연구회 편,『빛뿌리는 발자취』, 연변
　　　인민출판사, 2006.

다카하시 데쓰야(이목 역),『국가와 희생』, 책과함께, 2008.

박경석,「동아시아의 전쟁기념관과 역사갈등 : 중국인민항일전쟁기념
　　　관」,『중국근현대사연구』, 한국중국근대사학회, 2009.

박태호,『위대한 수령 김일성동지께서 령도하신 조선인민의 정의의 조
　　　국해방전쟁사(3): 조국해방전쟁승리 40돐기념』, 과학백과사
　　　전출판사, 1993.

백원담-임우경 엮음,『'냉전' 아시아의 탄생 : 신중국과 한국전쟁』, 서
　　　울: 문화과학사, 2013.

베네딕트 앤더슨(윤형숙 역),『상상의 공동체: 민족주의의 기원과 전
　　　파에 대한 성찰』, 나남출판사, 2002.

북한?,『조중친선은 세기를 이어: 조중외교관계설정 60돐에 즈음하
　　　여』, 평양: 외국문출판사, 2009.

胥超,「제2차 국공내전기 북조선노동당 대 중공의 지원에 관한 연구」,

서울대학교 대학원 석사학위논문, 2006.

소련외교부 편(章化農 역),『朝鮮問題參考文件』, 北京:50년대출판사, 1951.

손해룡,『抗美援朝文學에 나타난 중국의 한반도 인식 : 1950년대를 중심으로』, 성균관대학교 박사학위논문, 2012.

쓰마펑방(司馬平邦),「항미원조-조중우의 60년:조선을 대하는 중국인들의 두 마음」,『민족 21』No.117, 2010.

여문환,『동아시아 전쟁기억의 정치와 국가정체성』, 경기대 박사논문, 2008.

염인호,「6.25 전쟁과 연변 조선인 사회의 관련성에 관한 일고찰」, 한국근현대사학회, 2004

염인호,『또 하나의 한국전쟁: 만주 조선인의 '조국'과 전쟁』, 서울:역사비평사, 2010.

왕수쩡,『한국전쟁 – 한국전쟁에 대해 중국이 말하지 않았던 것들』, 서울: 글항아리, 2013.

오대형·하경호,『당의 령도밑에 창작 건립된 대기념비들의 사상예술성』, 평양: 조선미술출판사, 1989.

우병국,「중국의 한국전쟁 연구현황에 관한 분석」,『중소연구』109, 2005, pp.189-215.

윤휘탁,「중국의 애국주의와 역사교육」,『중국사연구』18, 2002.

이종석,『북한-중국관계 1945-2000』, 서울:중심, 2000.

전쟁기념관 편,『전쟁기념관』, 서울: 전쟁기념관, 2008.

정근식,「한국전쟁의 기억과 냉전, 또는 탈냉전-전쟁사진과 기념관」,『역사적 관점에서 본 동아시아의 아이덴티티와 다양성』, 동북아역사재단, 2010.

정덕구 · 추수롱 외, 『기로에 선 북중관계 : 중국의 대북한 정책 딜레마』, 중앙북스, 2013.

정병준, 「동서냉전체제와 한국전쟁: 한국 분단체제-동북아 질서의 재편을 중심으로」, 역사학회 편, 『전쟁과 동북아의 국제질서』, 서울:일조각, 2006.

정협 연변조선족자치주 문서자료위원회 편, 『돌아보는 력사』, 료녕민족출판사, 2001.

주젠룽(朱建榮)(서각수 옮김), 『마오쩌둥은 왜 한국전쟁에 개입했을까』, 서울: 역사넷 2005.

중국 군사과학원 군사역사연구부(오규열 역), 『중국군의 한국전쟁사』, 서울: 국방부 군사편찬연구소, 2002.

중국 해방군화보사(노동환 외 역), 『그들이 본 한국전쟁 1: 항미원조 중국인민지원군』, 서울: 눈빛, 2005.

허종호, 『위대한 수령 김일성동지께서 령도하신 조선인민의 정의의 조국해방전쟁사(1): 조국해방전쟁승리 40돐기념』, 평양: 과학백과사전출판사, 1993.

洪學智(홍인표 옮김), 『중국이 본 한국전쟁 : 인해전술의 전쟁기록』, 서울: 고려원, 1993.

홍학지, 『항미원조전쟁을 회억하여』, 동북조선민족교육출판사, 1998. (중국어 원본은 1990년 발행)

히라이와 슌지(이종국 역), 『북한 · 중국관계 60년 : '순치관계' 의 구조와 변용』, 서울: 선인, 2013.

君塚仁彦 編, 『平和概念の再檢討と戰爭遺跡』, 東京: 明石書店, 2006.

石善福 · 宋群基 · 唐庚雄 編, 『抗美援朝紀念館』, 北京:台海出版社, 2000.

康健,「鴨綠江畔的历史丰碑-抗美援朝纪念馆巡礼」,『国防』2000年 04
　　　　期.

孫洪久 · 張中勇 主編,『紀念中國人民志願軍抗美援朝出國作戰 50周年
　　　　凝固的歷史瞬間』, 遼寧人民出版社, 2000.

沈志華,『毛澤東, 斯大林與朝鮮戰爭: Mao, Stalin and Korean War』,
　　　　廣東人民出版社, 2003/2007 (션즈화, 최만원 역,『마오쩌둥
　　　　스탈린과 조선전쟁』, 서울: 선인, 2010).

梁秉祥 主編,『抗美援朝戰爭畫卷』, 中國文聯出版公司, 1990.

李庚山,『志願軍 援朝紀實』, 中共黨史出版社, 2008.

周琇環 編,『戰後外交史料彙編: 韓戰與反共義士篇 1-3』, 臺北: 國史館
　　　　2005.

中國人民抗美援朝總會 宣傳部 編,『偉大的抗美援朝運動』, 北京:人民出
　　　　版社, 1954.

中國人民革命軍事博物館編,『走進 中國人民革命軍事博物館』, 北京: 兵
　　　　器工業出版社, 2008.

抗美援朝精神研究会 編輯部,『精神不朽: 抗美援朝精神研究: 原創文章
　　　　选集』, 抗美援朝精神研究会, 2013.

劉秀峰,「籌建 志願軍烈士陵園始末」, 林源森 等 主編,『震撼世界一千
　　　　天:志願軍壯士朝鮮戰場實錄』, 北京:中國社會科學出版社,
　　　　2003. pp.798-801.

魏巍,「誰是最可愛的人」(1951.4.1) 林源森 等 主編,『震撼世界一千天:
　　　　志願軍壯士朝鮮戰場實錄』, 北京:中國社會科學出版社, 2003.
　　　　pp.48-52.

田志和,『碑陵的震撼』(Tian Zhi He, Beilingdezhenhan), 吉林人民出
　　　　版社, 2009.

黃金麟, 「以戰爲治的藝術 : 抗美援朝」, 汪宏倫 編, 『戰爭與社會』, 臺北:
聯經, 2014.

欒景河 · 李福生. 「'中苏友好同盟条约'与'中苏友好同盟互助条约'之比
较」, 『当代中国史研究』第11卷 第2期, 2004.3.

王殊男, 「全國首批愛國主義教育基地: 抗美援朝紀念館」, 『民主』
2009.11.

于紹綱, 「抗美援朝紀念館擴建紀事」, 『世紀特稿』, 2005.6.

Ashplant, T.G., G.Dawson and M.Roper, The Politics of War
Memory and Commemoration: Contexts, structures and
dynamics, The Politics of War Memory and Commemo-
ration, Routledge, 2000.

Goncharov, S., J.W.Lewis, and 薛理泰, Uncertain Partners: Stalin,
Mao, and the Korean War, Stanford University Press,
1993 (세르게이 곤차로프-존 루이스-쉐리타이(성균관대학
교 한국현대사 연구반 역), 『흔들리는 동맹: 스탈린과 마오
쩌뚱 그리고 한국전쟁』, 서울:일조각, 2011).

Kwon Heonik, The Korean War and Sino-North Korean Friend-
ship, The Asia-Pacific Journal, Vol. 11, Issue 32, No. 4,
August 12, 2013.

Sheila Miyoshi Jager and Rana Mitter eds., Ruptured histories :
war, memory, and the post-Cold War in Asia, Harvard
University Press, 2007.

·

에필로그

정근식

2014년 12월 3일, 영국 런던의 국방성 청사 앞, 템즈강변에서 한국전쟁참전기념비가 제막되었다. 이 기념비는 한국전쟁에 참여했던 영국군을 기념하기 위하여 만든 것으로, 한 병사가 오른쪽 어깨에 총을 걸치고, 왼손으로는 철모를 벗어 들고 있으며, 앞으로 고개를 숙이고 서있는 모습이다. 이 기념비가 건립됨으로서 한국을 도와 전쟁에 참여했던 나라의 수도에는 모두 한국전쟁 기념비가 있게 되었다고 한다. 그러나 나는 이 기념비를 본 순간, 깜짝 놀랐다. 이 영국군 병사상은,

사진 1   탈린의 소련군 청동 병사상   사진 2   런던의 한국전쟁 참전 영국군
병사상

2007년 4월, 이전논쟁으로 세계적으로 유명해진 에스토니아 탈린의
청동 병사Bronze Soldier상과 너무 닮았기 때문이었다. 그 청동병사는
당연히 제2차 세계대전 당시의 소련군을 재현한 것으로, 영국군 동상
과 다른 것은 왼손과 오른손이 바뀌었다는 점이었다. 1947년에 세워
진 이 소련군 동상의 모습과 2014년에 새워진 영국군 동상의 이미지
가 이렇게 흡사하다니, 도대체 이것은 무엇을 의미하는가?

하나는 1944년의 소련군의 모습이고, 다른 하나는 1950년의 영국
군의 모습이므로, 그 시차는 6년이지만, 그러나 이들이 각각 1947년에
세워진 것과 2014년에 세워진 것을 생각한다면, 그 시차는 무려 67년.

전쟁과 병사에 대한 이미지가 과거의 소련과 현재의 영국 사이에 별로 차이가 없다는 것을 우리는 어떻게 생각해야 하는가? 의례화된 사실주의적 재현의 문제인가, 아니면 전쟁기억과 기념이 갖는 애국주의적 관성의 문제인가?

한국전쟁은 남북한간의 내전일 뿐 아니라 미국과 중국이 전략적으로 개입한 동아시아전쟁이고, 유엔회원국 16개국이 직접 군사적으로 개입하고 소련군이 은폐된 방식으로 그러나 직접 개입한 세계적 전쟁이었다.[1] 전쟁을 일으킨 핵심 주체를 김일성으로 보는가, 스탈린으로 보는가에 따라 전쟁의 의미와 책임문제가 달라지지만, 한국전쟁은 세계의 냉전사에서 미소간 대립을 결정적인 것으로 만들고, 중국을 분단시키면서 20년간 국제적 무대에서 배제하도록 했고, 우리에게 더 중요한 것이지만, 세계적 탈냉전에도 불구하고 적대적 전쟁기억 때문에 좀처럼 상호신뢰를 회복하지 못하게 하여 통일을 지연시키는 결정적인 사건이었다.

한국전쟁이 남긴 흔적, 특히 상처보다는 영광을 드러내기 위한 기념비들은 한국사회에 곳곳에, 그리고 참전국의 대부분에서 세워졌다. 그 정도에서 비교할 수 없지만, 북한이나 중국도 마찬가지이다. 참전국이 아니더라도, 특히 소련의 영향 하에 있었던 사회주의 국가들은 사회주의적 형제국 논리와 평화사상에 따라 한국전쟁의 흔적을 자신들의 정치문화 속에 끌어들였다.[2]

---

1   한국전쟁에 참전했다가 사망한 소련군들의 묘지가 중국 다롄의 뤼순구와 진저우에 있다.

2   나는 2016년 4월, 에스토니아 탈린의 점령박물관을 방문했다. 이 점령박물관은 탈린 뿐 아니라 라트비아의 리가에도 있는데, 이것은 1940년 소련의 일차점령과 1941년의 나치의 점령, 그리고 1944년의 소련의 2차점령을 비판적으

냉전과 분단하에서 한국전쟁은 치열한 심리전으로 이어졌다. 이 쌍방간 심리전은 최고지배자들의 전략적 판단에 종속되었지만, 한국전쟁의 기억은 중요한 소재가 되었고 나아가 사회체제의 우월성경쟁을 포함했다. 탈냉전과 함께 대중적인 집합의식과 민족주의가 다시 부상하면서 전쟁기념관은 새로운 방식의 문화정치의 중심으로 자리잡게 되었다. 이 전쟁기념관과 기념물들은 마모되어가는 전쟁기억을 붙들어 매려는 필사적 노력들이었지만, 동시에 장기지속의 심리전의 연장선상에 있어서, 그것이 과거의 영광을 영속화하기 위한 욕망의 발현이든, 실패한 역사를 호도하기 위한 문화적 장치이든 관계없이, 한쪽의 프로젝트가 다른 쪽의 죽어가는 욕망을 자극한 것이 틀림없다.

한국전쟁의 기억을 둘러싼 문화정치는 세계적 지평위에서 전개되었다. 특히 선전선동에 주력했던 북한이나 중국은 전쟁의 발발과 결과를 대중적 동원에 적극적으로 활용했다. 중국이 처음으로 전쟁의 결과를 승리로 해석했지만, 이를 공식적인 지배이데올로기로 활용한 것은 북한이었다. 중국의 항미원조 전쟁관에 따르면, 전쟁 개입의 결과를 성공으로 해석할 수 있는 여지가 있지만, 그들의 희생규모를 생각하면 그것은 '상처 뿐인 승리'임에 틀림없다. 북한의 조국해방전쟁 사관에 입각하면, 전쟁은 분명히 실패한 것이지만, 이들은 오히려 견강부회적으로 승리를 강조한다. 그러나 승리를 강변할수록, 이들이 전쟁정당화의 어려움에 봉착하고 있거나 체제관리에서의 불안이 커지고 있다는 사실을 알만한 사람은 다 알고 있다.

로 성찰하기 위하여 소련 해체 후에 만든 것이다. 탈린의 점령박물관에는 한국전쟁이 진행되던 시기에 제작된 선전포스터가 전시되어 있는데, 그 중의 하나는 북한 소년을 모델로 한 평화선전 포스터였다.

남한의 입장에서 한국전쟁의 결과는 북한의 침략을 성공적으로 막아낸 것이다. 그러나 누구도 전쟁의 결과를 그렇게 해석하지 않는다. 통일에 대한 열망이 클수록 그렇다. 이승만의 북진통일론에서 보면 전쟁의 결과는 실패에 가깝다. 미국의 입장에서 보면, 자유를 지키기 위해 개입했고, 그 결과만 놓고 보면, 실패한 것은 아니지만, 그들이 치른 대가는 너무 컸고, 악의 근원적 제거는 이루지 못했다. 미국은 자존심 때문에 승리하지 못한 전쟁을 쉽게 잊고 싶어 했는지 모르지만, 이때의 깊은 상처는 그대로 남아 있는 듯하다. 북한이 요구하는 평화체제로의 전환에 미국이 냉담한 것은 아직도 한국전쟁이 안겨준 어두운 경험과 부담에서 벗어나지 못했기 때문이라는 해석은 일리가 있다.

한국전쟁이 휴전으로 봉합된 후 한 세대가 지나면서 전쟁 당사자들은 자신들의 기억을 붙잡아매기 위하여 기념비를 세우고 또 거대한 기념관을 세우는데 골몰했다. 1993년은 한국전쟁기념관의 문화정치가 가장 활성화되었던 시기였을 것이다. 세계적인 탈냉전기였음에도 불구하고, 북한은 이때부터 심각한 체제위기와 고난을 겪기 시작했는데, 바로 이 때 조국해방전쟁승리기념탑을 세웠다. 중국은 이 때 항미원조기념관과 기념탑을 세웠다. 그러나 이에 대해 북한이 동의하거나 축하하지 않았다.

남한에서는, 우여곡절을 겪었지만 그로부터 일년 후에 전쟁기념관이 개관했고, 미국 워싱턴에서도 곧 이어 한국전쟁참전기념공원이 만들어졌다. 바로 이 지점이 우리가 주목했던 역사적 국면이었다. 얼핏 보면 한국전쟁의 기억이 탈냉전과 함께 기억전쟁의 양상으로 치달은 것처럼 보이지만, 하나하나를 뜯어보면, 꼭 그렇게만 볼 수 없는 사정들이 있는 듯하다. 특히 한국사회에서 전개된 평화를 위한 기억논쟁은 중요한 성과라고 할 수 있다. 거창에 세워진 '무릎 꿇은 군인상'은 비록 가상적이지만 평화지향의 기념물의 출발이라고 할 수 있다.

과연 우리는 전쟁기념관에서 미래를 위한 평화의 메시지를 읽을 수 있는가? 더 적극적으로 평화의 메시지를 만들어낼 수 있는가? 제2차 세계대전에서 최대의 비극이었던 홀로코스트를 성찰하는 과정에서 제임스 영(1997)은 '반기념비Counter-monument 또는 Gegendenkmal'라는 개념을 제안했다. 기존의 기념비들이 모두 전쟁의 영웅이나 승리를 기리는 방향으로, 수직적이고 거대하게 만들어지는 경향이 있었다면, 여기로부터 어떻게 전쟁의 참화나 비극의 교훈을 얻을 수 있을 것이며, 평화를 구축하기 위한 성찰을 이끌어낼 수 있겠는가라는 것이 그가 던진 화두였다. 물론 반기념비라는 개념이 조금은 모호하여 한편으로는 전통적 기념비와는 다른 원리를 추구하는 전략으로 해석되기도 하고, 다른 한편으로는 기존의 기념비나 그것이 추구하는 가치에 대응하기 위한 기념비로 해석되기도 하지만(Stevens, Q., Franck, K.A., Fazakerley, R., 2012), 이와 같은 반기념비적 지향을 가진 기념관이 가능할 것인가, 그것이 국가 프로젝트로 진행되는 전쟁기념관에 적용될 수 있는가는 또 다른 과제에 속한다. 우리는 이미 이에 대한 실마리를 베를린의 유태인 박물관이나 제주의 4.3평화공원에서 발견할 수 있지만, 그것이 확고하게 되는 것은 분명히 시민사회의 성숙도와 새로운 세대들을 향한 책임의식에 달려 있는 것으로 보인다.

2016년은 남중국해에서의 미국과 중국간의 긴장고조와 함께 북한의 핵실험 및 미사일 개발로 인하여 어느 때보다도 군사적 긴장이 고조되고 있는 시기이다. 한국사회에서 전개되고 있는 사드배치 논쟁은 현재의 한반도와 동아시아에서의 주된 흐름이 탈냉전이 아니라 신냉전임을 단적으로 보여주는 듯하다. 교류와 지원·협력이 강조되던 시기에서조차 기억전쟁이 계속되었음을 상기한다면, 오랫동안 잊혀졌던 단어인 제재와 압박이 공론장의 전면에 부각되어 있는 현재의 상황에서 전쟁기억은 더욱 더 물질화된 힘으로 우리에게 다가오고 있다. 그럼에도 불구하고 평화체제로의 전환은 명백히 전쟁기억의 재구성을 수반할 수밖에 없다는 엄연한 사실로부터 우리의 질문들이 새롭게 위치지워질 수 있다.

:::참고문헌

Stevens, Q., Franck, K.A., Fazakerley, R., 2012, Counter-monuments: the anti-monumental and the dialogic, The Journal of Architecture, Vol.17(6), pp.951-972.

Young, J., 1997, Germany's memorial question: Memory, counter-memory, and the end of the monument, The South Atlantic Quarterly, Vol.96(4), pp.853-880.

저자 소개

정호기

전남대학교에서 박사학위를 취득하고 호남문화연구소 학술연구교수, 성공회
대학교 사회문화연구원 연구교수 등을 거쳐, (사)한국현대사회연구소 연구위
원으로 있다. 저서로『한국의 역사기념시설(2007)』,『기억과 전쟁(2009)』(공
저),『국가와 일상(2008)』(공저),『전쟁과 재현(2008)』(공저) 등이 있다.

김다니엘(Daniel Y. Kim)

미시간대학교를 졸업하고 버클리대학에서 박사학위를 취득했다. 현재 브라운
대학 영문학부에서 부교수로 재직하고 있다. 주요 관심분야는 아프리가계 미
국인 연구, 아시아계 미국인 연구, 전쟁, 젠더, 정체성 정치, 등이며, 그의 저서
로는『The Cambridge Companion to Asian American Literature(2015)』(공
저)와『Writing Manhood in Black and Yellow: Ralph Ellison, Frank Chin
and the Literary Politics of Identity(2005)』이 있다.

김수지(Suzy Kim)

현재 럿거스대학교 아시아언어문화과 부교수로 재직하고 있다. UCLA와 시카
고 대학에서 수학했으며, 주요관심분야는 비판이론, 젠더연구, 구술사, 북한
사회사 등이다. 그의 저서 "Everyday Life in the North Korean Revolutions,
1945-1950(2013)"은 2015년 북미아시아학회(AAS)에서 제임스팔레 한국학
도서상(James B. Palais Book Prize)을 수상했다.

패트릭 하고피안(Patrick Hagopian)

영국 서섹스대학교를 졸업하고, 펜실베니아 대학 언론학과에서 석사를, 존스 홉킨스대학에서 역사학 박사학위를 취득했다. 현재는 랭커스터대학교에서 부교수로 재직하고 있다. 주요 관심분야는 박물관과 공공기념물에 재현된 과거, 구술사, 개인의 기억과 과거에 대한 집단적 재현의 관계, 베트남전, 군사재판, 국제법 등이다. 그의 저서로는 『American Immunity: War Crimes and the Limits of International Law(2013)』 와 『The Vietnam War in American Memory: Veterans, Memorials, and the Politics of Healing(2009)』이 있다.

정근식

서울내학교에서 수학하고 현재 서울대학교 사회학과 교수로 재직하고 있다. 서울대 아시아연구소 동북아센터장을 거쳐 통일평화연구원장으로 일하고 있다. 그의 주요 저서로는 『한국전쟁 사진의 역사사회학(2016)』(공저), 『(탈)냉전과 한국의 민주주의(2011)』(편저), 『식민지 유산, 국가형성, 한국 민주주의(2012)』 I · II(편저), 『포위된 평화, 굴절된 전쟁기억(2015)』(공저) 등이 있다.